Erschienen im Jubiläumsjahr 1987
bei Klett-Cotta

Konzepte der Humanwissenschaften

Paul L. Janssen
Psychoanalytische Therapie in der Klinik
Klett-Cotta

Verlagsgemeinschaft Ernst Klett Verlag –
J. G. Cotta'sche Buchhandlung

Printed in Germany
Umschlag: Klett-Cotta-Design
Abbildungen: Hans Lämmle, Stuttgart
Satz und Druck: Hieronymus Mühlberger, Gersthofen
Buchbinderei: Ludwig Auer, Donauwörth

CIP-Kurztitelaufnahme der Deutschen Bibliothek
Janssen, Paul L.:
Psychoanalytische Therapie in der Klinik /
Paul L. Janssen. – Stuttgart : Klett-Cotta, 1987.
(Konzepte der Humanwissenschaften)
ISBN 3-608-95516-X

»Wir waren nie stolz auf die Vollständigkeit und Abgeschlossenheit unseres Wissens und Könnens; wir sind, wie früher so auch jetzt, immer bereit, die Unvollkommenheiten unserer Erkenntnis zuzugeben, Neues dazuzulernen und an unserem Vorgehen abzuändern, was sich durch Besseres ersetzen läßt« (S. 183).

»Wir werden auch sehr wahrscheinlich genötigt sein, in der Massenanwendung unserer Therapie das reine Gold der Analyse reichlich mit dem Kupfer der direkten Suggestion zu legieren ... Aber wie immer sich auch diese Psychotherapie fürs Volk gestalten, aus welchen Elementen sie sich zusammensetzen mag, ihre wirksamsten und wichtigsten Bestandteile werden gewiß die bleiben, die von der strengen, der tendenzlosen Psychoanalyse entlehnt worden sind« (S. 193–194).

Aus Sigmund Freud, »Wege der psychoanalytischen Therapie« (1920)

Inhalt

Geleitwort

Die Psychoanalyse hat ein therapeutisches Verfahren entwickelt, dessen kurative Wirkung darin besteht, unbewußte pathogene Vorgänge dem bewußten Erleben des Patienten zugänglich zu machen. Ursprünglich wurde dieses Verfahren ausschließlich in der ambulanten Zweierbeziehung zwischen Arzt und Patient praktiziert.

Die Geschichte der psychoanalytisch orientierten stationären Psychotherapie läßt sich als ein Prozeß der Loslösung von der ambulanten Einzeltherapie und als ein Bemühen um Verselbständigung verstehen. Es war ein langer Weg von den ersten Versuchen, psychoanalytische Einzeltherapie unverändert im stationären Rahmen durchzuführen, bis zur Entwicklung eines selbständigen integrativen stationären Therapiekonzeptes, das zum einen die essentiellen psychoanalytischen Behandlungsbestandteile beibehalten, zum anderen aber die stationären personellen, räumlichen und institutionellen Besonderheiten in die Therapie einbezogen hat.

Herr Janssen gibt im vorliegenden Buch zunächst eine sorgfältige problemorientierte Darstellung dieses Entwicklungsweges. Dabei zeigt sich bereits die Bedeutung und Reichweite des integrativen psychoanalytisch begründeten stationären Therapiekonzeptes. Mit der dann folgenden differenzierten Beschreibung und Diskussion des von ihm im Verlauf jahrelanger klinischer Tätigkeit entwickelten und erprobten integrativen Modells, dessen Funktion und Wirksamkeit er immer wieder mit eindrucksvollen Falldarstellungen veranschaulicht, macht er vollends deutlich, daß damit eine Entwicklungsphase abgeschlossen bzw. ein Stand erreicht ist, der das im stationären Rahmen prinzipiell vorhandene psychoanalytische Therapiepotential voll ausschöpft, so daß auch jenen schwer gestörten Patienten, die von der ambulanten Therapie weniger zu profitieren vermögen, besser geholfen werden kann.

Ich wünsche dem Buch eine weite Verbreitung.

Hans Quint

1 Einleitung

Stationäre Psychotherapie als psychoanalytisch begründete Psychotherapie verstehen heißt, sich mit der Anwendbarkeit der psychoanalytischen Kenntnisse und der psychoanalytischen Behandlungstechnik unter den Bedingungen eines stationären Behandlungsrahmens zu befassen. Im weitesten Sinn berührt das Buch das Verhältnis zwischen psychoanalytischer Theoriebildung über die Entstehung psychischer Krankheiten und psychoanalytischer Behandlungstechnik. Dieses Verhältnis von Theoriebildung und Behandlungstechnik ist ein wechselseitiger Prozeß, in dem einerseits aus den Anforderungen in Behandlungen und aus der klinischen Erfahrung sich neue Modellvorstellungen psychischer Krankheiten ergeben können und andererseits aus theoretischen Erörterungen und experimentellen psychoanalytischen Untersuchungen sich Modifikationen der psychoanalytischen Behandlungstechnik ableiten und begründen lassen. In diesem Sinne kann das vorliegende Buch zum einen verstanden werden als Beitrag zum Anwendungsspektrum der psychoanalytischen Theorie und Technik innerhalb einer klinischen Institution, zum anderen als Überblick über die bisherigen Beiträge der Psychoanalyse zur stationären psychotherapeutisch-psychosomatischen Versorgung.

Ein solcher Überblick zeigt, daß die stationäre psychotherapeutisch-psychosomatische Versorgung auffällig heterogen ist. Feiereis (1982) charakterisiert die stationären psychosomatischen Versorgungsmodelle zutreffend nach ihrer Position in der stationären Versorgung. Er spricht von *Dienstleistungsmodellen*, wenn solche Abteilungen ausschließlich konsiliarische Funktionen für somatische Kliniken wahrnehmen. *Satellitenmodelle* nennt er solche Abteilungen, die als kleine Bettenstation zumeist in psychiatrischen Kliniken etabliert wurden. *Durchdringungsmodelle* nennt er eigenständige Kliniken oder Abteilungen für Psychotherapie und Psychosomatik. Für die noch übrigbleibenden psychosomatischen Kurkliniken findet er keinen passenden Namen.

Im Hinblick auf die gesamte gesundheitspolitische Situation, insbesondere des Krankenhaussektors, und im Hinblick auf die

Heterogenität methodischer Positionen scheint es an der Zeit, eine Standortbestimmung der stationären psychotherapeutisch-psychosomatischen Versorgung vorzunehmen.

Der erste Versuch von Simmel (1927) in Deutschland (Schulz und Hermanns 1987), analytische Behandlungsprinzipien auch in der stationären Behandlung psychischer Erkrankungen einzusetzen, war von kurzer Dauer, wurde jedoch in Amerika aufgegriffen und weiterentwickelt (Menninger 1936). In Deutschland konnte erst nach dem Krieg 1948 eine Klinik für psychogene Störungen in Berlin (Wiegmann 1968) und 1949 die Klinik für psychogene Störungen in Tiefenbrunn bei Göttingen errichtet werden. In Heidelberg etablierte sich 1950 unter A. Mitscherlich eine psychosomatische Klinik mit Bettenstation, an der medizinischen Klinik der Universität Freiburg 1959 die psychosomatische Station im Landhaus Umkirch. Diese Kliniken gründeten ihre Behandlung psychoneurotisch und psychosomatisch erkrankter Patienten erstmals auf psychoanalytische Theorien.

In den darauffolgenden Jahren sind weitere stationäre psychotherapeutisch-psychosomatische Behandlungsplätze hinzugekommen. Exakte Zahlen darüber zu erhalten, ist schwierig, da solche Plätze in den offiziellen Statistiken in den Gesamtkomplex der Sonderkrankenhäuser eingehen. Halboffizielle Erhebungen können jedoch einen Annäherungswert für den aktuellen Stand geben:

- Bei der ersten Bestandsaufnahme im »Bericht zur Lage der Psychiatrie in der Bundesrepublik Deutschland (Zur psychiatrischen und psychotherapeutisch/psychosomatischen Versorgung der Bevölkerung, Enquête-Bericht 1975)« wurden 50 psychotherapeutisch-psychosomatische Kliniken bzw. Abteilungen mit insgesamt 2253 Behandlungsplätzen (Betten) ermittelt.
- Die Erhebungen von Reimer und Lorenzen (1979) über psychiatrische Institutionen weisen etwa 3878 psychotherapeutisch-psychosomatische Behandlungsplätze in 70 Institutionen aus. Die überwiegende Anzahl der Behandlungsplätze, nämlich 2848, befindet sich in den 19 psychotherapeutisch-psychosomatischen Fachkliniken. Es sind kleinere Einheiten mit elf Betten oder größere psychosomatische Fachkliniken mit bis zu 240 Betten. Die 13 Abteilungen für Psychotherapie und Psychosomatik an Universitätskliniken haben insgesamt eine stationäre Behandlungskapazität von 236 Behandlungsplätzen.

Die 36 Abteilungen für Psychotherapie und Psychosomatik an psychiatrischen Fachkrankenhäusern haben 1351 Behandlungsplätze. Bei 10 Prozent der stationären Patienten in psychiatrischen Kliniken sollen schwere Neurosen oder psychosomatische Erkrankungen vorliegen (Reimer und Groß 1981).

- Nach einer Erhebung des Deutschen Kollegiums für Psychosomatische Medizin (Neun u. a. 1981) soll es in den 33 Institutionen, die sich an der Befragung beteiligten, immerhin 4106 Behandlungsplätze geben. Die Erhebung zeigt eine deutliche Zentrierung auf die nicht-universitären Einrichtungen öffentlicher oder privater Träger von psychotherapeutisch-psychosomatischen Fachkrankenhäusern und Abteilungen in internistischen Kliniken.*
- Dem Gesamtverzeichnis des Deutschen Vereins für öffentliche und private Fürsorge (Siebecke-Giese 1980/1983) läßt sich entnehmen, daß 64 psychotherapeutisch-psychosomatische Kliniken mit 4332 Behandlungsplätzen existieren, davon 3749 vollstationäre für Erwachsene, 517 vollstationäre für Kinder und Jugendliche und 66 tagesklinische.

Daraus folgt, daß zur Zeit etwa *4000 bis 4500 Behandlungsplätze* für stationäre psychotherapeutisch-psychosomatische Behandlungen zur Verfügung stehen.

Nach den Angaben in diesen Erhebungen über die Behandlungsmethodik ist die psychotherapeutische Arbeit in diesen Kliniken überwiegend analytisch oder tiefenpsychologisch begründet, aber auch verhaltenstherapeutisch, gesprächspsychotherapeutisch, psychodramatisch und gestalttherapeutisch. Überwiegend werden auch autogenes Training, Gestaltungstherapie, Musiktherapie, Bewegungstherapie und weitere übende Verfahren sowie eine Milieutherapie auf der Station angeboten.

Die stationäre Behandlungskapazität ist also ständig gewachsen. Dennoch müssen viele Patienten oft Monate warten, bis sie in die Klinik aufgenommen werden können. Lange Zeit aber wurde die stationäre Psychotherapie sowohl von psychoanalytischer (z. B. Strotzka 1975) wie von psychiatrischer Seite (z. B. Häfner 1975) auch skeptisch bis ablehnend beurteilt. Die Einrichtung von

* Bei der Drucklegung dieses Buches erschien eine Auflistung aller psychosomatischen Einrichtungen in der Bundesrepublik Deutschland (Hg. H. Neun 1987).

psychotherapeutischen Kliniken oder Stationen wurde deswegen nicht als sinnvoll angesehen, weil bei einem psychotherapeutischen Prozeß in der Klinik das unbewußte Material nicht hinreichend durchgearbeitet werden könne. Dieser Standpunkt erklärt sich u. a. daraus, daß stationäre Psychotherapie lediglich als eine Verlagerung der ambulanten Psychotherapieformen in den klinischen Bereich verstanden wird. Der Einfluß der klinischen Situation auf das Therapiekonzept und die daraus sich ergebenden Folgen für ambulante und stationäre Psychotherapie blieben unberücksichtigt.

Mit Blick auf diese Kritik auch anderer ambulant tätiger Psychoanalytiker und Psychotherapeuten ist es von praktischem und wissenschaftlichem Interesse, die Organisationsformen, die methodischen Positionen und die Indikationsstellungen zur stationären psychotherapeutischen Behandlung näher und kritisch zu untersuchen. Die theoretische Basis der hier vertretenen stationären Psychotherapie ist die Psychoanalyse und ihre Weiterentwicklung, insbesondere die Objektbeziehungstheorie. Dem Leser habe ich zugemutet, zumindest Grundkenntnisse in der Theorie der Psychoanalyse mitzubringen. Soweit spezielle Fragen angesprochen sind, werde ich an den entsprechenden Stellen Hinweise auf die Literatur geben.

Der kurze Überblick über die psychoanalytischen Behandlungsprinzipien (Kap. 2) soll dem weniger kundigen Leser den Zugang zu der Besonderheit der stationären psychoanalytischen Therapie erleichtern und ihm den methodischen Hintergrund verdeutlichen. Dabei wird kurz auf einige Modifikationen der Behandlungstechnik eingegangen, die für die stationäre Therapie relevant sind (Kap. 2.2).

Die Probleme der Indikation für eine stationäre Psychotherapie können in der Einleitung nur angedeutet werden. Sie sollen ausführlich an anderer Stelle behandelt werden. Zur Zeit werden folgende Kriterien für eine Indikation zur stationären Psychotherapie im individuellen Fall überprüft und abgewägt (vgl. Janssen 1981 b): Stationäre Psychotherapie kann notwendig werden

- bei symptombedingter Unfähigkeit, eine ambulante Behandlung aufzunehmen, z. B. schwere Agoraphobie, Angstneurose, Zwangsneurose;
- wenn organmedizinische Diagnostik und Therapie unabdingbar

sind, z. B. bei psychosomatisch Kranken mit akuter körperlicher Symptomatik;

- bei persönlichkeitsbedingter Unfähigkeit, eine ambulante Psychotherapie aufzunehmen und aufrechtzuerhalten, z. B. bei erheblicher Ichschwäche;
- bei akuter Dekompensation zur Krisenintervention;
- bei erforderlicher Trennung aus einem Milieu, das die pathogene Psychodynamik erhält und fördert;
- bei regionaler Unterversorgung mit ambulanten Pychotherapeuten.

Die Grundfrage, die als roter Faden das gesamte Buch durchzieht, ist: Wie kann die stationäre Psychotherapie, ein »personell und settingmäßig komplexes Behandlungssystem«, als »psychoanalytische Praxis« (Fürstenau 1974, 1977 c) verstanden, organisiert und therapeutisch wirksam werden? Psychoanalytiker, die in der stationären Pychotherapie tätig waren, versuchten unter den jeweiligen institutionellen, personellen, räumlichen und zeitlichen Bedingungen, die das Krankenhaus setzt, diese Frage zu lösen. Es scheint mir von großem Interesse zu sein, wie sie, auch bei verschiedenen ätiologischen und behandlungstechnischen Positionen und bei unterschiedlichen Patientengruppen, stationäre Psychotherapie konzeptualisiert und organisiert haben. Dieser Frage wird in Kapitel 3 nachgegangen.

Die eigenen Erfahrungen bei der Anwendung analytischer Behandlungsprinzipien im stationären Raum und die bisher vorliegenden Evaluierungen werden in Kapitel 4 zusammenfassend dargestellt. In einem abschließenden Kapitel (Kap. 5) wird eine Praxeologie einer integrativen psychoanalytischen Krankenhausbehandlung anhand von Beispielen, Fallskizzen, stationären Szenen und deren theoretischer Diskussion entworfen.

Mein Ziel ist, dem Leser zu vermitteln, daß stationäre Psychotherapie als spezielle Form der psychoanalytischen Therapie verstanden werden kann, die eine spezielle Gruppe von Patienten erreicht, welche in ambulanten psychoanalytischen Behandlungen nur schwer erreichbar sind.

Meine Gedanken sind entstanden in der klinischen Praxis und den zahlreichen Diskussionen mit Kollegen und Mitarbeitern aus allen therapeutischen Bereichen. Ich möchte mich bei allen von ihnen für ihre engagierte Mitarbeit bedanken. Mein besonderer

Dank gilt meinem akademischen Lehrer, Hans Quint, der jahrelang meine Arbeit begleitet und gefördert hat und mir mit seinem Rat manche Anregung gab. Bedanken möchte ich mich auch bei Frau Irmela Köstlin vom Verlag Klett-Cotta für wertvolle Hinweise bei der Überarbeitung des Manuskripts und bei den beiden Sekretärinnen, Frau L. Hoffstadt und Frau I. Rautenberg, die geduldig immer wieder veränderte Fassungen zu Papier brachten.

2 Grundzüge der psychoanalytischen Behandlungstechnik

Jede psychoanalytische Therapie versucht als kausale Therapie, die infantilen, unbewußten, pathogenen Anteile einer Persönlichkeit bewußt und erlebbar zu machen und dem Patienten zu helfen, sie in sein seelisches Leben zu integrieren. Der Kern der psychoanalytischen Therapie ist unbestritten; Fürstenau (1977 b) beschreibt ihn als die Bewußtmachung der »verbliebenen Kindlichkeit im Sinne unbewußter Gebundenheit an die Eltern oder Elternrepräsentanten«. Dabei ist der Psychoanalytiker nicht ein Verwalter einer speziellen Technik, die er rational in der Therapie einsetzt, sondern er ist immer auch selber affektiv als Person und Individuum in den analytischen Prozeß mit einbezogen (Morgenthaler 1978). Psychoanalytische Therapie ist nicht eine Beschäftigung mit der Kindheit auf einer kognitiv-rationalen Ebene, sondern die Beschäftigung mit verbliebenen kindlichen Beziehungsmustern, die unbewußt auf neue Partner übertragen werden und die in der psychoanalytischen Situation erfahrbar und analysierbar werden (Fürstenau 1977 b).

Zunächst wurde das sog. klassische psychoanalytische Standardverfahren in der Dual-Beziehung, der sehr persönlichen Beziehung zwischen Analytiker und Patient, entwickelt. Es prägte jede weitere Form der psychoanalytischen Therapie. Bei der Behandlung schwerer psychischer Krankheiten wurden Modifikationen der psychoanalytischen Behandlungstechniken notwendig. Dies führte auch zu einer Veränderung des Settings und der therapeutischen Zielsetzungen in der psychoanalytischen Therapie. Das Setting der Dual-Beziehung blieb jedoch in der psychoanalytischen Psychotherapie (z. B. G. und R. Blanck 1974, 1979, Kernberg 1975 a, 1981, Kutter 1977 u. a.) und in der dynamischen Psychotherapie (Dührssen 1972) erhalten.

Auch die psychoanalytische Kurz- und Fokaltherapie (vgl. z. B. Balint et al. 1972, Malan 1963, Beck 1974, Bellak und Small 1965) behält dieses Setting bei. Die technische Modifikation besteht darin, daß bei konturierten neurotischen Konflikten nur begrenzte und bei Behandlungsbeginn definierte Konflikte bearbeitet werden und auf eine weitere interpretative Bearbeitung der Verästelung dieser oder anderer auftauchender Konflikte verzichtet wird.

Heute untersucht und behandelt der Analytiker Paar-Beziehungen (vgl. z. B. Richter 1970, Willi 1975, 1978), Familien-Beziehungen (vgl. z. B. Richter 1970, Stierlin 1975) und Gruppen-Beziehungen. Auf die beiden ersten Behandlungskonzepte, die zum Teil von der psychoanalytischen Therapie abweichen, kann hier nicht eingegangen werden. Die Behandlung in der Gruppe spielt aber im Rahmen jeder stationären Psychotherapie eine besondere Rolle, da in der stationären Psychotherapie die Mehr-Personen-Beziehung vorgegeben ist. Daher werden die Erfahrungen mit psychoanalytischer Gruppentherapie besondere Beachtung erfahren.

2.1 Das Standard-Verfahren

Als Freud (1914) die Reihe seiner technischen Schriften beendete, war die psychoanalytische Behandlungstechnik weitgehend dargelegt und formalisiert, wie Greenson (1967) und Sandler et al. (1973) meinen. Nach Freuds Vorstellung sollen, entsprechend der Strukturtheorie, in der Psychoanalyse *infantile unbewußte Trieb-Abwehr-Konflikte*, d. h. *intersystemische Konflikte* (zwischen Ich, Überich bzw. Ideal-Ich und Es), bewußt gemacht werden, und zwar über die Herstellung und deutende Bearbeitung einer Übertragungsneurose. Rangell definiert nach Cremerius (1977) Psychoanalyse folgendermaßen: »Eine therapeutische Methode, durch die die günstigsten Bedingungen für das Zustandekommen einer Übertragungsneurose geschaffen werden, in der die Vergangenheit in der Gegenwart wieder hergestellt wird, damit es über einen mit systematischen Deutungen arbeitenden Angriff auf die vorhandenen Widerstände zu einer Auflösung der Neurose (der Übertragungs- wie der infantilen Neurose) kommt mit dem Ziel, strukturelle Veränderungen im psychischen Apparat des Patienten hervorzubringen, die diesen zu einer optimalen Anpassung an seine Lebensumstände befähigen«.

Neben anderen Voraussetzungen mußten Patienten für eine so definierte Psychoanalyse über ein intaktes Ich verfügen, eine adäquate Beziehung zur Realität aufrechterhalten, eine Ichspaltung in einen erlebenden und einen beobachtenden Anteil vollziehen können und einen Pakt mit dem analysierenden Ich des Analytikers eingehen. Eine psychoanalytische Mitarbeit scheint deswegen am ehesten bei Patienten möglich, die in der Trieb- und Ich-Entwicklung die ödipale Phase erreicht haben und über die Interpretation des Analytikers Einsicht in ihre ödipalen Verwicklungen, ihre Inzestwünsche und Kastrationsängste gewinnen können (vgl. Tyson und Sandler 1974).

An dem Grundmodell der Psychoanalyse soll die Behandlungstechnik, die zur Erreichung des oben skizzierten Ziels verwandt wird, dargelegt werden. Eine Übersicht über die psychoanalytische Behandlungstechnik geben z. B. Fenichel (1941), Greenson (1967), Sandler et al. (1973).

Das *Grundmodell der Psychoanalyse* läßt sich folgendermaßen skizzieren: Die Psychoanalyse beginnt mit einem Erstinterview oder einer Probebehandlung. Der Analysand ist ein Leidender, Rat- oder Hilfesuchender, dessen Motivation zur psychoanalytischen Therapie über den Leidensdruck gesichert ist. Er trifft eine positive Entscheidung für ein Bündnis mit dem Analytiker und dessen Methode, wenn die aktuelle Begegnung mit dem Analytiker seine Bereitschaft fördert, sich auf einen klärenden Prozeß der Begegnung mit sich selbst und seinem Verhalten einzulassen. Die Entscheidung des Analytikers, einen Behandlungskontrakt einzugehen, ist komplexer und bestimmt von seiner Gegenübertragung, seinen psychoanalytisch-diagnostischen Fähigkeiten usw. Weiterhin kommen eine Reihe realer Faktoren dazu, wie Finanzen, Wohnort des Patienten, Zeitaufwand, Überlegungen zur akzeptierbaren Dauer der Behandlung.

In der Einleitung der Behandlung (Freud 1913) werden dem Analysanden die Bedingungen der Behandlung mitgeteilt: *freie Assoziation* (»Sagen Sie alles, was Ihnen durch den Sinn geht«), das »Zeremoniell der Situation« (der Patient liegt auf der Couch, der Analytiker sitzt hinter dem Kopfende), pünktlicher Beginn und pünktliches Ende der Stunde, Regelmäßigkeit der Stunde (viermal pro Woche), Zeit- und Geldforderungen, Urlaubsregelungen, Verschwiegenheit.

Von der Patientenseite her ist konstituierend für die psychoanalytische Situation: die *freie Assoziation*, die *Übertragung*, der *Widerstand*, das *Arbeitsbündnis* und das *Durcharbeiten*. Die Einhaltung der Grundregel, alles mitzuteilen, was ihm in der Stunde einfällt (freie Assoziation), ist unabdingbar. Die freie Assoziation ist »die grundlegende und einzigartige Kommunikationsmethode... das Mittel der Entdeckung des Unbewußten« (Greenson 1967). Die Dynamik des Behandlungsverlaufes ist auf der einen Seite geprägt von der Tatsache, daß die persönlichen, privaten Belange des Analytikers dem Patienten weitgehend unbekannt bleiben (Abstinenzregel), und auf der andern Seite von der möglichst weitgehenden und auch geförderten Offenheit des Analysanden. Der Analysand entwickelt *Widerstände* gegen die Aufdekkung von peinlichen Themen, Gedanken, Vorstellungen und Gefühlen. Sie stellen sich der analytischen Behandlung entgegen, nämlich der Erinnerung und der Bewußtmachung der unbewußten Abwehr und der Triebansprüche sowie der infantilen Beziehungsmuster. Diese Widerstände sind in der Persönlichkeit strukturell verankert. Im Prinzip kann jede Verhaltensweise in den Dienst des Widerstands gestellt werden, vor allem aber werden strukturtypische Abwehrmechanismen eingesetzt. *Übertragungen* sind die auf die Person des Analytikers gerichteten negativen oder positiven Gefühle, Vorstellungen und Wünsche des Patienten. Ihr Übertragungscharakter enthüllt sich vor allem in ihrer Unangemessenheit.

Die Analyse der Übertragungsreaktion und der sich entwikkelnden *Übertragungsneurose* ist das Kernstück der psychoanalytischen Behandlung. Nach Greenson (1967) ist die Übertragung »ein Wiederdurchleben der Vergangenheit, ein Mißverstehen der Gegenwart gemäß der Vergangenheit«. Unbewußte infantile Konflikte werden auf den Analytiker übertragen, sowohl in ihrem Trieb- wie in ihrem Abwehraspekt. Die Bedeutung der Arbeit an der Übertragung liegt darin, daß die in Vergessenheit geratenen, strukturbildenden, libidinös oder aggressiv besetzten Beziehungen der Vergangenheit an der Person des Analytikers wiederbelebt werden, also affektiv aktualisiert und, von da ausgehend, erkannt und geklärt, gedeutet und aufgelöst werden können. Die sich entwickelnde Übertragungsneurose ist eine aktuelle Wiederholung der infantilen Neurose, der unbewußten Beziehungen zu den primären Objekten. Die Auflösung der Übertragungsneurose durch Analysieren bedeutet auch eine Auflösung der infantilen Neurose. In der *Rekonstruktion* der infantilen Szene wird dem Patienten ein Stück seiner vergessenen Vorgeschichte vorgeführt (vgl. Freud 1937, Lorenzer 1970, Greenacre 1976).

Neben der Übertragung muß von seiten des Patienten eine weitere, an der Realität orientierte Beziehung zum Analytiker bestehen, das sogenannte *Arbeitsbündnis* (Greenson 1967). Es ist die »relativ unneurotische, rationale Beziehung zwischen dem Patienten und Analytiker, die es dem Patienten ermöglicht, in der psychoanalytischen Situation zielstrebig zu arbeiten... das Bündnis zwischen dem vernünftigen Ich des Patienten und dem analysierenden des Analytikers... eine partielle und vorübergehende Identifikation des Patienten mit der Haltung und der Arbeitsmethode des Analytikers« (Greenson 1967). Da die Aufdeckung der unbewußten Konflikte durch starke Widerstände behindert wird, bedarf es einer wiederholten, ausführlichen Bearbeitung dieser Widerstände. Dieser Vorgang wird als *Durcharbeiten* bezeichnet. Er betont die Hartnäckigkeit des strukturell verankerten Widerstandes, der sich der Einsicht und Veränderung entgegenstellt.

Die Aufgabe des Psychoanalytikers im psychoanalytischen Prozeß besteht darin, daß er für die Aufrechterhaltung des Behandlungsrahmens, der Ichfunktionen und damit der Analysierbarkeit des Patienten und für die Bearbeitung der unbewußten reaktualisierten konflikthaften Beziehungsmuster in der je spezifischen Übertragungs- und Widerstandskonstellation (vgl. Fürstenau 1977 b) Sorge trägt. Allgemein gilt Deuten oder Interpretieren als zentrale Aufgabe des Psychoanalytikers in der Psychoanalyse (vgl. Sandler et al. 1973). Wie kommt es nun zur Deutung, d. h. wie organisiert der Psychoanalytiker seine Interpretation als »konzeptbezogene Wahrnehmung – und Wahrnehmungsverarbeitung« (Fürstenau 1977 b)?

Nach Freud (1923) soll »der analysierende Arzt sich dabei am zweckmäßigsten verhalten, wenn er sich selbst *bei gleichschwebender Aufmerksamkeit* seiner eigenen unbewußten Geistestätigkeit überlasse, Nachdenken und Bildung unbewußter Erwartungen möglichst vermeide, nichts von dem Gehörten sich besonders im Gedächtnis fixieren wolle und solcherart sich besonders im Patienten mit seinem eigenen Unbewußten auffange« (S. 215). Nach Freud (1921) gelingt das Verstehen des Patienten über Identifikation mit ihm. Durch Identifikation werde eine Stellungnahme zu Fremdseelischem überhaupt erst möglich. Diese Identifikation wird auch als Empathie bezeichnet. Loch (1965 b) beschreibt

Empathie als »diejenige Eigenschaft, die uns in den Stand versetzt, jene vorübergehende Versuchs-Idenfikation« vollziehen zu können, ohne die nur »dynamisch unwirksames Wissen entstünde«.

Lorenzer (1970) unterscheidet drei Verstehensweisen des Analytikers: das logische Verstehen, d. h. das Erfassen von sprachlich formulierbaren Sinnzusammenhängen, das psychologische Verstehen als das Verstehen des Sprechers und das *szenische Verstehen.* Letzteres meint das Verstehen der Situation, d. h. sowohl der aktuellen Übertragungssituation als auch der infantilen Situation. Szenisches Verstehen erfaßt die Inszenierung von Interaktionsmustern und Objektbeziehungen, in denen bewußt oder unbewußt Triebwünsche erfüllt werden.

Greenson (1967) beschreibt das Verstehen des Patienten als *empathisches Verstehen.* Es ist die Fähigkeit des Analytikers, »die bewußten Gedanken, Gefühle, Phantasien, Impulse und Verhaltensweisen des Patienten in ihre unbewußten Vorläufer zu übersetzen«. Empathisches Verstehen ist eine Methode, engen Kontakt zu den Emotionen und Impulsen des Patienten herzustellen, eine »Funktion des erlebenden Ichs« des Analytikers. Es erfordert »die Fähigkeit zu gesteuerter und umkehrbarer Regression ... der wesentliche Mechanismus ist eine partielle vorübergehende Identifikation«. Ähnlich wie Greenson hat auch Spitz (1956/57) betont, daß »ein Großteil der Einsicht des Analytikers auf kurzer vorübergehender Identifizierung mit dem Patienten beruht, d. h. auf einer ich-gesteuerten Regression des Analytikers« (vgl. auch Lampl-de Groot 1967, Kemper 1969). Lorenzer (1970) nennt dies eine »Teilhabe an der Situation des Patienten ..., an der Lebenspraxis des Patienten ... mittels einer funktionellen Regression«. Nach solchen identifikatorischen und introjektiven Vorgängen muß der Analytiker jedoch wieder ordnende, verbalisierende, registrierende und deutende Haltungen einnehmen und sein klinisches und theoretisches Wissen wie seine Fähigkeit zur Bildung von Hypothesen einsetzen können.

Diese psychoanalytische Form der Wahrnehmung und Wahrnehmungsverarbeitung ist auch in dem Konzept der *Gegenübertragung* enthalten. Gegenübertragung wird von Freud (1911) als unbewußte Reaktion des Analytikers auf die Übertragung des Patienten beschrieben, also als eine neurotische Reaktion des Analytikers selber. Greenson (1967) versteht Gegenübertragung als Übertragung des Analytikers auf den Patienten, auch ohne Korrelation mit der Übertragung des Patienten. Heute wird der Begriff »Gegenübertragung« eher noch weiter gefaßt. Er beschreibt alle gefühlshaften Einstellungen und Reaktionen des Analytikers gegenüber dem Patienten (vgl. auch Heimann 1960, Winnicott 1960 b, Loch 1965 b, Kuiper 1969, Kernberg 1975 a, Möller 1977).

Green (1975) erweitert diese Auffassung noch um den Aspekt, daß die Gegenübertragung auch durch Lektüre und Diskussionen mit anderen Kollegen beeinflußt wird, also durch die theoretische oder methodische Position. In diesem Sinne wird die seelische Wirklichkeit des Patienten über »Mutmaßungen« (Brenner 1976) im Analytiker lebendig, erfahren und verstanden. Über Deutungen und die Einfälle des Patienten dazu werden sie verifiziert oder falsifiziert.

Greenson (1967) unterscheidet bei den verbalen Interventionen die *Konfrontation*, die *Klärung* und die *Deutung*. Die *Deutung* wird allgemein als Kernstück der analysierenden Tätigkeit verstanden. Deuten heißt, unbewußte Phänomene bewußtmachen, den unbewußten Sinn, die unbewußte Quelle (z. B. die Vorgeschichte, die Umstände, unter denen das Phänomen jeweils auftritt) bewußtzumachen. Nach den Grundannahmen der Psychoanalyse haben alle psychischen Ereignisse (z. B. Einfälle, Gefühle, Verhalten) in der psychoanalytischen Situation eine aktuelle und genetische Bedeutung (Brenner 1976).

Verfahren wie Konfrontation und Klärung bereiten die Deutung vor. *Konfrontation* heißt, den Patienten z. B. auf Widersprüche hinweisen oder darauf, daß er ein Thema vermeidet. *Klärung* bedeutet, eine Handlung, ein Ereignis, einen Einfall »scharf« herauszustellen. In der Klärung wird versucht, das besondere Muster jedes pychischen Phänomens herauszuschälen. Konfrontation, Klärung und Deutung sind eine Einheit und innerhalb des psychoanalytischen Prozesses kaum voneinander zu trennen. Für eine vollständige Deutung gilt nach Loch (1965 a), daß »dem Kranken für bisher unverbundene, nebeneinanderstehende seelische Akte und Zustände (Gedanken, Phantasien, Gefühle, Handlungen usw.) eine psychologische Erklärung als Hypothese zur Verfügung gestellt wird«.

Ziel aller Interventionen in der Psychoanalyse soll es sein, die

Einsichtsfähigkeit des Ichs zu fördern und über Einsicht eine Strukturänderung herbeizuführen. Sandler et al. (1973) definieren das Ziel folgendermaßen: »Die therapeutische Veränderung als Folge der Analyse hängt in hohem Maße davon ab, daß ein strukturiertes und organisiertes Bezugssystem für Vorstellungen und Gefühle angeboten wird, innerhalb dessen der Patient sich und sein subjektives Erleben seiner selbst und anderer in für ihn nützlicher Weise einordnen kann.« Bei solchen Einsichten im psychoanalytischen Prozeß handelt es sich nicht nur um intellektuelle Erkenntnisse, sondern um emotionell-kognitive Prozesse.

2.2 Einige Modifikationen der psychoanalytischen Behandlungstechnik

Die hier in kurzen Zügen erörterte psychoanalytische Behandlungstechnik ist in den letzten 30 Jahren modifiziert und erweitert worden. Nach Cremerius (1979a, b) sind vereinfachend und polarisierend zwei Gruppen zu unterscheiden. Eine Gruppe von Analytikern hält die »klassische« Technik in Umfang und Reichweite für definiert und festgelegt. Eine andere Gruppe von Analytikern weitet das Indikationsgebiet der »klassischen« Technik auf prägenitale Störungen aus. Cremerius unterscheidet diese beiden Gruppen nach dem Therapieziel: Die einen wollen eine *Einsichtstherapie*, die anderen eine *Therapie der emotionellen Erfahrungen*. Erstere nennt er auch eine »paternalistische Vernunftstherapie«; sie ist im vorausgegangenen Kapitel beschrieben. Die Therapie der emotionellen Erfahrung nennt er auch eine »mütterliche Liebestherapie«; sie ist u. a. mit den Namen Balint und Winnicott verbunden. Auf sie wird später noch ausführlicher einzugehen sein (siehe Seite 30ff.). Grundsätzliche Unterschiede zwischen den beiden Richtungen sieht Cremerius hinsichtlich des Krankheitsbegriffs, der Handhabung der Regression, der Haltung des Analytikers gegenüber dem Patienten, des Umgangs mit der Übertragung, dem Widerstand und der Deutung.

Die Diskussion um die »richtige« psychoanalytische Haltung und Deutung des Prozesses spielt in der Praxis der Psychoanalyse eine erhebliche Rolle. Sie kann hier nicht vertieft werden. Ich möchte jedoch zumindest auf drei Grundhaltungen in der Behandlung strukturell ichgestörter Patienten ausführlich eingehen, da diese für die psychoanalytische Behandlungstechnik in der stationären Therapie von Bedeutung sind (vgl. Kap. 5).

Die Bezeichnung *strukturelle Ich-Störung* (Fürstenau 1977 a, b) wird hier benutzt als Oberbegriff für die vielfältigen psychogenetisch »frühen Störungen« in der Ich- bzw. Selbst-Entwicklung vor Abschluß der Individuations- und Separationsphase (Mahler et al. 1975). Solche Patienten haben im Vergleich zu jenen mit strukturierten Neurosen kein strukturell »intaktes Ich« oder »intaktes Selbst«. Eine Anzahl von klinischen Syndromen, z. B. Borderline-Syndrome, Dissozialität, Sucht, Perversion, Psychosomatose, aber auch *manche* neurotische Symptombilder, z. B. hysterische Lähmungen und Zwänge, sind zu den strukturellen Ichstörungen zu rechnen. Zur Behandlung dieser Störungen sind unterschiedliche therapeutische Strategien vorgeschlagen worden, die ich mit den Namen Blanck, Kernberg und Winnicott verbinde. Diese Strategien sollen hier nacheinander vorgestellt werden, wobei ich nicht den Anspruch auf Vollständigkeit oder systematische Darstellung erhebe.

G. und R. Blanck

Aus der Ichpsychologie entwickeln z. B. G. und R. Blanck (1974, 1979) Modifikationen der Behandlungstechnik, die den strukturell ichgestörten Patienten therapeutisch in stärkerem Maße gerecht werden sollen. Zentrale Gesichtspunkte dieser Techniken sind eine veränderte Auffassung von der Widerstandsanalyse, der Verbalisation in der Analyse und den Autonomietendenzen des Patienten. Ziel ist nicht eine Auflösung unbewußter Konflikte mittels der Analyse der Übertragungsneurose, sondern die Förderung der Individuationsbestrebungen des Patienten.

Nach der Ichpsychologie sind primär-autonome wie sekundär-autonome Ichfunktionen, d. h. Abwehrformen, bedeutsam für die adaptiven Ichleistungen des Menschen. Bei strukturell Ichgestörten muß der Therapeut vor allem beachten, welche Abwehrformationen adaptiv sind und daher verstärkt werden müssen, um die Gefahr der Ichdekompensation zu vermeiden. Gemäß dem Standardverfahren der Psychoanalyse ist der Widerstand ein »Hindernis« (s. o.); G. u. R. Blanck halten es demgegenüber für erforderlich, bei der Behandlung strukturell ichgestörter Patienten den

Widerstand unter diesem adaptiven Gesichtspunkt zu betrachten, ihn also z. B. beim Auftauchen früher traumatischer Ängste weniger abzubauen als vielmehr zu erhalten oder überhaupt erst aufzurichten.

Das Hauptziel bei der Behandlung strukturell ichgestörter Patienten sehen G. und R. Blanck in dem *Schutz und der Förderung der Autonomietendenzen* des Patienten. Dieses Ziel wird eher aufgrund einer therapeutischen Haltung als aufgrund einer aktiven Technik erreicht. Der Therapeut gibt das Deutungsmonopol ein Stück weit auf, indem er den Patienten ermutigt, sein eigenes interpretatives Geschick anzuwenden. Der Therapeut fördert dadurch die synthetischen Ichfunktionen und die Autonomie des Patienten, unterstützt den Symbolisierungsprozeß und die Neutralisierung von Triebenergie, die sonst auf dem Wege des Agierens motorisch oder auf dem Wege der Somatisierung physiologisch abgeleitet wird.

Förderung der Autonomietendenzen bedeutet auch, daß dem Umgang mit der Regression in der Übertragung wie auch der Loslösung vom Therapeuten ein besonderer therapeutischer Stellenwert zukommt. G. u. R. Blanck meinen, daß parallel mit dem Aufbau von Objektbeziehungen im analytischen Prozeß die *Individuation* des Patienten angestrebt werden müsse. Er soll im Sinne von Spitz (1957) das Wort »Nein« kennenlernen als Kanal für seine Aggression und als Mittel zur Verstärkung seiner Autonomietendenzen. Er soll erfahren, was »Neinsagen« heißt, bevor er ständig »Ja« sagen muß und regressiv in Abhängigkeit vom Therapeuten gerät. Eine solche therapeutische Haltung wirkt einer stärkeren Regression entgegen. Hinzu kommt, daß der Therapeut die *höchsterreichte Stufe der Triebentwicklung* nicht deutet, sondern nur die regressive Abwehr. So sollen z. B. beim Auftauchen ödipaler Liebeswünsche diese nicht gedeutet, sondern unterstützt und gefördert werden, hingegen sollen die zur Abwehr dieser Wünsche eingesetzten symbiotischen Tendenzen einer Klärung und Deutung unterzogen werden.

Ziel der von G. u. R. Blanck vorgeschlagenen therapeutischen Haltung und Technik ist im wesentlichen die Unterstützung der vorhandenen Ansätze zur Ichbildung und nicht die deutende Bearbeitung der Übertragungsneurose. Ichstützung bedeutet, in dem Ringen des Patienten um Individuation und Autonomie sich auf die

Seite der Individuation und Autonomie zu stellen. Der Therapeut soll diagnostisch jenen Bereich aufsuchen, in dem das Ich den höchsten Punkt der Entwicklung erlangt hat, und es in diesem Bereich fördern. Ichstützung ist in diesem Sinne nicht eine Technik der Unterdrückung oder Beruhigung, auch nicht eine Technik der narzißtischen Befriedigung, Ichstützung bedeutet vielmehr eine Förderung der vorhandenen Ichleistungen des Patienten.

O. F. Kernberg

Der ich- und objektbeziehungspsychologische Ansatz, den Kernberg (1975 a, b, 1976 a, 1981) bei der Behandlung der Borderline-Persönlichkeitsorganisation verfolgt, eröffnet einen weiteren Weg in der Behandlung bestimmter stationärer Patienten (vgl. Kap. 5). Kernberg entwirft seine therapeutische Strategie speziell im Hinblick auf sein psychopathogenetisches Modell des Borderline-Syndroms, dessen Psychodynamik hier nicht weiter diskutiert werden kann. Jedoch stellt seine therapeutische Strategie spezielle Aspekte in den Vordergrund, die auch für die Behandlung von strukturell ichgestörten Patienten, z. B. psychosomatisch erkrankten, relevant ist. Kernberg geht es um zwei zentrale Problembereiche, die die Ichstörung des Patienten aufrechterhalten: einmal um die präödipalen, internalisierten negativen Mutter-Aspekte, also um frühe Haß- und Wutimpulse, gerichtet auf mütterliche Objekte, und zum anderen um die primitiven Abwehrformen, die eine Ichschwächung bewirken. Im wesentlichen schlägt er zwei technische Modifikationen vor:

- eine konsequente und systematische Bearbeitung der manifesten oder latenten *negativen Übertragung* und des Übertragungsagierens im »Hier und Jetzt« (ohne vollständige psychogenetische Rekonstruktion),
- eine konsequente, konfrontierende und deutende Bearbeitung der *pathologischen Abwehrformen* (Spaltung, projektive Identifikation, primitive Idealisierung, Entwertung und Verleugnung).

In den therapeutischen Prozessen von strukturell ichgestörten Patienten kommt es infolge der schnell einsetzenden Regression sehr bald zu *negativen Übertragungen*. Die Regression erfolgt deswegen so vehement, weil die autonomen Ichfunktionen mangelhaft entwickelt sind und bei einer stärkeren oral-narzißtischen Bedürftigkeit eine geringe Frustrationstoleranz besteht. In dieser Regression werden primitive Selbst-Repräsentanzen und negative mütterliche Objekt-Repräsentanzen auf den Analytiker projiziert. Die Projektionen schwächen das Ich des Patienten und verstärken die Regression. Der Als-ob-Charakter der Übertragung kann aufgehoben und der Therapeut zum mißtrauisch beobachtenden, kontrollierenden, »bösen« Objekt werden. Der Patient versucht, den Therapeuten in die projizierten Selbst- und Objektbilder hineinzudrängen, ihn dort festzuhalten und ihn zu einem bösen Objekt zu machen nach dem Ebenbild der mächtigen, manipulativen, enttäuschenden und frustrierenden Mutter. In der Extremform kann dies psychotische Züge annehmen. Der Therapeut kann aber auch überidealisiert werden, und die negativen Aspekte der Mutterbeziehung werden abgespalten und in einer anderen Beziehung agiert. Der Therapeut muß dann die negativen Beziehungen außerhalb der Übertragungsbeziehung untersuchen und interpretieren.

Die therapeutische Arbeit besteht darin, die projektiv verzerrte Wahrnehmung der Realität zu bearbeiten und dem Patienten wieder zu einer Unterscheidung von Phantasie und Realität zu verhelfen. Dadurch ist ein erster Schritt in Richtung auf eine Ichstärkung erreicht. Psychogenetische Deutungen tragen dabei eher zu einer Realitätsverkennung des Patienten bei, als daß sie hilfreich wären.

Weitere therapeutische Maßnahmen sind notwendig, wenn die negative Übertragung durch *Übertragungsagieren* zum Ausdruck kommt. Übertragungsagieren bedeutet, daß der Patient in der therapeutischen Beziehung die Enttäuschungs- und Wutgefühle nicht nur verbal äußert, sondern den Therapeuten durch Handlungen zu verletzen, zu beleidigen oder zu schädigen sucht. Übertragungsagieren ist ein Hauptwiderstand gegen Veränderungen. Kernberg schlägt vor, das Ausagieren zu verhindern, da eine deutende Bearbeitung wegen der Ichschwäche nicht ausreicht. So können z. B. »Verbote« gegenüber solchem Agieren ausgesprochen werden. Um die Gefahr zu vermeiden, daß der Therapeut nun selber als autoritär und sadistisch erlebt wird, ist eine Bearbeitung dieser Verbote notwendig.

Diese aktiven Maßnahmen schützen die *therapeutische Situa-*

tion und die *neutrale Position des Therapeuten.* Der Patient soll nach Kernberg z. B. beim Agieren in Form von Selbstverletzungen aufgefordert werden, seine Wut ausschließlich verbal und nicht durch Handlungen auszudrücken. Bei symptomatischem Agieren als erpresserisches Mittel, z. B. bei Suiziddrohungen, bei allgemein selbst-destruktiven Tendenzen, hält Kernberg eine »längerfristige Strukturierung der Lebensumstände des Patienten« für erforderlich, z. B. durch Krankenhausaufenthalte, Heimunterbringungen, Betreuung durch Sozialarbeiter. Maßnahmen zur Aufrechterhaltung der neutralen Position des Therapeuten sollen chronische *Gegenübertragungsfixierungen* verhindern. Sie gefährden die therapeutische Identität und können zu »Übertragungs-Gegenübertragungs-Bindungen« führen. Solche Konstellationen bleiben therapeutisch ineffektiv, da sie lediglich pathologische Objektbeziehungen wiederholen.

Die *deutende Bearbeitung der frühen Abwehrformen,* wie Spaltung, primitive Idealisierung, projektive Identifikation, Entwertung und Verleugnung in der Übertragung, ist ein weiterer zentraler Aspekt der Kernbergschen Behandlungstechnik. Spaltungen sind der aktive Versuch, Introjekte gegensätzlicher Art getrennt zu halten. Sie sind Niederschläge der frühinfantilen Erfahrung, daß Objekte entweder »nur gut« oder »nur böse« sind entsprechend der gewährenden guten Mutter oder der versagenden bösen Mutter. Spaltungen können sich in emotionell flachen oder überidealisierenden Beziehungen zum Therapeuten und gegensätzlichem Verhalten außerhalb der Analyse, z. B. in heftigem destruktiven oder selbst-destruktiven Verhalten zeigen. Die negativen Aspekte der Mutterbeziehung werden auf diese Weise von der Beziehung zum Analytiker ferngehalten. Auf ihn werden »nur gute« Aspekte projiziert (primitive Idealisierung, Verleugnung). Die Abwehrform der projektiven Identifikation ist sicher die folgenreichste Abwehr. Projektive Identifikationen führen dazu, daß der Therapeut kaum zu eigenen Regungen imstande ist und als Objekt total beherrscht wird. Er wird als Angreifer erlebt, den der Patient auf sadistisch-bemächtigende Weise zu kontrollieren versucht. Die Realitätswahrnehmung für die Person des Therapeuten kann wie in der Psychose aufgehoben sein (Übertragungspsychose). Kernberg hält in solchen Situationen die feste Strukturierung und die konsequente deutende Bearbeitung der projektiven Vorgänge für erforderlich, um weiteres psychotisches Abgleiten zu verhindern.

Kernberg konzentriert sich bei der therapeutischen Arbeit mit strukturell ichgestörten Patienten auf die Bearbeitung der primitiven Abwehrformen und der negativen Übertragung. Den positiven Übertragungsaspekt fördert er und benutzt ihn zum Aufbau des therapeutischen Arbeitsbündnisses und der Ichspaltung. Eine rein stützende Therapie hält er bei solchen Patienten nicht für möglich; in diesem Fall träte der Therapeut als reale mütterliche Person auf; er könnte dem Patienten zwar Liebe, Beachtung, Schutz und Zuwendung geben und entspräche damit dessen Abhängigkeitsbedürfnissen, nähme aber in Kauf, die Pathologie zu verfestigen. Ohne Bearbeitung der negativen Übertragung sei eine Therapie solcher Patienten zum Scheitern verurteilt oder würde zu lebenslanger Therapie. Einsicht gewinne der Patient nicht so sehr durch die Rekonstruktion seiner Vergangenheit, sondern durch die unmittelbare emotionelle Erfahrung am Analytiker. Er gewinne ein »Verständnis für die tieferen Quellen des eigenen Erlebens, verbunden mit einer Betroffenheit über das Pathologische daran und mit dem Bedürfnis, daran etwas zu ändern« (Kernberg 1975 a).

Michael Balint und D. W. Winnicott

Psychoanalytische Richtungen, die den *Gesichtspunkt der positiven Erfahrung an dem neuen Objekt »Analytiker« für konstitutiv im psychoanalytischen Prozeß* halten, vertreten weniger Modifikationen des Standardverfahrens wie die bisher besprochenen von G. u. R. Blanck und Kernberg als eine Anwendung von Aspekten der *Objektbeziehungstheorie*. Solchen Behandlungskonzepten gemeinsam ist die mütterliche Gegenübertragungshaltung gegenüber dem Patienten, die der Übertragung vorausgeht (vgl. Cremerius 1979 b). In den sog. »Erfahrungstherapien« ist die Gegenübertragung nicht nur ein Indikator für die Prozesse beim Patienten, sondern Ausdruck einer Haltung, die dem Patienten auf einer frühen, seine gesamte Existenz begründenden Ebene zu antworten versucht. Solche Vorstellungen zur Übertragungs-Gegenübertragungsinteraktion finden sich schon bei Spitz (1956/57). Er ist der Auffassung, der Analytiker müsse auf die anaklitische Haltung des Patienten wie die Mutter reagieren können, die dem Kind eine diatrophische Haltung anbietet.

Die Psychoanalytiker, die eine mütterlich fördernde Gegenübertragungshaltung als entscheidendes therapeutisches Agens begreifen, haben verschiedene Formulierungen für ihre Vorstellungen gewählt. Loch (1974) meint z. B.: »Auch hier ist die psychoanalytische Behandlung vor allem eine Technik der menschlichen Entwicklung oder Wandlung und nicht alleine ein Verfahren, in dem es um die Enthüllung der Einstellung eines je schon gebildeten psychischen Apparates geht.« Er glaubt, »daß der Analytiker eine Tendenz zur Übernahme der Pflegerolle haben muß, daß er Entwicklung wollen muß«. Der Analytiker muß also ein tragendes, mütterliches Objekt werden, primäre Mütterlichkeit vermitteln können. Dazu hat er auch den Rahmen (das Setting) zur Verfügung. Das Setting ist der *Behälter*, der die symbiotische Beziehung zwischen Analytiker und Patient verkörpert. Stellt der Patient das Setting in Frage, so ist dies der erste Schritt zur Überwindung der Symbiose.

Psychoanalytiker, die eine solche psychoanalytische Haltung vertreten, finden ihre Bestätigung bei Winnicott und Balint. Winnicott (1960a, 1962) hat die fördernde therapeutische Haltung als Bemutterung in Gestalt des *holding, handling, object presenting* beschrieben. Der Analytiker müsse in seinem Arrangement ein *facilitating environment* anbieten, in dem der Patient einen förderlichen Gebrauch von ihm machen, ihn benutzen kann wie eine gute Mutter. Der Analytiker seinerseits müsse sich tatsächlich als Objekt benutzen lassen und auf korrekte Deutungen, die ihn übermächtig machen, verzichten. Balint (1968) ist der Auffassung, daß der Analytiker, um Störungen im Kontakt mit Patienten, die an einer »Grundstörung« leiden, zu vermeiden, »gleichgestimmt« sein müsse. Der Analytiker müsse sich fragen, »welche Form der Objektbeziehung in diesem Moment für diesen seinen regredierten Patienten angemessen oder sogar therapeutisch angezeigt ist«. Balint setzt in der analytischen Situation auf die *Heilkraft der Objektbeziehung*. Nicht die Deutungen haben verändernde Wirkungen – Deutungen werden von stärker regredierten Patienten sogar häufig als Angriff erlebt –, sondern das Tragen des Patienten, »eine Rolle passiver sympathisierender Objektivität«. Diese Haltung des Analytikers entspricht der Dualbeziehung zwischen

Mutter und Kind im Stadium der »primären Liebe«. Der Analytiker sollte auf den Wunsch des Patienten nach »harmonischer Verschränkung« eingehen können. Nur dann kann die Wunde des Patienten ausheilen und er in dem Stadium des »Neubeginns« neue Formen von Objektbeziehungen eingehen. Die Präsenz des »unaufdringlichen Analytikers, der nicht durch Deutungen zu einem omnipotenten Objekt für den Patienten wird«, und die verstehende und tragende Atmosphäre heilen die Wunden und leiten den Neubeginn ein.

Übertragung und Gegenübertragung bekommen in den sog. »Erfahrungstherapien« eine neue Bedeutung. Anders als in der klassischen Psychoanalyse geht es hier zunächst einmal um eine *Wiederherstellung der frühen Mutter-Kind-Beziehung*, um neue positive Erfahrungen an einer »besseren Mutter« zu ermöglichen. Der »asymmetrischen Position« in der klassischen Übertragungsbeziehung steht die »psycho-physiologische Symmetrie, z. B. in der bedürfnisbefriedigenden Wechselbeziehung« (Cremerius 1979 b) gegenüber. In diesem Sinn geht es nicht, wie in der klassischen Psychoanalyse, um eine deutende Bearbeitung der Übertragung und des Widerstandes, sondern um einen *Reifungsvorgang* in der Beziehung zwischen Analytiker und Patient.

Loch (1974) und Fürstenau (1977 a, b) vertreten die Auffassung, daß *Erfahrung und Einsicht zwei Ebenen des psychoanalytischen Prozesses* darstellen. Sie stehen miteinander in einem dynamischen Zusammenhang. Neben der Bearbeitung der reaktivierten, unbewußten konflikthaften Beziehungsmuster in der jeweiligen Übertragungs- und Widerstandskonfiguration dient der analytische Prozeß auch dem »Aufbau eines neuen Musters der affektiv-kognitiven Einstellung aufgrund der einzigartigen Beziehung zum Analytiker« (Fürstenau 1977 b). Der Aufbau dieses Musters ist ein meist nicht-thematisierter Erfahrungsprozeß, der eng mit der Einsichtsvermittlung verbunden ist. Loch (1974) ist der Meinung, daß durch die Auflösung der neurotischen Übertragung eine Unterscheidung von Phantasie und Realität möglich werde und die »milde Übertragung« dem Patienten die Möglichkeit neuer, störungsfreier Objektbeziehungen und damit einen Weg zur Gesundung eröffne. Nicht die einsichtfördernden Deutungen alleine sind therapeutisch wirksam, sondern auch die sich dadurch eröffnende Möglichkeit zur Konstituierung neuer Objektbeziehungen sowohl innerhalb wie außerhalb der analytischen Situation.

Durch die Verschränkung von Einsicht und Erfahrung im analytischen Prozeß kann bei strukturell ichgestörten Patienten die *Ichintegrität* des Patienten gefördert werden (Fürstenau 1977a, b). Dem Analytiker verlangt diese Verschränkung ab, seine Wahrnehmung auf zwei Ebenen zu organisieren. Das eine Mal ist die Wahrnehmungseinstellung mit Freuds »gleichschwebender Aufmerksamkeit« identisch. Ein anderes Mal versucht der Analytiker, die strukturelle Ichstörung des Patienten zu erfassen. Sie läßt sich in der analytischen Situation daran erkennen, daß der Patient auf konfrontierende, interpretierende Interventionen nicht in der therapeutisch bekannten Weise mit Einsicht und Einfällen reagiert. Er wird vielmehr auf den »spannungserhöhenden, konfliktaufdeckenden, konfrontierenden, interpretierenden Umgang seitens des Analytikers mit einer Ich-Dekompensation, einem regressiven Zusammenbruch, einer psychosomatischen Krise... u.a. antworten« (Fürstenau 1977a).

Um solche Dekompensationen zu vermeiden, muß der Analytiker eine »dosierte stellvertretende Ausübung derjenigen Ichfunktionen, die jeweils nicht, nicht genügend oder nicht angemessen vom Patienten ausgeübt werden« übernehmen. Solche Interventionen sind supportiv im Sinne einer *stellvertretenden Ausübung von Ichfunktionen.* Es handelt sich dabei um die »situationsangemessene heilsame Ausübung mütterlicher Aktivität in einem handelnden (vollziehenden) therapeutischen Sinn« (Fürstenau 1977b). Zu dieser mütterlichen Aktivität gehört auch, dem Patienten einen verläßlichen, sicheren Behandlungsrahmen anzubieten. Dieser hilft ihm, sein Mißtrauen aus der frühen Mutter-Kind-Beziehung in der Beziehung zum Analytiker zu überwinden. Nur durch libidinöse Zuwendung kann der Kontakt zum Patienten gehalten werden. Über diese modellhaften Erfahrungen in der analytischen Situation wird sein Ich allmählich strukturiert, und er wird fähig, gesündere Beziehungen zu neuen Partnern zu realisieren. Dieser »vollziehende, tätige Aspekt« des Analytikers steht im Gegensatz zu der gleichbleibenden, distanzierten, freischwebenden Aufmerksamkeit, zur neutralen Haltung bzw. zur Spiegelhaltung im Standardverfahren.

Die psychoanalytische Behandlungstechnik hat, ausgehend von

dem Grundmodell der Psychoanalyse, durch die psychoanalytische Ich- und Selbst-Psychologie sowie durch die Objektbeziehungstheorie neue Impulse erhalten. Ein tieferes Erfassen der strukturellen Ichstörungen und differenziertere Behandlungsmethoden sind damit möglich geworden. Inwieweit diese neueren Behandlungsstrategien in der ambulanten Praxis angewandt werden, muß hier offen bleiben. Als Kliniker habe ich den Eindruck, daß strukturell ichgestörte Patienten eher in der Ambulanz oder auf der Station des Krankenhauses behandelt werden als in den Praxen der niedergelassenen Psychoanalytiker. Ihnen jedenfalls können die hier angesprochenen Behandlungsstrategien für strukturell Ichgestörte zugute kommen.

3 Stationäre Behandlungskonzeptionen

Jede Form einer psychoanalytischen Therapie läßt sich zunächst durch ein spezielles Setting charakterisieren, z. B. das Setting des Standardverfahrens oder der Fokaltherapie. Dieses Setting stellt den Rahmen für den therapeutischen Prozeß dar. Die psychoanalytische Behandlungstechnik ist in der ambulanten Praxis, speziell in der Privatpraxis, entwickelt worden. In ihr ließ sich ein Arrangement einhalten, in dem durch Grund- und Abstinenzregel gleichsam »eine experimentelle soziale Nullsituation« zum Ausgangspunkt der Behandlung gemacht werden konnte, »in der es möglich wurde, die Übertragungsphänomene der Patienten sozusagen rein, als Produkt ihrer psychischen Kräfte, darzustellen« (de Schwaan 1978).

Die sozialen Bedingungen und Realitäten im Krankenhaus ergeben einen Behandlungsrahmen, der auch die Art und Weise der therapeutischen Beziehungsmuster prägt. So kann die Abstinenzregel im Rahmen der Klinik nur begrenzt eingehalten werden. Weiterhin werden die Patienten in der klinischen Situation zu stärkeren Regressionen verführt. Ein wesentlicher Aspekt ist auch, daß die sehr persönliche Zweierbeziehung in der Psychoanalyse durch die weiteren Beziehungen zu Schwestern und anderen Therapeuten »gestört« wird.

Durch die stationäre Aufnahme wird also quasi eine settingabhängige Vorentscheidung für den therapeutischen Prozeß getroffen (vgl. Nerenz 1977). Die Effizienz stationärer Behandlungen wird davon abhängen, ob sich die verschiedenen therapeutisch wirksamen Elemente in eine Gesamttherapie integrieren lassen.

In diesem Kapitel gebe ich einen Überblick, wie und mit welcher Begründung die jeweilige Klinik bzw. Abteilung ihr therapeutisches Angebot organisiert. Soweit wie möglich werden dabei reale Gegebenheiten mitberücksichtigt, wie z. B.

- institutionelle Bedingungen, Klinikgröße, Einfluß der Trägerschaft, die Frage, ob es sich um eine Abteilung in einer internistischen oder einer psychiatrischen Klinik oder um eine selbständige Klinik handelt;

– primäre Aufgabenstellung der Institution: z. B. Modellstation an einer Universitäts-Klinik, Klinik mit Schwerpunkt in der Krankenversorgung, psychosomatische Kurklinik, psychotherapeutische Rehabilitationsklinik;
– behandelte Patientengruppe, z. B. überwiegend schwerere Neurosen und Persönlichkeitsstörungen, überwiegend Psychosomatosen im engeren Sinne oder internistische Erkrankungen oder überwiegend Psychosen.

Auf die psychotherapeutische Behandlung psychotisch erkrankter Patienten in psychiatrischen Kliniken möchte ich hier nicht eingehen. Hierbei darf ich auf die Arbeiten von Benedetti (1964), Battegay (1971), Bister (1977) verweisen.

Beim Studium der verschiedenen Behandlungskonzeptionen von Kliniken oder Abteilungen stieß ich auf ein vielgestaltiges Bild (vgl. Janssen 1983, 1985, 1986). Dies lag nicht nur an den institutionellen Bedingungen, sondern auch an den behandlungstechnischen Positionen der Therapeuten. Solche Positionen sind offensichtlich verantwortlich dafür, welche strukturierenden Rahmenbedingungen für die stationäre Psychotherapie gewählt werden. Ich konnte sechs verschiedene Organisationsformen stationärer analytisch-psychotherapeutischer Behandlungen unterscheiden (vgl. Abb. 1).

1. Psychoanalyse, psychoanalytische Psychotherapie bzw. Gruppenpsychotherapie in der Klinik ohne Gestaltung des stationären Zusammenlebens der Patienten
2. Kombinierte stationär-ambulante gruppentherapeutische Modelle mit und ohne Gestaltung des stationären Zusammenlebens
3. Bipolare Modelle mit Unterscheidung von analytisch-therapeutischem Raum und soziotherapeutischem Raum, z. B. als therapeutische Gemeinschaft
4. Integrative Modelle als Behandlung der Patientengruppe durch eine Therapeutengruppe
5. Internistisch-psychosomatische Modelle mit analytisch-psychotherapeutischen Behandlungen
6. Pragmatisch orientierte Anwendung analytischer und anderer psychotherapeutischer Verfahren im Krankenhaus

Abb. 1: Organisationsformen stationärer analytisch-psychotherapeutischer Behandlungen

Die Modelle 1 bis 4 in *Abbildung 1* unterscheiden sich durch divergierende Auffassungen über die therapeutischen Aufgaben und Zielsetzungen der stationären Behandlung, über die Bedeutung des stationären Zusammenlebens für die Patienten, über die Rolle und die Aufgaben der verschiedenen Berufsgruppen und über den Umgang mit den Übertragungs-Gegenübertragungs-Prozessen in der Gruppensituation im Krankenhaus. Hingegen versucht Modell 5, analytisch-therapeutische Aspekte bei der Behandlung von Patienten internistischer Kliniken zu berücksichtigen, und Modell 6, die Kurkliniken unter psychotherapeutischen Aspekten umzugestalten.

3.1 Psychoanalyse in der Klinik

Den ersten Versuch zur Einführung der Psychoanalyse in die Klinik unternahm Simmel (1928) in Berlin. Sein Ziel war, auch Patienten mit Psychosen, narzißtischen Neurosen und schwereren Charakterstörungen sowie Süchten psychoanalytisch in der Klinik behandeln zu können. Simmel erkannte schon einen Vorteil der stationären Behandlung. Im Gegensatz zur ambulanten Psychoanalyse geschieht das Agieren der Patienten innerhalb der Klinik und kann durch den Kontakt mit dem therapeutischen Team (Pflegepersonal) wieder in die psychoanalytische Behandlung einfließen. Simmel hat auch schon Regeln für die Zusammenarbeit von Krankenschwestern und Analytikern aufgestellt. So verstand er die Therapeutengruppe als strukturiertes Team, das für den Patienten »den Urtyp seiner Familie überhaupt« darstellt. Simmels Pioniertat scheiterte (wahrscheinlich) an finanziellen Problemen. Menninger (1936) griff aber in seiner Klinik die Ideen Simmels auf und entwickelte sie weiter (vgl. Bartemeier 1978).

Die Grundgedanken Simmels für die Behandlung im Team finden sich im Konzept der Menninger-Klinik jedoch zunächst nicht wieder. Kernberg (1975 a) betont in seiner Beschreibung des psychoanalytischen Therapiekonzeptes der Menninger-Klinik allenfalls den Schutzcharakter des stationären Aufenthaltes. Kernberg (1975 a) sieht eine Notwendigkeit, den Patienten stationär aufzunehmen, wenn ein regressives Übertragungsagieren durch psychotherapeutische Mittel alleine nicht mehr beherrscht werden kann, z. B. bei suizidalem Agieren, allgemein destruktiven Tendenzen, Alkohol- und Medikamentenmißbrauch und antisozialem Verhalten. Die stationäre Aufnahme ist dann eine »langfristige Strukturierung der Lebensumstände des Patienten«. Die eigentliche Behandlung besteht in einer »ambulanten« psychoanalytischen Psychotherapie, die während des stationären Aufenthaltes fortgeführt wird.

Kernberg hält eine strikte Trennung von Stationsleben und Psychotherapie für notwendig. Der Therapeut soll alle Informationen aus dem stationären Bereich erhalten, selber aber ohne Wissen des Patienten nichts aus der Behandlung dem stationären Bereich mitteilen *(generelle Diskretion)*. Kernberg möchte damit die Therapie in einer Hand konzentrieren, um Nebenübertragungen zu verhindern. Der stationäre Raum wird in seinem Sinn nur als Schutz vor Agieren benutzt. Kernberg läßt durchblicken, daß ein solches Arrangement große Probleme mit sich bringt. Die strikte Trennung von psychoanalytischer Psychotherapie und klinischer Behandlung hat den Sinn, die Neutralität des Therapeuten aufrechtzuerhalten, eine unabdingbare Voraussetzung in der psychoanalytischen Psychotherapie Kernbergs. Jedoch fürchtet er, daß dies bei einem »multiplen Behandlungsarrangement« nur schwer möglich ist. Später ändert Kernberg (1976 b) unter dem Einfluß der Konzepte der therapeutischen Gemeinschaft (Main 1946) und der psychoanalytischen Organisationsforschung (Rice 1969) seine Konzeption von der stationären psychoanalytischen Behandlung (s. u.).

Eine Pionierin der stationären psychoanalytischen Therapie war auch Fromm-Reichmann (1950), insbesondere eine Pionierin der Psychose-Behandlung. In der Privatklinik Chestnut Lodge (USA), in der sie wirkte, untersuchten Stanton und Schwartz (1954) auch erstmals den Einfluß der institutionellen Bedingungen auf den therapeutischen Prozeß. Sie konnten z. B. zeigen, daß Spaltungen und Konflikte unter den Mitarbeitern des Krankenhauses die Desorganisation psychotischer Patienten noch intensivierten. Nach dieser Untersuchung mußte die Frage gestellt werden, ob eine psychoanalytische Therapie innerhalb einer traditionell organisierten psychiatrischen Klinik überhaupt durchführbar ist. Fromm-Reichmann (1947) hingegen hoffte, durch Information über den therapeutischen Prozeß Spaltungen überwinden zu können. Sie hielt unbeirrt an der Trennung von psychoanalytischer

Therapie und klinischer psychiatrischer Therapie fest. Die Probleme, die sich aus der Idealisierung des analytischen Therapeuten für das Selbstwertgefühl der übrigen Mitarbeiter ergäben, sollten durch Konferenzen und Besprechungen überwunden werden. Durch diese Besprechungen sollte das Klinikpersonal am therapeutischen Geschehen teilnehmen können und auf diese Weise fähig werden, die Dynamik und die Ängste des Patienten, die sich im Laufe der Therapie entwickeln, zu ertragen.

Die beschriebenen stationären Behandlungskonzepte versuchen die Grundidee der Psychoanalyse vom »Primat der persönlichen Beziehung« (Fürstenau 1974) auch in der Klinik zu erhalten. Der stationäre Aufenthalt wird wegen des Schweregrades der Erkrankung in Kauf genommen, jedoch nicht sozio- oder gruppentherapeutisch genutzt. Eine ähnliche Auffassung wurde auch an der Heidelberger Klinik unter Mitscherlich vertreten (de Boor und Künzler 1963). Die dort tätigen Psychoanalytiker führten Psychoanalysen und psychoanalytische Fokaltherapien bei Patienten durch, die zeitweise stationär in die Klinik aufgenommen werden mußten. Das stationäre Zusammenleben war jedoch nicht unter soziotherapeutischen Gesichtspunkten organisiert.

Diese methodische Position ist dann folgerichtig, wenn die duale psychoanalytische Behandlungskonzeption erhalten bleiben soll. Das multipersonale Beziehungsangebot in der Klinik, also der gruppendynamische Faktor, der in jeder stationären Psychotherapie auf die eine oder andere Weise zur Wirkung kommt, wird konsequent ausgeblendet.

Wenn aber die Gruppendynamik klinischer Behandlung konzeptuell nicht ausreichend beachtet wird, kommt es zu einer verzerrten Darstellung der stationären Psychotherapie. Dies zeigen die Berichte von Danckwardt (1976) und Biermann (1975) über eine psychotherapeutische Station der Universitäts-Nervenklinik Tübingen: Die Patienten erhielten während des stationären Aufenthalts sowohl eine psychoanalytische Fokaltherapie als auch eine psychoanalytische Gruppentherapie und dazu begleitende Therapien wie Beschäftigungstherapie u. a. m. Danckwardt (1976) sieht die Schwierigkeiten, die sich dabei aus fokaltherapeutischer Sicht ergeben, folgendermaßen: Die Patienten sind mit ihrer Aufnahme sowohl dem Einfluß der Subgruppe der Patienten wie auch dem der Therapeuten ausgesetzt. Die neuen Objektbeziehungen, die sie eingehen, entwickeln sich unter dem Druck der stationären Gruppenprozesse. Die Beziehung zu dem Fokaltherapeuten ist in den Augen der Patienten nur eine der möglichen Beziehungen, und Danckwardt stellt fest, daß nur wenige Patienten eine stabile Übertragungsbeziehung zu dem Fokaltherapeuten eingehen. Er folgert daraus, daß in der klinischen Situation »Potentiale der Grundstörung« zur Ausgangsbasis der Objektwahl in dem gesamten Gruppensystem der Klinik werden. Die Beziehung zum Fokaltherapeuten wird gegenüber den anderen Beziehungen relativiert. Danckwardt spricht in diesem Zusammenhang von einer institutionsbedingten Verzerrung des Übertragungsmusters. Meist sei der affektive Tonus der Subgruppen stärker als die affektive Beziehung zum Fokaltherapeuten, die den Spezialfall der Paarbeziehung in der Gruppensituation darstelle. Wenn die Gruppenphantasien intensiver und zwingender seien und die Interventionen des Fokaltherapeuten das emotionelle Erleben in der Gruppensituation nicht einbezögen, verwerfe der Patient die Deutungen des Therapeuten in der Einzeltherapie.

Danckwardt (1976) und Biermann (1975) diskutieren ihre Befunde unter dem Gesichtspunkt der Übertragungsbeziehung in der psychoanalytischen Fokaltherapie. Biermann spricht u. a. von einem Scheitern der eigentlichen Fokaltherapie, Danckwardt von »krankmachenden Bedingungen« des stationären Gruppengeschehens. Dabei legt er auch eine andere Betrachtung nahe, wenn er schreibt, daß die »krankmachenden Bedingungen« sich therapeutisch umgehen ließen, wenn der Therapeut sich nicht ausschließlich an dem Fokus orientiere, sondern schon im Erstinterview »die gruppendynamische Einbettung der Konfliktstoffe« im Auge behielte. In dieser Wendung liegt ein positiver Aspekt für ein integratives stationäres Therapiemodell.

Unsere Erfahrungen führten zu einem integrativen Modell (vgl. Kap. 4), demzufolge die Beziehungen zu den verschiedenen Therapeuten der Station in das therapeutische Gesamtkonzept integriert werden und jede Beziehung des Patienten in der Gruppensituation der Klinik mit Blick auf seine Objektwahlen therapeutisch genutzt werden kann.

3.2 Therapeutische Gemeinschaft und psychoanalytische Therapie

Mit der »therapeutischen Gemeinschaft« führte Main (1946) einen neuen Gesichtspunkt in die Organisationsformen institutioneller Therapie psychisch kranker Menschen ein (vgl. Hilpert et al. 1981, Hilpert 1983). Main hatte bei seiner klinischen psychotherapeutischen Arbeit mit Soldaten, die nach dem Krieg an Psychoneurosen und psychosomatischen Erkrankungen litten, zusammen mit Foulkes und Bion an dem bekannten Northfield-Experiment teilgenommen. Während Bion und Foulkes neue Wege in der Gruppenanalyse beschritten, versuchte Main die therapeutische Institution Krankenhaus zu verändern.

Main (1946) ist der Ansicht, daß klinische Psychotherapie nicht einseitig am Patienten orientiert sein dürfe. Seine Idee ist, daß das gesamte Krankenhaus, seine Patienten und Mitarbeiter, wie eine therapeutische Gemeinschaft organisiert sein sollte. In einer »therapeutischen Gemeinschaft« sollen alle Patienten des Krankenhauses an den alltäglichen Vorgängen aktiv beteiligt werden. Die klinische Situation soll so strukturiert werden, daß sie Alternativen zu der bisherigen »pathogenen« Umwelt des Patienten bietet. Den Patienten soll mehr Verantwortlichkeit, mehr Mitsprachemöglichkeit, mehr partnerschaftliches Verhalten angeboten werden.

Die Wurzeln dieser neuen Konzeption liegen in den Ideen Levins zur Gruppendynamik und in den Erfahrungen der Psychoanalytiker, wonach in einer therapeutischen Gruppe die Neurose des Patienten sich als Phänomen der Gruppe darstellt (Bion 1961), während sie in der Einzelbehandlung als individuelles Problem erscheint. Aus der Einsicht heraus, daß soziale Strukturen die jeweils individuelle Psychodynamik beeinflussen, formulierte Main (1946) das Ziel seiner Therapie folgendermaßen: »Die Sozialisation neurotischer Antriebe, ihre Umformung auf soziale Erfordernisse hin innerhalb eines realistischen Bezugsrahmens, die Stärkung des Ichs, die zunehmende Fähigkeit, echte und selbstverständliche soziale Beziehungen einzugehen, die Umformung von Über-Ich-Forderungen – alles das stattet das Individuum mit der Fähigkeit und der Technik aus, in seiner Lebenswirklichkeit einen sinnvollen Platz einzunehmen und sein Leben zu meistern« (vgl. Hilpert und Schwarz 1981).

Die Rolle des Therapeuten sieht er nicht in einer Bearbeitung individueller Probleme des Patienten, sondern in der Bearbeitung interpersoneller Spannungen in der Gruppensituation. So sollen sich die Interpretationen des Therapeuten auf den Umgang der Patienten miteinander und auf die innere Einstellung des einzelnen zu den andern beziehen. Der Therapeut soll sich als »ehrlicher Kommentator« des Verhaltens in der Gruppe verstehen und versuchen, emotionale Probleme zu identifizieren und den Patienten damit einen Anstoß zu geben, sie selber lösen zu lernen. Die therapeutische Gemeinschaft kann so für den Patienten ein Erfahrungsprozeß in der Gruppe werden, in der eine »Kultur stetiger Erkundung« und eine »auf Klärung und Verständnis ausgerichtete therapeutische Atmosphäre« (Main 1977) möglich sind.

Der Begriff der therapeutischen Gemeinschaft wurde etwa gleichzeitig von Main und von dem englischen Psychiater Jones (1953) geprägt. Jones benutzt diesen Begriff jedoch im Sinne der Soziotherapie, einer Form der Sozialanalyse, die weitgehend bewußte emotionelle Interaktionen in der Gruppe zum Gegenstand hat. Jones' sozialpsychologischer Ansatz entspricht der ätiologischen Position, daß soziale Faktoren bedeutsame Determinanten der psychischen Erkrankung sind. Er will mit der therapeutischen Gemeinschaft das Modell einer neuen und wohl auch besseren Gesellschaft einführen und einen Demokratisierungsprozeß in den damals zumeist hierarchisch geführten Kliniken einleiten.

Jones' Aktitiväten führten zu einer entscheidenden Veränderung der psychiatrischen Krankenhausbehandlung insbesondere in Großbritannien (vgl. Brown und Pedder 1979, Hinshelwood und Manning 1979). Die Einflüsse auf die psychiatrische Krankenhausbehandlung stellen Ploeger (1972), Kayser (1974), Kayser et al. (1973), Krüger (1979) u. a. überzeugend dar. Meist wurde der ursprünglich psychoanalytische Ansatz von Main zugunsten des mehr sozialpsychologischen von Jones verlassen. Auch die in den USA entwickelte Milieutherapie ist nicht mit der therapeutischen Gemeinschaft im Sinne Mains gleichzusetzen. Die Milieutherapie hat ein weiter gestecktes gesellschaftspolitisches Ziel (vgl. zur Milieutherapie J. u. E. Cumming 1979, Heim 1978).

Das Konzept der therapeutischen Gemeinschaft gilt in seinen Grundannahmen für jede stationäre Behandlung, aber es hat eine besondere Relevanz für die analytisch-psychotherapeutische

Krankenhausbehandlung. Die therapeutische Gemeinschaft wird heute nicht als neue Therapiemethode, sondern lediglich als eine Umstrukturierung des Krankenhauses zu therapeutischen Zwekken verstanden. Unter diesem Gesichtspunkt möchte ich die Grundsätze der therapeutischen Gemeinschaft kurz zusammenfassen (vgl. Brown und Pedder 1979, Hilpert und Schwarz 1981). Im wesentlichen beziehen sie sich auf die Struktur des Teams, die Leitung des Teams, auf die therapeutische Haltung gegenüber den Patienten und auf die therapeutischen Funktionen der Patienten selber.

Das Krankenhaus als therapeutische Institution ist ein »sozialer Organismus«, dessen Teile im einzelnen miteinander zusammenhängen. Eine strikte hierarchische Gliederung und eine Rollendefinition können diesen Organismus stören. In der therapeutischen Gemeinschaft wird daher eine *horizontale, demokratische Strukturierung* versucht. Autorität und Entscheidungen können an die jeweiligen Funktionsbereiche delegiert werden, damit die soziale Distanz reduziert wird, die in einer hierarchisch strukturierten therapeutischen Institution gegeben ist.

Mit der demokratischen Strukturierung eng verbunden ist das Problem der *Leitung und Führung in solchen therapeutischen Gemeinschaften.* Die Forderung nach radikaler horizontaler, demokratischer Strukturierung wird in ihrer Absolutheit den realen Bedingungen im Krankenhaus kaum gerecht. Sie birgt auch die Gefahr, daß sich rigide Grundsätze und Ideologien entwickeln, die der Wirklichkeit des Krankenhauses und der des Patienten entgegenstehen (vgl. Rapaport 1960). Heute ist es selbstverständlich, nicht auf Leitung in therapeutischen Gemeinschaften zu verzichten. Morrice (1972) z. B. sieht die Aufgabe des Leiters darin, Konflikte zu begrenzen, damit die Integrität der Organisation gewährleistet bleibt und die Lernprozesse im Team fortschreiten können. Er kann Gruppenprozesse im Team klären helfen und die Kontinuität der therapeutischen Zielsetzung aufrechterhalten. Der Leiter sollte auch die Regelungen, die zwischen den Institutionen oder zwischen Institution und ihrem Umfeld notwendig sind, als Aufgabe übernehmen.

Auch nach Whiteleys Konzept der »fokalen Führung« (1978) ist es in therapeutischen Gemeinschaften erforderlich, daß Leiterfunktionen ausgeübt werden. Mit der interpretativen Hilfe des

Leiters sollen die jeweiligen Gruppenkonflikte erkannt und bewältigt werden. Er soll eine Atmosphäre der Offenheit in der Gesamtgruppe schaffen, das notwendige Gefühl der Sicherheit vermitteln und Konfliktbereiche erkennen und klären, da ihm dies eher möglich ist als den Mitgliedern. Die »fokale Führung« sei stets auch Ausdruck einer Übertragungsbeziehung. Die stetige Gegenwart des Leiters biete eine gewisse Schutzfunktion, auf deren Basis bestimmte Konfliktbereiche herausgearbeitet werden können und ein Realitätsbezug hergestellt werden kann. Je mehr die einzelnen Mitglieder der Gruppe sich mit ihm identifizieren können und sein Verhalten modellhaft wird, um so mehr ist das Prinzip der »fokalen Führung« erreicht. Dann wird es auch den Teilnehmern der Gruppe möglich sein, »Führung« in dem oben beschriebenen Sinne gegenüber den Patienten zu übernehmen.

Es ist unverkennbar, daß Whiteley die therapeutische Gemeinschaft wie eine fortlaufende Großgruppe versteht, in der es reichlich Gelegenheit zum Agieren gibt. In solchen Großgruppen, die besonders zu regressiven Prozessen neigen oder nach den Grundannahmen Bions reagieren (vgl. Pines 1975), hat der Leiter die wesentliche Aufgabe, die Arbeitsebene zu erhalten. Er ist in der Übertragung eine stabile Elternfigur, die verunsicherten, regressiven, hoffnungslosen, depressiven oder passiven Gruppen per Identifikation, Interpretation oder Konfrontation wieder neue Möglichkeiten zum therapeutischen Handeln eröffnet. Damit an ihm in der Übertragung Konflikte bearbeitet werden können, stellt er sich der Gruppe als Person zur Verfügung. Diese Aufgabe kann der Leiter m. E. nur bewältigen, wenn er sich in den gruppenanalytischen Prozessen auskennt.

Ein weiterer Grundgedanke der therapeutischen Gemeinschaft ist, daß alle Mitglieder des Behandlerteams therapeutische Funktion haben und *persönlich gleichwertig* sind. Diese psychoanalytische wie soziologische Erkenntnis über Gruppen- und Teamarbeit (vgl. Janssen 1979) halte ich für eine grundlegende Voraussetzung für die Aufrechterhaltung der personalen und beruflichen Identität. Persönliche Gleichheit bedeutet jedoch nicht, daß jeder den gleichen Beitrag leistet. Die therapeutischen Beiträge sind durchaus differenziert und entsprechen dem jeweiligen Stand der beruflichen Entwicklung (Morrice 1972). Die Idee von der persönlichen Gleichheit im Team und der Differenzierung in den therapeutischen Aufgaben ist ein wesentlicher Beitrag, den Verfechter der therapeutischen Gemeinschaft zur Theorie der Teamarbeit im Krankenhaus geleistet haben.

Aus diesen Grundsätzen folgen weitere Annahmen zur Interaktion im Team, die zunächst von den Vertretern der therapeutischen Gemeinschaft normativ aufgestellt worden sind: die freie Kommunikation untereinander, der offene Austausch von Gefühlen und Informationen im Sinne einer »repressionsfreien Kommunikation«, der »Verzicht auf Affektneutralität zugunsten einer kontrollierten Emotionalität«, die regelmäßige Reflexion über die Prozesse in der therapeutischen Gemeinschaft u. a. m. (vgl. Hilpert und Schwarz 1981). Die Verwirklichung solcher Leitideen soll dazu dienen, eine möglichst günstige therapeutische Atmosphäre für den Patienten zu schaffen.

Die Verfechter einer »reinen« therapeutischen Gemeinschaft gehen noch einen Schritt weiter: Sie übertragen den Patienten selber therapeutische, organisatorische und reale Aufgaben mit der Absicht, ihre Aktivität und Autonomie zu fördern. Dieses Konzept wird besonders in sozialpsychologisch konzipierten therapeutischen Gemeinschaften verfolgt, die den therapeutischen Schwerpunkt auf soziales Lernen legen. Mir stellt sich dabei die Frage, ob ein solches Ziel sich sinnvoll in eine psychoanalytisch begründete Klinikstruktur integrieren läßt. Selbstverständlich muß jedem Verhalten der Patienten und der Teammitglieder tolerant begegnet werden. Erst damit läßt sich der Weg für emotionelle Neuerfahrung eröffnen. Meiner Meinung nach wird die Idee von der Gleichheit von Therapeut und Patient dann fruchtbar für die Behandlungsgemeinschaft, wenn sie prozeßhaft gesehen wird. Das heißt, daß sich im Laufe des therapeutischen Prozesses Formen der Beziehung zwischen Patienten und Therapeuten ergeben, die Gleichheit anstreben. Damit werden aber auch schon die Loslösung aus der Klinik und die Beendigung der Behandlung eingeleitet. Eine normative Auffassung der Idee von der Behandlungsgemeinschaft führt zu Isolation, Verleugnung von Regressionszuständen, Realitätsverkennung und einer Art neuen Welt oder Subkultur im Krankenhaus, einer neuen Form des Hospitalismus (vgl. Rapaport 1960, Krüger 1979).

Eine psychoanalytisch begründete Klinikstruktur wird den zu erwartenden Prozessen gerecht werden müssen und die »erzieherischen« Elemente der therapeutischen Gemeinschaften hintanstellen. Hilpert und Schwarz (1981) beschreiben eine psyschoanalytische Klinikstruktur als ein »Gemisch demokratischer und hierarchischer Elemente, symmetrischer und asymmetrischer Beziehungsformen, funktionaler und persönlicher Verantwortungsbereiche«. Die psychoanalytische Therapie ist auf »Ungleichheit« aufgebaut, da sie reaktualisierte infantile Konflikte erhellen und bearbeiten will. In der Gruppensituation der Klinik können nun insbesondere primitive Objektbeziehungsmuster externalisiert werden (Bion 1961, Kernberg 1976 b, Kreeger 1975, Heising et al. 1982). Aus psychoanalytischer Sicht kann also eine Therapiegemeinschaft ihren besonderen Sinn darin haben, daß agierte primitive Objektbeziehungsmuster entfaltet, geklärt und in einer tragfähigen Gemeinschaft durchgearbeitet werden können. Dazu halte ich eine Behandlungskonzeption für sinnvoll, die auf »therapeutische Gemeinschaft« hinarbeitet (vgl. Kap. 5). An dieser Stelle ist festzuhalten, daß historisch gesehen die Konzepte der therapeutischen Gemeinschaft wesentlich dazu beitrugen, institutionelle Bedingungen herauszuarbeiten, die für die Entwicklung einer therapeutischen Kultur erforderlich sind und die psychoanalytische Therapie innerhalb einer Institution ermöglichen.

Auch Kernberg (1976 b) greift die Grundgedanken der therapeutischen Gemeinschaft auf und verläßt seine ursprüngliche Konzeption der psychoanalytischen Psychotherapie im Krankenhaus (siehe Kap. 3.1). Er befaßt sich in seiner Arbeit theoretisch mit der Integration des gruppentherapeutischen Ansatzes in ein integriertes klinisches Behandlungsmodell. Nach einer persönlichen Mitteilung gegenüber Hilpert (in Hilpert et. al. 1981) wurde Kernberg zu dieser Arbeit angeregt durch die Einführung der therapeutischen Gemeinschaft (in der Menninger-Klinik) in den Jahren 1969 bis 1973. Kernberg geht von der psychoanalytischen Objektbeziehungstheorie aus. Er beobachtet, daß in einem dyadischen Setting wie in der Standard-Psychoanalyse oder in der psychoanalytischen Psychotherapie primitive Funktionsebenen, z. B. das Borderline-Niveau, kaum reaktiviert werden. Dies könnte jedoch unmittelbar innerhalb von Gruppen geschehen. Daher seien die Gruppensituationen in der Klinik ein wichtiges diagnostisches und potentielles therapeutisches Medium für Verständnis und Umgang mit externalisierten primitiven Objektbeziehungsmustern. Besonders bei Borderline-Patienten werden frühe, unzureichend integrierte Objektbeziehungen im zwischenmenschlichen Bereich der Gruppe leicht reaktiviert.

Eine solche Reaktivierung ist noch keine Therapie, solange sie nicht therapeutisch genutzt wird. Als hierfür geeignet sieht Kernberg sowohl die psychoanalytische Gruppentherapie als auch eine »Kliniktherapie«. In letzterer soll ein Kliniktherapeut die gesamten zwischenmenschlichen Situationen in der Klinik (Interaktionen mit dem Klinikpersonal, anderen Patienten usw.) systematisch untersuchen und interpretieren. Der Kliniktherapeut arbeitet eng in einer freien und offenen Kommunikation mit dem Personal zusammen, da er die Aufgabe hat, die zahlreichen Beobachtungen des Personals zu integrieren. Kernberg gibt also die Regel der generellen Diskretion (vgl. Kap. 3.1) auf.

Kernberg begründet sein Klinikkonzept mit einer *psychoanalytischen und systemtheoretischen Theorie von Organisation* (Rice 1965, 1969). Ich selber habe unabhängig von den Überlegungen Kernbergs bei der Entwicklung der Organisationsformen der stationären psychoanalytischen Therapie Rices Theorien aufgegriffen (vgl. Kap. 4 und 5). Diese organisationsdynamischen Konzepte sind m. E. von grundsätzlicher Bedeutung für die stationäre Psychotherapie.

Rice verbindet in seinem Organisationsmodell die psychoanalytische Strukturtheorie mit der Systemtheorie. Nach seiner Vorstellung sind Individuen, Gruppen und Institutionen offene Systeme, die im Austausch mit der Umgebung Aufgaben erfüllen. Solche Systeme haben eine »primäre Aufgabe«, die definiert und abgegrenzt ist von den Aufgaben anderer. Die Erfüllung der »primären Aufgabe« bedeutet Einschränkung und Begrenzung. Um diese Begrenzung aufrechtzuerhalten, braucht jedes dieser Systeme eine Kontrollinstanz. Im Individuum übernimmt das Ich diese Kontrollfunktion, in der Gruppe der Gruppenleiter und in der Organisation deren Leiter. Beim Zusammenbruch der Kontrollinstanz geht die Orientierung an der »primären Aufgabe« verloren.

Beim Individuum ist ein Zusammenbruch der Kontrollfunktionen des Ichs, z. B. der Realitätsbewältigung, klinisch gut bekannt. Solche Dekompensationen kommen zustande, wenn die innere Welt der Bedürfnisse übermächtig wird, das Ich die Realitätsorientierung nicht aufrechterhalten kann und sich neurotische, psychosomatische oder psychotische Symptome bilden. Unter einem systemtheoretischen Gesichtspunkt entspricht die psychoanalytische Therapie der Einführung eines »Beraters« (Therapeuten), d. h. einer Kontrollinstanz, die die Aufgabe übernimmt, Art und Ursache des Zusammenbruchs zu diagnostizieren und dem Patienten zu helfen, die Grenzen wiederherzustellen. Damit kann er die »primäre Aufgabe«, die Bewältigung der Innenwelt und der realen Außenwelt, wieder erfüllen. Rice ist der Auffassung, daß der Gruppentherapeut in Gruppen ähnliche Aufgaben hat wie das Leitungsgremium einer Organisation. Auf der Gruppenebene untersucht der Gruppentherapeut z. B. die Reaktivierung primitiver Objektbeziehungen und Abwehrformationen und auf der Ebene der Institution deren Leiter die Defizite in der Erfüllung der »primären Aufgabe« der gesamten Organisation.

Kernberg bedient sich dieses Riceschen Konzeptes, um seine Theorie der klinischen Behandlung zu begründen. Ähnliche therapeutische Aufgaben, die innere Bedürftigkeit zu erforschen und die Kontrollfunktion des Ichs zu erhalten oder wieder aufzurichten, bestünden auf der Ebene der Einzeltherapie, der Gruppentherapie und der Krankenhausleitung. Auf allen Ebenen der verschiedenen therapeutischen Angebote (Einzeltherapie, Gruppentherapie, therapeutische Gemeinschaft) sollen also die Kontrollfunktionen des Ichs gefördert *und* die innere Welt der Objektbeziehungen untersucht und interpretiert werden. Behandlung impliziert für Kernberg ein Erlernen der Fähigkeit, »selbst die Leitung zu übernehmen..., um das eigene Selbst, die eigenen inneren Bedürfnisse, die eigene Umgebung und die eigene Lebensaufgabe zu verstehen«. Seine therapeutische Zielsetzung ist, die Kontrollfunktion des Ichs zu verbessern.

Voraussetzung einer solchen Behandlung ist, daß die therapeutische Gemeinschaft als soziales System aktiv und aufgabenorientiert geleitet und nicht als eine gruppendynamische Übung verstanden wird. Wo letzteres der Fall ist, sei zwischen der Manipulation des Patienten durch das Personal und der resignativen passiven Einstellung bei Manipulationen des Personals durch den Patienten keine Trennung möglich. Kernberg hat mit seinem theoretischen Beitrag wegweisend die Idee der therapeutischen Gemeinschaft mit der psychoanalytischen Behandlungstheorie verbunden.

Die längsten Erfahrungen mit einer psychoanalytisch geführten Klinik, die nach dem Modell der therapeutischen Gemeinschaft arbeitet, liegt aus dem *Cassel-Hospital* in Richmond bei London vor (z. B. Main 1957, 1977, Plojé 1977, Hilpert 1979, Muir 1980, Denford et al. 1983, James 1984). Ich selber hatte Gelegenheit, die Arbeitsweise dieses Krankenhauses kennenzulernen.*

Das stationäre Zusammenleben der Patienten ist konsequent nach dem Prinzip der therapeutischen Gemeinschaft strukturiert, und gleichzeitig und parallel wird eine psychoanalytische Einzeltherapie (2mal pro Woche) durchgeführt. Die Aufrechterhaltung der »therapeutischen Kultur« (Main 1977) liegt weitestgehend in den Händen der Schwestern, die auch die therapeutische Gemeinschaft strukturieren. Sie regeln die Realitätsaufgaben, die Schwierigkeiten des Zusammenlebens, die Einhaltung der Hausordnung. Sie fördern die Übernahme von Versorgungsleistungen durch die Patienten, regen zur Teilzeitarbeit an usw. Auf der Beziehungsebene bieten sie sozial-kommunikative Beziehungsmuster an. Sie aktivieren, leiten an, konfrontieren mit Fehlverhalten, versuchen, adäquates Verhalten einzuüben, geben Bestätigung, ermutigen zur Übernahme von Aufgaben und Funktionen, z. B. Betreuung von Neuankömmlingen. Sie leiten zur Gestaltung der Freizeit und der Aufstellung von Essensplänen an. Ihre Funktionen nehmen sie insbesondere in aufgabenorientierten Groß- und Kleingruppensettings wahr (vgl. Chapman 1984).

Der psychoanalytische Therapeut, der eine psychoanalytische Einzeltherapie mit dem Patienten durchführt, ist nur für den therapeutischen Prozeß zuständig. Schwesternbereich und psychoanalytischer Bereich stehen gleichberechtigt nebeneinander. Die »triadische Konstellation Arzt – Patient – Schwestern« (Hilpert 1979) ist die Grundlage des therapeutischen Konzeptes, innerhalb dessen die Rollen klar definiert sind. Die Schwestern übernehmen realitätsbezogene Aufgaben, die sie möglichst bald an die Patienten delegieren, die Psychoanalytiker den analytisch-therapeutischen Bereich. Im Cassel-Hospital wurde also die ursprünglich integrative gruppen- und organisationsdynamische Konzeption (Main 1946) im Verlauf der Konzeptentwicklung verlassen und der

* Ich danke an dieser Stelle der Breuninger-Stiftung für die finanzielle Unterstützung zu diesem Forschungsaufenthalt.

sozial-übende Bereich (Schwestern) vom analytisch-therapeutischen Bereich (Psychoanalytiker) getrennt. Die therapeutische Gemeinschaft entwickelte sich zu einer bipolaren Behandlungskonzeption (s. u.).

Plojé (1977) diskutiert im Zusammenhang mit dem Konzept der therapeutischen Gemeinschaft im Cassel-Hospital anhand eines Fallbeispiels eindrucksvoll, welche Probleme diese Bipolarität mit sich bringt. Liegt die psychoanalytisch orientierte Einzelbehandlung ausschließlich in Händen des Therapeuten und die sozialtherapeutische Aufgabe in denen der Schwestern, so kann der Patient nicht merken, daß Therapeut und Schwestern zusammenarbeiten. Er entwickelt die Tendenz, Informationen zwischen Schwestern und Therapeuten aufzuteilen und schließlich im Sinne einer Übertragungsspaltung (Kernberg 1975 a) den negativen Teil von Selbst- oder Objektaspekten auf die Schwestern und die »nur guten« Selbst- bzw. Objektaspekte auf den Therapeuten zu projizieren. Plojé meint, daß solche Spaltungen auch durch Deutungen nicht mehr aufzulösen seien und es zwangsläufig zu einer Eskalation komme. Negative Gegenübertragungsreaktionen führen dazu, daß der Patient entlassen wird und das Team mit dem Gefühl der Schuld und der Unzulänglichkeit zurückbleibt.

Aufgrund seiner Erfahrungen plädiert Plojé für ein Setting, das Spaltungen zumindest korrigieren kann. Bleibt der Psychotherapeut auf der Deutungsebene und ist nicht bereit, im Sinne von Stationsarbeit auch die Übernahme einer Elternrolle zu praktizieren, versteht dies der Patient als Schwäche und Gleichgültigkeit. Er mißbraucht diese Haltung des Therapeuten, orientiert sich nur an der Einzeltherapie und verleugnet die Beziehung zu den übrigen Teammitgliedern. Plojé schlägt vor, daß in den Stationsgruppen der Therapeut mit den Schwestern der Station zusammenarbeiten soll, so daß dem Patienten deutlich fühlbar wird, daß Schwestern und Arzt ein therapeutisches Paar sind. Plojé beobachtet nach Erprobung dieses Modells einen Rückgang der erforderlichen analytischen Einzelsitzungen und eine Verkürzung der durchschnittlichen Aufenthaltsdauer von zwei Jahren auf zehn Monate. Außerdem bewahrten die zahlreichen Konferenzen, die das Stationsmanagement erfordert, den Therapeuten davor, regredierte Patienten in einer Art Gebärmutter im Behandlungsraum beschützen zu wollen.

Auch Hilpert (1979) berichtet nach einer längeren Mitarbeit im Team des Cassel-Hospitals von Polarisierungen, Übertragungsspaltungen sowie erheblichen Spannungen und Mißtrauensreaktionen innerhalb des Teams. Letztlich könnten, so meint er, diese Spannungen auf der Therapeutenseite dazu führen, daß doch die ambulante Behandlungsform als Idealform angesehen werde oder neidvoll mit den Schwestern konkurriert werde, die in der gruppenorientierten Arbeit dominieren.

Erst seit einigen Jahren orientiert sich auch das Cassel-Hospital mehr in Richtung eines integrativen Behandlungsmodells (vgl. Muir 1980, James 1984). Obwohl die grundsätzliche Bipolarität in den Aufgaben nicht aufgehoben wird, werden doch die beiden Bereiche (Therapeuten – Schwestern) enger aufeinander bezogen. Es werden Gruppentherapien eingeführt, an denen sowohl Repräsentanten des analytisch-therapeutischen als auch des sozio-therapeutischen Bereichs teilnehmen (Christie 1984).

Langjährige Erfahrungen in psychoanalytischen Therapien in einer therapeutischen Gemeinschaft zeigen ein spezielles Problem, das durch die Ausbildung des Psychoanalytikers präformiert wird. Der Psychoanalytiker hat aufgrund seiner primären beruflichen Identität – gebildet in der sehr persönlichen Zweierbeziehung – Schwierigkeiten, sich während der stationären Gruppenarbeit in vielen konkreten Situationen, z. B. Aufnahme, Drogenentzug, Festsetzung des Entlassungstermins, Bearbeitung von Agieren usw., zu erproben. Eine solche Arbeit verlangt von ihm eine erhebliche Anpassung an klinische Realität und an die Gruppensituation in der stationären Behandlung. Er muß sich Teamentscheidungen stellen und eine aufrichtige Arbeitsbeziehung mit den Schwestern und den anderen Mitgliedern des therapeutischen Teams (den Nicht-Analytikern) pflegen. Er muß respektieren, daß versucht wird, jede Schwierigkeit in der Beziehung mit den Patienten gemeinsam mit dem Team zu lösen.

3.3 Bipolare Modelle mit Unterscheidung von analytisch-therapeutischem und sozio-therapeutischem Raum

Die Konzepte der therapeutischen Gemeinschaft wurden von den psychoanalytischen Psychotherapeuten in der Bundesrepublik nur zögernd zur Kenntnis genommen (vgl. Beese 1971 b, Bräutigam 1974). Dafür setzte sich in einigen selbständigen, tiefenpsychologisch oder analytisch arbeitenden Kliniken der Gedanke der »Bipolarität« in der klinischen Psychotherapie durch (vgl. Enke et al. 1964, Enke 1965 a, Enke 1968), nämlich die Unterscheidung von »Therapieraum« und »Realitätsraum«.

Enke ist der Meinung, daß wegen der Gruppensituation innerhalb der Klinik eine Psychoanalyse lege artis nicht durchführbar sei. Hingegen werde eine Gruppenpsychotherapie am ehesten diesen sozialen Bedingungen gerecht. Infantile Konflikte könnten auch in der Gruppe reaktualisiert und durchgearbeitet werden. Um analytische Gruppenpsychotherapie innerhalb der Klinik praktizieren und sie von den realen Bedingungen des Zusammenlebens in der Klinik abgrenzen zu können, schlägt er vor, die therapeutischen Prozesse in der »Gruppenpsychotherapie« zu zentrieren und in einer sogenannten »Hausgruppe« die aus dem Zusammenleben der Patienten entstehenden sozialen Probleme zu bearbeiten. Nach diesem Modell findet die stationäre Therapie in der »bipolaren Gruppenpsychotherapie« statt. Enke vertritt mit seiner in der psychotherapeutischen Klinik in Umkirch entwickelten Konzeption eine Aufteilung der therapeutischen Gemeinschaft in Therapiegemeinschaft (Gruppentherapie) und Lebensgemeinschaft (Station).

Das Grundmodell Enkes hat die stationäre Psychotherapie in der Bundsrepublik deutlich beeinflußt. Hau (1968, 1970, 1973) und Arnds und Studt (1973) entwickelten es weiter. Hau geht bei seinen konzeptuellen Überlegungen von der Feststellung aus, daß Struktur und Größe einer klinisch-psychotherapeutischen Einrichtung der jeweiligen analytischen Behandlungstechnik, die ein relativ neutrales Feld brauche, Grenzen setzen. Größere Kliniken könnten durchaus die Neutralität des Analytikers aufrechterhalten, während das Übertragungsgeschehen in kleineren Kliniken durch die sonstigen Tätigkeiten des Therapeuten, z. B. als Leiter, Oberarzt, Assistent, determiniert würde. Das stationäre Zusammenleben der Patienten ist für Hau (1968) das »Modell einer Gemeinschaft« mit direkten Beziehungen und spezieller Gruppendynamik, die durch das Verhalten des gesamten Personals geprägt wird. Hau entscheidet sich in seiner Konzeption dafür, das Realitätsverhalten des Personals aufrechtzuerhalten und es nicht auf therapeutische Ziele auszurichten. Die unterschiedlichen Aufgaben des Personals bedingen Unterschiede in der Haltung. Hau beschreibt ein ganzes Spektrum von »Haltungen« in der stationären Psychotherapie: von der analytischen Haltung des Therapeuten in den psychoanalytischen Sitzungen bis hin zu alltäglichem zwischenmenschlichen Verhalten, z. B. bei der Vertretung der Hausordnung durch die Schwestern (*Abbildung 2*). Die stationäre Psychotherapie ist damit charakterisiert durch polare Verhaltensmuster, von der analytischen Haltung auf der einen bis hin zum alltäglichen Realitätsverhalten auf der anderen Seite. Dazwischen gibt es mehr zum therapeutischen Bereich hin orientierte Haltungen, z. B. in der Psychodramatherapie, in der Psychogymnastik, in der Gestaltungstherapie, und mehr zum Realbereich hin orientierte Haltungen, z. B. in der Krankengymnastik, bei körperlichen Untersuchungen u. a. Der Analytiker müsse aber auch sein Augenmerk auf den »sozialaktionierten Erlebnisstrom« des Patienten insgesamt richten (Hau 1970, 1973).

Hau sieht für die analytische Therapie in dem »Modell einer Gemeinschaft« einen Vorteil, wenn die Gruppendynamik und die Gegenübertragungsreaktionen des Teams beachtet werden. Die Gruppensituationen in der Klinik seien die »besten Registrierinstrumente« für den Therapeuten, um neurotische Arrangements in den Beziehungen zu untersuchen. In einzeltherapeutischen Arrangements könnten zusätzlich auf der Station die neu entstandenen neurotischen Beziehungsmuster aufgearbeitet werden (vgl. auch Arnds und Studt 1973). In gewissem Sinne entspricht diese Konzeption der Kernbergs (1976 b) vom Kliniktherapeuten (s. o.), der die sozialen Interaktionen auf der Station analysiert.

Bipolare Konzeptionen haben sich besonders in größeren psychotherapeutischen Kliniken durchgesetzt. Beese (1977) beschreibt ein solches Konzept für die psychotherapeutische Klinik in Stuttgart-Sonnenberg. Auch das Behandlungsmodell der Fachklinik für psychogene und psychosomatische Erkrankungen in Tiefenbrunn bei Göttingen ist bipolar. König und Neun (1979) geben einen Überblick über diese Konzeption: An Psychotherapie wird entweder die Fokaltherapie oder die Gruppentherapie angeboten. Für letztere entwickelten Heigl-Evers und Heigl (1973 b, 1975, 1976) die drei Ebenen der Gruppentherapie: die interaktionelle, die tiefenpsychologische, die psychoanalytische. Das Behandlungskonzept unterscheidet einen psychotherapeutischen und einen so-

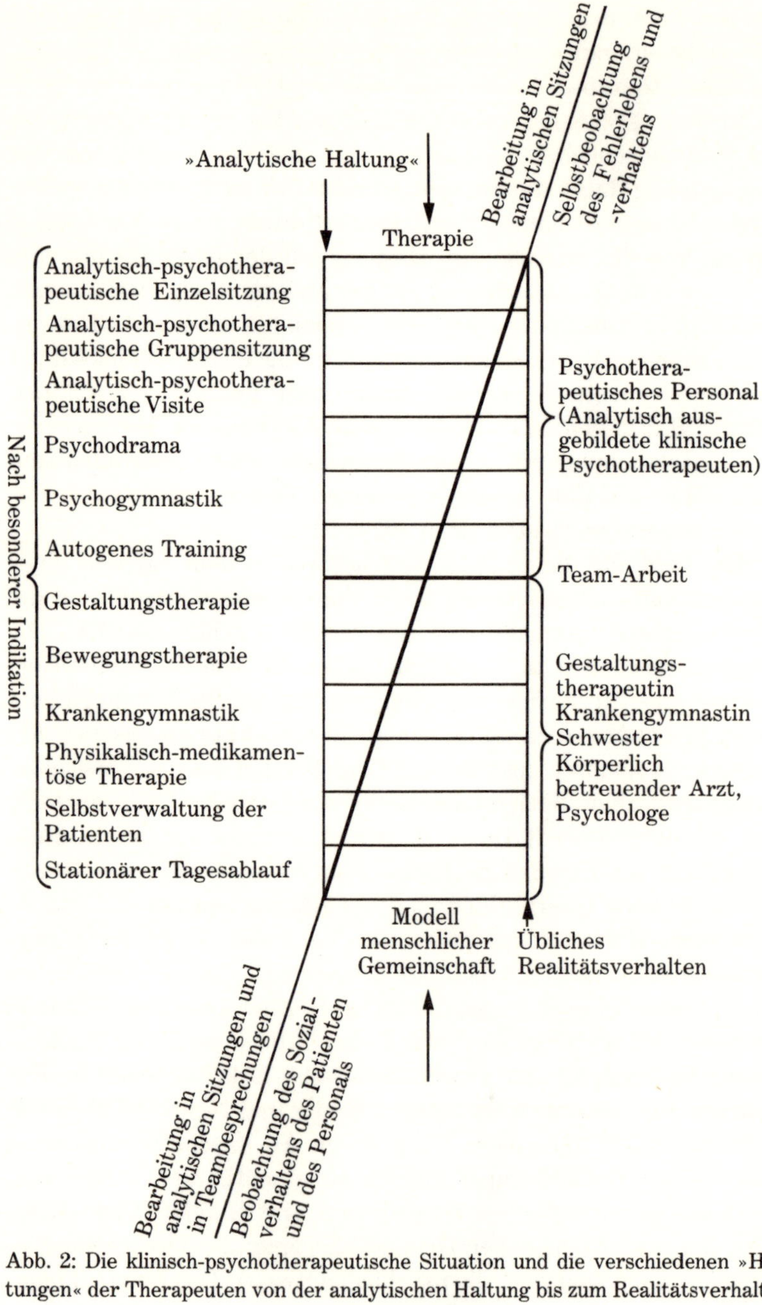

Abb. 2: Die klinisch-psychotherapeutische Situation und die verschiedenen »Haltungen« der Therapeuten von der analytischen Haltung bis zum Realitätsverhalten (nach Hau 1968)

zialen Bereich. Ursachen hierfür finden sich auch bei den Patienten, denn nicht alle zugewiesenen Patienten können in einen psychotherapeutischen Prozeß einsteigen.

Die methodische Grundposition dieser Behandlungskonzeption legten Zauner (1972, 1978), Heigl und Nerenz (1975) und Heigl-Evers et al. (1976) ausführlich dar. Sie unterscheiden entsprechend der Konzeption Enkes in der stationären Therapie einen »Therapieraum« von einem »Realitätsraum«. Im Realitätsraum soll eine Stationsgruppe die auf der Station ablaufenden soziodynamischen Prozesse bearbeiten und soziales Lernen ermöglichen. Diese Stationsgruppen sind themenzentrierte Gruppen (Heigl-Evers und Heigl 1973a) in Anlehnung an die themenzentrierte interaktionelle Gruppe von R. Cohn (1975). In diesen Gruppen soll die Erfahrung auf der Krankenstation, eine »Simulation der Alltagsrealität« (König und Neun 1979), durchgearbeitet und so die soziale Kompetenz des Patienten gefördert werden. Heigl und Nerenz (1975) stellen die sozio-therapeutischen Aspekte klinischer Psychotherapie gleichrangig neben die »korrigierende emotionelle Neuerfahrung« in den analytisch-psychotherapeutischen Settings (Fokaltherapie und Gruppentherapie). Der Realitätsraum umfaßt die Beziehungen der Patienten untereinander, die Beziehungen zum Stationsarzt, zu den Schwestern, zu den Beschäftigungstherapeuten und die Zusammenarbeit mit Sozialarbeitern. Auch Mitbestimmungsgremien in der therapeutischen Gemeinschaft rechnen zum Realitätsraum.

Nach Heigl und Nerenz (1975) ist ein solcher Realitätsraum aus therapeutischen Gründen dringend erforderlich. Verstöße gegen die Hausordnung z. B. können sowohl auf der Ebene der Realität als auch auf der analytisch-psychotherapeutischen Ebene behandelt werden. Auf der Realitätsebene wird der Patient mit Verstößen gegen die Hausordnung konfrontiert, und auf der therapeutischen Ebene werden die Gründe für den Verstoß hinterfragt. Der Patient lernt, den Realitätsraum von dem therapeutischen Raum zu unterscheiden. Auf diese Weise sollen sich ein analytisches Arbeitsbündnis und eine therapeutische Ichspaltung entwickeln, weil der Patient erst nach Anerkennung der realen Voraussetzungen und Notwendigkeiten einer Kooperation mit dem klinischen Personal die Freiheit im assoziativen Fühlen, Denken und Phantasieren im Therapieraum gewinnen könne.

Hinter der konzeptuellen Trennung von Therapie- und Realraum steht die weitere therapeutische Überlegung, daß auf diesem Wege die Übertragungsreaktionen und die *Regressionen* der Patienten eher zu steuern seien oder vermindert werden könnten. In erster Linie soll das Phänomen der *Übertragungsspaltung*, das durch das multipersonale Beziehungsangebot vorgegeben ist, verhindert werden (vgl. Heigl und Nerenz 1975, König 1974, 1975, Beese 1977). Das Angebot einer gespaltenen Übertragung wird hier also, im Gegensatz zu anderen Auffassungen (siehe Kap. 3.5), als negative Auswirkung der multipersonalen Beziehungen verstanden. Um den Übertragungsspaltungen zu begegnen, sollen zwischen dem Realraum und dem Therapieraum regelmäßig die Informationen ausgetauscht werden. König (1974, 1975) weist z. B. auf die Notwendigkeit der »guten Verständigung unter dem therapeutischen Personal« hin. Alle Informationen, z. B. die Beobachtungen seitens der Schwestern, der Beschäftigungstherapeuten, der Sozialarbeiter, der Sportlehrer usw., sollen auch dem Gruppentherapeuten zugänglich gemacht werden. Der Gruppentherapeut seinerseits soll jedoch nur Verhaltensbeobachtungen über Patienten dem Stationsarzt weitergeben. Spannungen, die durch die Trennung von therapeutischem und realem Bereich entstehen, führen Heigl und Nerenz (1975) auf Unklarheiten in der Organisationsstruktur und »ungenügende Aufgabenbestimmung (Stellenbeschreibung)« zurück. Sie fordern deswegen eine klare Rollendefinition für jeden Bereich. Sie lassen jedoch offen, ob nun die Aufrechterhaltung des Realitätsraumes und die eindeutige Rollendefinition tatsächlich die Übertragungsreaktionen der Patienten auf die Person des Realraums verhindert oder reduziert und damit die Übertragungsspaltungen vermieden werden. Nach meinen eigenen Erfahrungen und Untersuchungen sind Übertragungen auf Therapeuten des Realraums allenfalls zu übersehen, aber nicht zu verhindern (vgl. Kap. 4.2).

Zauner (1978) hält die Aufrechterhaltung des Realitätsraumes für notwendig, um die Regressionsneigung des Patienten in der Klinik zu vermindern. Er sieht in bestimmten Formen der Regression, z. B. in der sog. malignen Regression, eine besondere Gefahr. Frustrationen und Kränkungen führten in solchen regressiven Zuständen leicht zu aggressiven Ausbrüchen und Suizidversuchen und zu einem teilweisen Verlust von Ichfunktionen, insbesondere des Realitätsbezugs. Die Anklammerung an Objekte nehme zu, und jede Veränderung einer solchen Objektbeziehung werde als Objektverlust erlebt. Ein Leben ohne Klinik erscheine dem Patienten kaum noch vorstellbar. Diese Regressionen hält Zauner im Gegensatz z. B. zu Beese (1977) für therapeutisch unerwünscht. Durch eine strikte Aufrechterhaltung des Realitätsraumes ließen sie sich begrenzen. Interventionen auf der Station sollten nur die intakten Ichbereiche ansprechen und sozio-therapeutische Aktivitäten wie Sport, Beschäftigung usw. fördern. Die regressiven Prozesse ließen sich nach Zauner auch durch eine Limitierung und zeitliche Begrenzung der Therapieangebote (z. B. Gruppentherapie von 24 Sitzungen; König und Sachsse 1981) sowie durch eine strikte Fokalisierung der therapeutischen Prozesse in der Fokaltherapie oder Gruppentherapie mindern.

In diesen behandlungstechnischen Überlegungen wird ein zentraler Problemkreis jeder stationären Behandlung angesprochen: Wie können die intensiven Übertragungs- und Regressionsprozesse, die durch das Zusammenleben der Patienten, durch Übertragungen auf die gesamte Therapeutengruppe und durch das »Schonklima« auf der Station entstehen, therapeutisch genutzt werden? Die meisten Psychoanalytiker, die bipolare Konzeptionen vertreten, versuchen durch realitätsorientierte »Hausgruppen«, geplantes Einsetzen von Außenaktivitäten, Beschäftigungstherapie und soziale Rehabiliationspläne die regressiven Tendenzen, insbesondere die Phänomene der malignen Regression, passiv-orale Haltungen, oknophile Anklammerungen, sado-masochistisches aggressives Agieren usw., zu steuern (z. B. Ziese 1978). Ich meine, daß bei ausreichender Kontrolle der Gegenübertragung auch eine Bearbeitung der regressiven Prozesse im »Hier und Jetzt« möglich und therapeutisch fruchtbar ist (vgl. Kap. 5). Gelingt diese Bearbeitung jedoch nicht, so können die Teammitglieder selbst an der »Gegenübertragungskrankheit erkranken« (Ziese 1978). Der Verlauf einer jeden stationären Psychotherapie hängt schließlich davon ab, ob es gelingt, die regressiven Prozesse nutzbar zu machen.

Die Grundannahmen der bipolaren Behandlungsmodelle habe ich in *Abbildung 3* zusammengefaßt. Die Entwicklung solcher Modelle hat dazu geführt, daß die realen, institutionellen und personellen Bedingungen und die gruppendynamischen sozialen

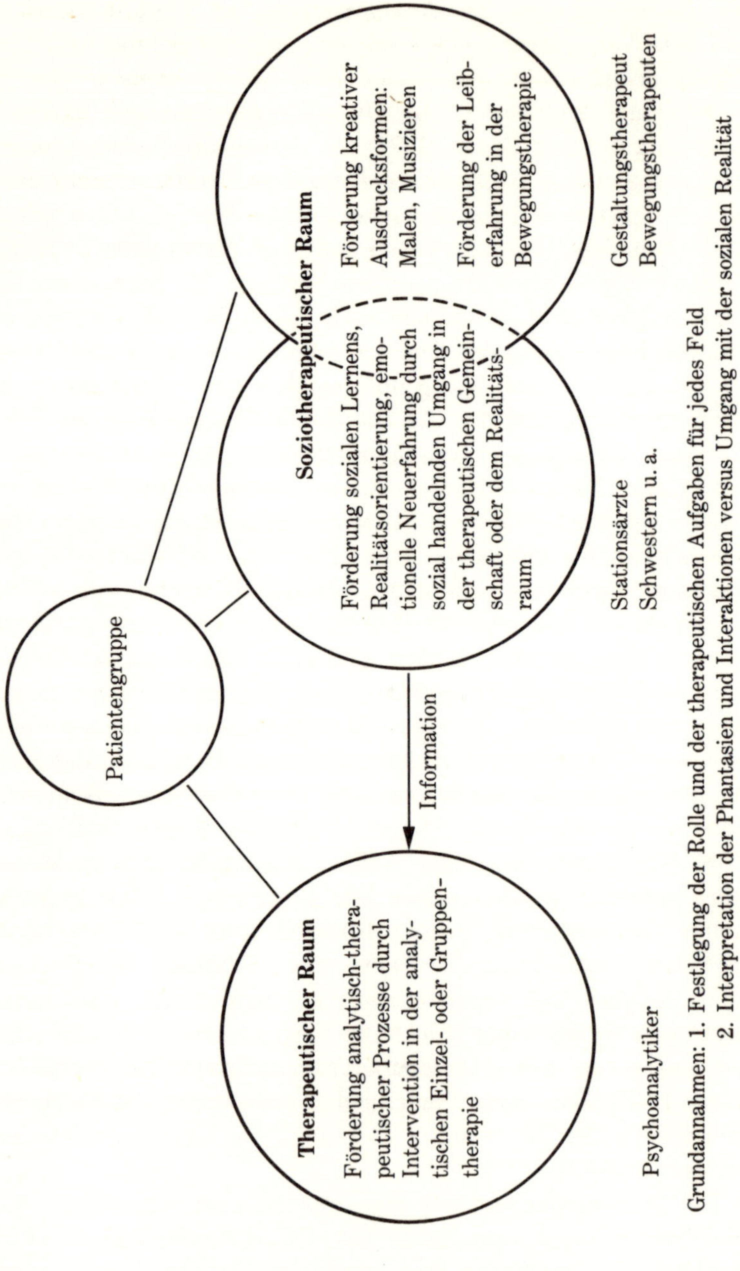

Abb. 3: Grundkonzeption bipolarer Modelle

Aspekte klinischer Psychotherapie stärker berücksichtigt werden. Der Psychoanalytiker kann nicht mehr, wie bei den ersten Versuchen stationärer psychoanalytischer Behandlung (Kap. 3.1), die gruppendynamischen und sozialen Aspekte übersehen und sich ausschließlich für den Therapieraum verantwortlich fühlen. Er muß auch die Prozesse im »Realraum« therapeutisch mit einbeziehen und die unterschiedlichen Rollen der verschiedenen Berufsgruppen berücksichtigen. Manche stationär tätigen Psychoanalytiker stellen aber bei eingehenden Analysen der therapeutischen Prozesse und der Teamvorgänge fest, daß die Dichotomie von Therapieraum und Realitätsraum künstlich ist und es sogar therapeutisch indiziert ist, das Aktionsfeld der Station in die psychoanalytische Behandlungskonzeption mit einzubeziehen (siehe Kap. 3.5).

So berichtet Ermann (1979, 1982) von Erfahrungen mit psychoanalytischer Therapie in dem primär bipolaren Modell der psychosomatischen Klinik der Universität Mannheim (Schepank und Studt 1976). Ermann (1979) stellt dar, wie er im Rahmen einer psychoanalytischen Einzelbehandlung in der Klinik die gewohnte Diskretionsgrenze überschreiten und die Beziehung zur betroffenen Krankenschwester zum Gegenstand der Diskussion machen mußte. Er folgert: »Der basale prägende Faktor der Psychoanalyse in der klinischen Situation ist die Einbeziehung der psychoanalytischen Beziehung in ein Netz von Beziehungsstrukturen, die in unterschiedlichem Ausmaß, zum Teil nur temporär, unmittelbar Wirkfaktoren des analytischen Prozesses werden, und zwar überwiegend als Kristallisationspunkt von Konflikten, Übertragungen und Widerständen.« Der Patient stehe in einer Vielzahl von Beziehungen, als Mitpatient mit spontanen Beziehungen, als Patient einer Stationsgemeinschaft, als somatischer Patient, als Patient der Schwestern und der methodisch spezialisierten Therapeuten. Jede dieser Beziehungen könne zum Kristallisationspunkt konflikthaften Erlebens werden, welches der Patient als Material in die Analyse einbringe. Der Analytiker bearbeitet daher die verschiedenen extra-analytischen Beziehungsmuster innerhalb der Analyse.

Ermann (1982) unterscheidet, wie ich dies in Kapitel 2 kurz erläutert habe, Patienten mit strukturellen Ichstörungen von Patienten mit neurotisch strukturiertem Ich. Letztere Gruppe hält er als für eine stationäre Psychotherapie wenig geeignet, da die

Übertragungsneurose sich verzögert entwickele. Allenfalls komme bei bestimmten sozialen oder somatischen Indikationen eine analytisch-probatorische Behandlung (Ermann et al. 1981) in Frage. Hingegen seien Patienten mit strukturellen Ichstörungen oder mit »psycho-vegetativen Grundstörungen« (Ermann 1983), also Patienten, bei denen Selbst- und Objektbeziehungen nicht hinreichend differenziert sind, für eine stationäre Therapie besonders geeignet. Bei der Behandlung dieser Patientengruppe müsse das Behandlungsteam eine »Ganzheit« bilden. Es müsse das mobilisierte konflikthafte Material stellvertretend für den Patienten zusammentragen und *integrierende Hilfs-Ich-Funktionen* (Ermann 1982) übernehmen. Auch wenn das Team als Ganzheit dem Patienten gegenübertritt, habe es doch verschiedene Interaktions- und Interventionsebenen. Ermann (1982) unterscheidet deutende Beziehungsebenen von schöpferisch-aktivierenden, normativ-regelnden und übenden Beziehungsebenen. Die verschiedenen therapeutischen Beziehungsebenen müßten für den Patienten eindeutig und abgrenzbar sein. Auf diese Weise könne der Ichpathologie des Patienten am ehesten Rechnung getragen werden, und das Team könne stellvertretend für den Patienten integrierende Funktionen übernehmen. Jeder im Team übernimmt damit eine »Teilfunktion«, die vorher im Team besprochen wurde. *Im Team* selber kommt es daher auf die *Abstimmung von Teilfunktionen* gegenüber dem Patienten an, obwohl es insgesamt eine gemeinsame Funktion für den Patienten wahrnimmt.

Ermanns Überlegungen von der *gemeinsamen Funktion des Teams* führen folgerichtig zu einer integrativen Behandlungskonzeption. So berichtete er auch jüngst (Ermann 1985) von stationären psychoanalytischen Einzeltherapien strukturell Ichgestörter in einem integrativen Modell. Solche integrativen Behandlungsmodelle wurden schon längere Zeit konsequent praktiziert (vgl. Kap. 3.5). Auch wir sind den Weg von einem bipolaren zu einem integrativen Modell gegangen (vgl. Kap. 4).

3.4 Stationäre-ambulante Modelle

Die bisher diskutierten Modelle gelten vorwiegend für eine stationäre Behandlung. Es sind aber auch Modelle entwickelt worden, die eine Kombination von stationärer und ambulanter Behandlung anstreben. Sie lassen sich nur an Universitätskliniken mit einer Poliklinik und an Kliniken mit überwiegend regionaler Orientierung in der Krankenversorgung durchführen. Diese Modelle sind in ihrem stationären Anteil zumeist bipolar, aber sie unterscheiden sich von ihnen dadurch, daß sie die Patienten nach initialer stationärer Behandlung auf eine wesentlich längere ambulante Behandlung festlegen.

An der psychosomatischen Klinik der Universität Heidelberg entwickelten Bräutigam (1974, 1978 b) und von Rad und Rüppell (1975) eine Kombination von stationärer und ambulanter analytischer Gruppentherapie zur Behandlung psychosomatisch erkrankter Patienten. Ihre Behandlungsstrategie berücksichtigt die sog. Alexithymie psychosomatisch erkrankter Patienten. Unter Alexithymie (vgl. Nemiah und Sifneos 1970, Freyberger 1977, von Rad 1983) faßt man folgende Phänomene bei psychosomatisch erkrankten Patienten zusammen: Sie sollen phantasieunfähig sein, zu konkretistischem Denken neigen, eine basale Unfähigkeit in der Vorstellung von sich selbst oder anderen Personen aufweisen und ihren eigenen Gefühlswahrnehmungen entfremdet sein. Ihre Objektbeziehungen sollen ungeformt, instabil sein. Sie sollen abhängig sein von der Realpräsenz eines Objektes oder dazu neigen, sich als intellektuell überlegen zu fühlen. Bräutigam (1974) versteht dieses Phänomen, das ich hier nur kurz skizzieren kann, als Abwehr und nicht als Ausdruck von Ichdefekten wie z. B. Nemiah und Sifneos (1970). Da die Körpersprache bei psychosomatischen Patienten im Vordergrund steht, ist folgerichtig eine Therapie erforderlich, die die Verbalisation fördert.

Bräutigam und Mitarbeiter sind zunächst der Ansicht, daß die Gruppentherapie am besten dazu geeignet ist, die wenig sprachfähigen, wenig reflexionsbereiten, alexithymen Patienten, die meist aus den unteren Sozial- und Bildungsschichten stammen, zu erreichen. Die Gruppe ermögliche eine stärkere emotionelle Erfahrung als die Einzeltherapie, biete verschiedene Identifikationsmöglichkeiten, und auch der schweigende Patient könne Erfahrungen machen. Im Miteinander-Sprechen eröffneten sich Lernerfahrungen und mindere sich die Angst vor den destruktiven Impulsen. In der Gruppe sei auch eher als in der Einzeltherapie eine körperlich-motorische Abfuhr beängstigender Affekte durch Aktionen möglich, die in den therapeutischen Prozeß interpretativ hineingeholt werden könnten.

Das *Heidelberger Therapiekonzept* beginnt mit intensiven täglichen Gruppensitzungen während des auf zwei bis drei Monate limitierten stationären Aufenthaltes. Danach schließt sich eine zwei bis drei Jahre dauernde ambulante Gruppentherapie an. Der stationäre Aufenthalt soll den Patienten von seinem bisherigen sozialen Gefüge distanzieren und seine Abwehr lockern (Bräutigam 1974). Eine ausschließlich stationäre Intensivtherapie wird abgelehnt, der stationäre Beginn aber für notwendig gehalten, da dadurch die Anlaufzeit der Gruppe, die sog. Initialphase, verkürzt würde. Während der stationären Behandlungsphase wird die Abwehr gelockert, und zwar durch die intensive Gruppentherapie, aber auch durch die averbalen Therapieverfahren wie Gestaltungstherapie und konzentrative Bewegungstherapie (Bräutigam 1978 a) und nicht zuletzt durch die Auseinandersetzungen in der therapeutischen Gemeinschaft. Wie bei bipolaren Konzeptionen ist der stationäre Raum im Sinne einer therapeutischen Gemeinschaft oder eines Realraumes organisiert. So ist der Stationsarzt z. B. für die Einhaltung der Stationsordnung, für körperliche Untersuchungen und medikamentöse Behandlungen verantwortlich. Konferenzen sollen die Zersplitterungen der therapeutischen Aktivitäten verhindern helfen.

Zunächst lag in diesem Behandlungsmodell der Schwerpunkt auf der kombinierten stationär-ambulanten Gruppentherapie, wobei auch korrigierende soziale Erfahrungen auf der Station ermöglicht werden sollten. Becker und Lüdeke (1978), die über Erfahrungen aus der Heidelberger Klinik berichten, legen hingegen den Schwerpunkt auf die Behandlung auf der Station. Sie konzipieren die Station als »Freiraum zur Selbstinszenierung«. Sie sei eine »Empfangswelt«, die eine »angstfreiere Darstellung des Konfliktbereiches« ermöglichen solle. Auch die Therapeuten der Station sollen sich nicht nur kommunikationsfördernd und realitätsorientiert verhalten, sondern sie sollen auch deuten. Becker und Lüdeke verstehen also die Station mehr als analytisch-therapeutischen Raum. Deswegen strukturieren sie die stationäre Situation nur wenig. Schwestern und Ärzte erscheinen nicht in bestimmten Rollen, so daß die Patienten jeden »benutzen« können. Den Schwestern soll dabei mehr eine mütterliche Funktion zukommen.

Die Re-Inszenierung der Konflikte geschieht meist im Agieren, auch unterstützt durch die nonverbalen Therapietechniken (Bekker 1981). Dieses für den Patienten ichsyntone »Agieren« verstehen Becker und Lüdeke als »Handeln«, ein »konstituierendes Element menschlicher Selbstentfaltung«. Agieren hat hier nicht die negative Bedeutung eines Widerstandes gegen das Erinnern (Freud 1914), sondern die positive Bedeutung einer »handelnden Selbstinszenierung«. Die therapeutische Effizienz im »Umgang« mit dem Agieren liegt darin, daß der Patient an der Haltung der Therapeuten eine neue, emotional korrigierende Erfahrung machen kann.

Becker und Lüdeke holen ein Stück der »analytischen Haltung« in den sog. Realbereich der Station. Der therapeutische Leitgedanke ist, über Agieren als handelnde Selbstinszenierung und über soziale Lernprozesse auf der Station den Zugang zu intrapsychischen Prozessen und zu neuen Erfahrungen zu eröffnen. Das Agieren oder die Re-Inszenierung pathogener Konflikte auf der Station kann m. E. nur therapeutisch fruchtbar werden, wenn es interpretativ durchgearbeitet wird. Damit beginnt der Patient, »alte« Erfahrungen in den primären Objektbeziehungen von »neuen« in den therapeutischen Beziehungen abzugrenzen und die neurotischen Wiederholungsmechanismen aufzugeben.

Das ursprünglich gruppentherapeutische Behandlungskonzept der Heidelberger Klinik wurde später ergänzt durch die Einführung von Einzeltherapien und Kombinationen von Einzel- und Gruppentherapien (Jonasch 1978, Sellschopp und Vollrath 1979). Einzeltherapien sind z. B. für nicht gruppenfähige Patienten, z. B. Anorexie-Patienten, erforderlich. Kombinationsbehandlungen bringen das Problem der Übertragungsspaltung mit sich. Jonasch (1978) sieht in einem solchen therapeutischen Angebot ein »bewußt eingesetztes Entgegenkommen (vom Team) für frühgestörte und psychosomatisch erkrankte Patienten«. Die Übertragungsspaltung ermögliche es, daß wenigstens ein »gutes Objekt« (z. B. eine Schwester) zur Verfügung stehe. Im Hinblick auf die Behandlung früher Störungen werden jetzt in der Heidelberger Klinik drei verschiedene Modelle praktiziert: ein gruppentherapeutisches, ein kombiniert einzel-gruppentherapeutisches und ein einzeltherapeutisches, jeweils verbunden mit konzentrativer Bewegungstherapie, Gestaltungstherapie und Arbeit in der therapeutischen Gemeinschaft auf der Station. Konsequent werden der stationäre Beginn und die ambulante Fortsetzung der Behandlung beim gleichen Therapeuten beibehalten (vgl. Kordy et al. 1983).

Ähnlich dem Konzept der Heidelberger Klinik organisierte die psychosomatische Klinik der Universität Hannover zu Beginn ihr therapeutisches Konzept (Freyberger 1977, 1978, Künsebeck et al. 1978, Drees et al. 1978) so wie auch Rüger (1981) sein stationär-ambulantes gruppentherapeutisches Modell an der psychiatrischen Klinik in Berlin. An der Universitäts-Nervenklinik in Bonn behandelten wir in einem ähnlichen Modell neurotisch und psychosomatisch Erkrankte (Quint 1969, 1972, Janssen und Quint 1977).

Über das Modell der psychosomatischen Klinik Hannover berichten Drees et al. (1978), daß neben der ambulant-stationären psychoanalytischen Gruppentherapie auch zeitweise ein lerntheoretischer Ansatz verwirklicht wurde. Auf der Station gab es unter Beteiligung der Schwestern zwei parallel laufende Gruppen: eine analytische und eine verhaltenstherapeutische. Die analytische Gruppe arbeitete nach dem pathogenetischen Konzept der Alexithymie und bot ein »Pantasie- und Emotionstraining« an (Drees 1981). Die verhaltenstherapeutische Gruppe war stärker an den aktuellen Beziehungsstörungen orientiert und arbeitete mehr mit gezieltem Wahrnehmungs- und Verhaltenstraining. Diese Kombination von analytischen und verhaltenstherapeutischen Ansätzen wurde jedoch wieder verlassen. Jetzt wird eine Kombination von vorbereitend supportiver Psychotherapie mit stationärer Gruppen- oder ambulanter Familientherapie praktiziert (vgl. Lehrmann et. al. 1987).

Rüger (1980, 1981, 1982) berichtet über Ergebnisse eines stationär-ambulanten Gruppenpsychotherapie-Modells an der psychiatrischen Klinik in Berlin. Ihm geht es zwar überwiegend darum, die Wirksamkeit der Gruppentherapie zu untersuchen, aber er gibt auch interessante Hinweise für den Einfluß der stationären Rahmenbedingungen auf den therapeutischen Prozeß. Rüger behandelt zunächst die Patienten ca. drei Monate stationär in einer geschlossenen Gruppe von acht Patienten. Die Patienten sind auf vier psychiatrischen Stationen verteilt und nehmen dort an dem Stationsprogramm teil, wodurch konkurrierende therapeutische Zielsetzungen entstehen können. Rüger stellt die Gruppentherapie in den Mittelpunkt seines Modells, weil ihm ein Einfluß auf die

Rahmenbedingungen des stationären Aufenthaltes und den Umgang des klinischen Personals mit den Patienten nicht möglich ist. Er sieht den Vorteil darin, daß ein solches Modell eher der ambulanten Therapie entsprechen würde, da auch dort die Patienten vielerlei konkurrierenden Einflüssen unterworfen seien. Die Konflikte, die sich durch die konkurrierenden Beziehungen von Kleingruppe und Gesamtklinik, Kleingruppe und Therapeut, Therapeut und Station ergeben, könnten effektiv innerhalb der Gruppentherapie durchgearbeitet werden.

Rüger (1980, 1981) beobachtet erhebliche Regressionen unter dem Druck der Großgruppe. Die Patienten schließen sich in der Kleingruppe sehr eng zusammen und suchen Sicherheit in der Gruppengemeinschaft. Sie bilden eine Gruppenfamilie, aus der sie sich sehr schwer lösen können. Die regressiven Tendenzen sind so ausgeprägt, daß es auch zu erheblichen malignen Regressionen kommen kann. Die Patienten gehen in der Gruppe starke affektive Bindungen ein, die im Hinblick auf die Entlassung nach etwa drei Monaten zum Problem werden. Rüger diskutiert diese Erfahrungen im Zusammenhang mit der neurotischen Struktur der Patienten und sieht darin die Gründe für erfolglose, abgebrochene Behandlungen. Er hält eine ambulante Weiterbehandlung für unbedingt notwendig, da sonst die Entlassungsphase kaum zu überwinden sei.

Diese Erfahrungen lassen sich auch anders interpretieren: In der klinischen psychiatrischen Behandlung werden die Patienten aufgrund der direktiven Führung gezwungen, sich innerhalb der Kleingruppe auf der Ebene der Abhängigkeit vom schutzgewährenden und -spendenden Therapeuten (Bion 1961) zusammenzuschließen. In einer solchen Konstellation müssen die Verlustängste und Verlassenheitsdepressionen nach drei Monaten stationärer Behandlung erheblich sein, da die Trennungsprozesse nicht hinreichend bearbeitet werden können. Sowohl die ausgeprägte Regression während der stationären Behandlung als auch die Probleme bei der Entlassung erklären sich nicht nur aus der neurotischen Struktur der Patienten, sondern können auch als Folgen der Organisationsstruktur interpretiert werden, in die diese Gruppen eingebettet sind. Alle Erfahrungen aus Kliniken mit bipolaren Behandlungskonzeptionen und therapeutischer Gemeinschaft belegen dies. Unabdingbar für die Entwicklung eines gedeihlichen therapeutischen Prozesses ist daher die Einbeziehung des gesamten klinischen Behandlungsrahmens in eine von allen getragene Behandlungskonzeption. Hierauf verweist Nowotny (1973) ausdrücklich anläßlich seiner Analyse verschiedener Behandlungskonzeptionen amerikanischer psychiatrischer Kliniken, die psychoanalytisch arbeiten wollen.

3.5 Integrative Modelle

Der Grundgedanke der therapeutischen Gemeinschaft (siehe Kap. 3.2) enthält im Kern die Ansätze zu einem integrativen Modell, denn jede Berufsgruppe soll in die »Gemeinschaft« integriert sein. Für den Psychoanalytiker bedeutet dies, daß der Patient jeden aus dem Behandlerteam in seine unbewußten Beziehungsmuster einbeziehen kann. Integrativen Behandlungsmodellen gemeinsam muß daher das Bemühen sein, das gesamte Spektrum unbewußter Beziehungskonstellationen in die therapeutische Bearbeitung einzubeziehen.

Ansätze zu solchen integrativen Behandlungsmodellen fanden sich zunächst in kleinen stationären Psychotherapie-Einheiten (10 bis 15 Behandlungsplätze). Eine der ersten Darstellungen eines integrativen Modells findet sich bei Pohlen (1972, 1973) in seinem *Münchener Kooperationsmodell* (vgl. auch Pohlen und Bautz 1972, 1974, 1978). Pohlen und Mitarbeiter wollen eine klinische gruppenanalytische Kurzzeitbehandlung einführen und dabei das soziale Feld der Klinik therapeutisch nutzen, d. h. »bewußt die gesamtgruppalen Interaktionen im klinischen Feld durch ein spezifisches Organisationsmodell der klinischen Arbeit strukturieren« (Pohlen 1973).

Pohlen (1973) geht von krankenhaussoziologischen Untersuchungen aus, die zeigen, daß sich im klinischen Feld die gesellschaftlichen Verhältnisse wiederholen. »Klinikogene Effekte«, z. B. in kustodial organisierten Kliniken, könnten Kommunikationsstrukturen verzerren und die Entwicklung eines therapeutischen Milieus verhindern. Pohlen organisiert deswegen den Gruppenprozeß als »wechselseitigen Gruppenprozeß zwischen Personal- und Patientengruppe«. Er bezeichnet diese Organisationsform als »bifokal«.

Pohlen bietet Behandlung in Form einer Gruppenanalyse in einer »spezifisch inhomogenen Gruppe« an, d. h. es sind dort Patienten mit unterschiedlichen Krankheits- und Verhaltensdispositionen vertreten, schizophrene, depressive, zwanghafte und hysterische Patienten (Pohlen 1972). Das Stationspersonal (Schwestern, Sozialarbeiter) nimmt in strukturierten Zweiergesprächen und in gruppendynamischen Sitzungen mit der gesamten Stationsgruppe seine therapeutischen Funktionen wahr. In den Zweiergesprächen und in den Gruppensitzungen soll den Patienten ein Problembewußtsein hinsichtlich der von ihnen jeweils eingenommenen Rollen vermittelt werden. Den Unterschied zwischen der Interventionsebene des Gruppenanalytikers und der des Stationspersonals sieht Pohlen darin, daß der Analytiker vorwiegend die unbewußten Determinanten des Verhaltens deutet, während das Stationspersonal mehr das bewußte Verhalten des Patienten anspricht. Pohlen meint, die Zweiergespräche zwischen Patient und Schwester sollten auf der Ebene der »klassifizierenden Deutung« und weniger auf der der »begründenden Deutung« geführt werden.

In einer Balint-Gruppe mit dem Team werden die Interaktionen in den verschiedenen Feldern analysiert. Dabei wird sowohl auf Probleme der Stationshierarchie als auch die der Gegenübertragungsreaktionen eingegangen. Dieses Durcharbeiten im Team soll eine unmittelbare Rückwirkung auf die Gruppenanalyse wie auch auf die Interaktionen in den übrigen therapeutischen Feldern haben. Die Arbeit im Team führt zu einem wachsenden Prozeß der Selbstreflexion beim Personal, und auf der Patientenseite führt sie zu gleichsinnigen Veränderungen im Schwestern- wie im Arztbild (Pohlen und Bautz 1972). Das therapeutische Ziel ist ein »dauerndes Ego-Training im Hinblick auf eine Intensivierung des Realitätsprinzips«. Pohlen (1972) und Pohlen und Bautz (1974) weisen nach, daß sie ihr therapeutisches Ziel, eine »Zunahme der praxis- und handlungsbezogenen Ich-Aktivitäten«, eine realistischere Umweltzuwendung, auch erreichen können.

In späteren Arbeiten erhielt dieses bifokale Modell mehr Aspekte eines bipolaren Organisationsmodells (Pohlen et al. 1979, Kauss 1981): Es werden zwei therapeutische Räume konstituiert, die sich wechselseitig beeinflussen und die in den Teamkonferenzen integriert werden. Zum analytischen Raum gehören die Gruppenanalyse, aber auch Einzel- und Familientherapien; zum nichtanalytischen Raum Visiten, Einzelgespräche mit den Schwestern,

Stationsgruppen, die aktuelle Konflikte bearbeiten, und die Gestaltungstherapie. Pohlen und Mitarbeiter sind der Auffassung, daß die Patienten ihre pathogenen infantilen Erfahrungen in beiden Räumen wiederholen und es in beiden Räumen auch zu krisenhaften Zuspitzungen im Agieren komme. Die Patienten sollen am Verhalten der Therapeuten neue Erfahrungen machen können und durch die Interpretation ihres Verhaltens Einsichten gewinnen.

Die ursprüngliche Behandlungskonzeption Pohlens (1972) hat wegen ihrer integrativen Ansätze anregend auf die Konzeptualisierung stationärer Psychotherapie gewirkt. Darauf weisen auch Arfsten und Hoffmann (1978) hin. Sie selber spezifizieren ihr Modell (psychotherapeutische Klinik der Universität Freiburg) auf die Behandlung »früher Störungen«, insbesondere der Borderline-Persönlichkeits-Struktur (Arfsten et al. 1975, Hoffmann et al. 1981). Solche Patienten brauchten ein stationäres Behandlungsarrangement, »das für sie noch aushaltbar ist und das gleichzeitig noch ausreichend haltend ist«. Zu einer ambulanten Therapie seien sie nicht fähig, da sie der Therapie fernblieben. Auf der Station hingegen sei wegen der Vielzahl der Beziehungen eher ein tragendes Beziehungsangebot möglich. Die stationäre Psychotherapie könne solche Patienten für eine ambulante Psychotherapie im Sinne einer »Niveauhebung« vorbereiten.

Wegen der instabilen Objektbeziehungen, die solche Patienten auch mit dem Therapeuten eingehen, halten die Autoren Einzeltherapien für nicht indiziert. Sie plädieren für eine ausschließliche Gruppentherapie. Da aber die Störungen des Patienten auch auf der Station manifest werden, konzipieren sie die Station bezugnehmend auf Pohlen als »*dynamische Einheit*, in der sich bifokal die Gruppe der Patienten und die Gruppe der Therapeuten gegenübersteht« (Arfsten und Hoffmann 1978). So könne »jede Beziehung des Patienten zu allen festen Mitarbeitern auf der Station« therapeutisch genutzt werden.

In dieser Konzeption hat die in der Funktion geschlossene Therapeutengruppe die Aufgabe, die von den Patienten agierend und verbalisierend eingebrachten Übertragungsspaltungen und andere multiple Übertragungsformen aufzunehmen und zuzulassen. Die inneren Konflikte werden dadurch szenisch sichtbar. Die Station wird also zum Ort der Wiederholung und emotionellen Wiederbelebung infantiler Konflikte, aber auch zum Ort »der Bearbeitung der gestörten inneren Welt« der Patienten und der Neuorientierung. Über den ständigen Austausch von Erfahrungen unter den Therapeuten fügt die Gruppe der Therapeuten das zusammen, was der Patient trennt bzw. abspaltet. Unterschiede im Interventionsstil beschreiben Arfsten und Hoffmann (1978): während sich die Therapeuten eher konfliktbezogen einlassen, arbeiten die Schwestern mehr mit Konfrontation und Klärung im analytischen Sinn.

In dem konsequenten gruppentherapeutischen Konzept – die intensive Gruppentherapie wird von einem männlichen und einen weiblichen Therapeuten geleitet – sind Einzeltherapien nicht vorgesehen. Es gibt jedoch eine sog. »Sprechstunde«, in der jeder Therapeut dem Patienten kurze Gespräche anbietet. Da der Patient unter den Therapeuten wählen kann, wird durch dieses Setting die Übertragungsspaltung gefördert. Ziel dieser Gespräche ist, den Stand der Therapie, Fragen der Verlegung oder Entlassung und andere organisatorische Probleme zu klären. Wenn diese Sitzungen vom Patienten zu Therapiesitzungen umfunktioniert werden, soll der Therapeut sich nicht darauf einlassen, sondern die Gründe analysieren, die den Patienten veranlassen, seine Probleme nicht in der Gruppe anzusprechen.

Die Station als »dynamische Einheit« zu erhalten ist nur möglich, wenn tägliche Teambesprechungen stattfinden. Die Supervision in diesen Besprechungen hat der Oberarzt, der selber keinen therapeutischen Kontakt mit den Patienten hat. Eine wesentliche Aufgabe des Teams besteht darin, den Rahmen des stationären Beziehungsfeldes auch gegen den Widerstand des Patienten aufrechtzuerhalten und ihn wiederherzustellen, wenn der Patient ihn zerstört.

In diesem Modell wird die Trennung von Real- und Therapieraum und damit die Aufteilung von realen oder therapeutischen Funktionen im Team vermieden. Problematisch erscheint mir, daß den frühgestörten Patienten eine duale Beziehung im verbalen und averbalen Bereich »verweigert« wird. In solchen Beziehungen könnte der strukturell Ichgestörte einen »Übergangsbereich« (Winnicott 1953) zwischen symbiotischen Objektbeziehungen und Individuation finden. Möglicherweise kommt deswegen Trimborn (1983), der retrospektiv über eigene Erfahrungen in diesem Modell berichtet, zu der Auffassung, daß Borderline-Patienten in der stationären Psychotherapie zu früh in der Entfaltung ihrer omnipotenten Phantasien gestört werden. Er meint, die Grundstörung solcher Patienten liege darin, daß sie keine »Zwischenbereiche« erfahren haben. Ihnen fehle die Welt der Übergangsobjekte oder subjektiven Objekte. Sie müßten diese Welt erst in einer psychoanalytischen Situation, in der Kontinuität in Raum und Zeit, an dem Medium Analytiker usw. erfahren können. In der stationären Behandlung beobachtet Trimborn zutreffend starke Spaltungsvorgänge und regressive Prozesse sowie ein heftiges Agieren bei solchen Patienten. Er folgert daraus, daß ein »Zwischenbereich« sich auf der Station nicht entwickeln könne. Dies gelinge nur in einer ambulanten psychoanalytischen Behandlung. Eine besondere Gefahr liege auch in der Überschneidung von Realraum – dem Raum der wichtigen sozialen Beziehungen, des alltäglichen Lebens – mit dem therapeutischen Raum, dem Raum der Entfaltung imaginärer, therapeutischer Beziehungen und Phantasien. Zu früh werde der Patient wegen der konkreten Realität der klinischen Situation auf einer reiferen Objektbeziehungsstufe angesprochen. Diese grundsätzliche Kritik muß jeder Psychoanalytiker beachten, der in der stationären Psychotherapie arbeitet. Jedoch geht Trimborn sicher zu weit, wenn er aus den erwähnten Gründen die stationäre Behandlung von Borderline-Patienten ablehnt. Wir sind jedenfalls aufgrund unserer Erfahrungen in einem anderen Setting zu einer positiveren Auffassung gelangt, wie ich später noch darlegen werde (vgl. auch Janssen und Wienen 1985).

Eine weitere Konzeption stationärer Psychotherapie wurde schon früh an der psychosomatischen Klinik der Universität Gießen entwickelt (Fürstenau et al. 1970). Dieses therapeutische Modell gründet auf der Ich-Psychologie. So sollen im klinischen Setting sowohl angemessene ichstützende, basale Sicherheit vermittelnde Einflüsse als auch nach und nach konfrontative Elemente geltend gemacht werden. Dies führe zu einer allmählichen Stärkung des Ichs.

Die Behandlung wird in zwei integrierten Funktionsbereichen durchgeführt, einem stationsärztlichen und einem gruppenpsychotherapeutischen. Der stationsärztliche Bereich (Personalgruppe) besteht aus Stationsarzt, Schwestern, Gestaltungstherapeutin. Diesem Bereich obliegt die Herstellung der therapeutischen Atmosphäre, wobei dem Stationsarzt über tägliche Visiten und Koordination der Arbeit der Stationsgruppe besondere Bedeutung zukommt. Die Schwestern sollen gewährend mit den Patienten umgehen und eine »präverbale Verbundenheit« mit ihnen herstellen. Sie und die Gestaltungstherapeutin sollen versuchen, sie zur Selbstexploration anzuhalten.

Ist der stationsärztliche Bereich eher halt-, sicherheitsgebend und ichstützend, so ist die Gruppentherapie der Ort der Konfrontation. Dort soll sich der Patient den beschämenden, beängstigenden und auch bedrückenden Themen zuwenden und sich damit auseinandersetzen können. Die Kohäsion der Therapeutengruppe wird durch eine »allseitig offene, unbegrenzte Kommunikation zwischen allen Rollenträgern auf der Station« gesichert. Die Behandlungsstrategie verbindet ichstützende mit konfrontativen Therapietechniken.

Aus diesem gruppentherapeutischen Stationsmodell entwikkelte Stephanos (1973) das Konzept der Behandlung des Patienten durch die Stationsgruppe als »strukturiertes Ganzes«. Er verläßt das Gruppenkonzept ganz und macht die Visite des Psychoanalytikers in Begleitung der Schwestern und Gestaltungstherapeutin zum zentralen Setting. Stephanos' Modell einer »analytisch-psychosomatischen Therapie« ist eine Einzelbehandlung durch eine Stationsgruppe, gründend auf den Krankheitsentstehungstheorien der französischen Schule der Psychosomatik und der Objektbeziehungstheorie (vgl. Stephanos 1978, 1979).

Das therapeutische Arrangement soll insbesondere psychosomatisch erkrankten Patienten gerecht werden. Zwei analytischtherapeutische Grundannahmen seien hierfür zu verwirklichen. Erstens soll den Patienten ein *facilitating environment* (Winnicott 1960a) geboten werden, d. h. das therapeutische Milieu soll so sein, wie ursprünglich die Umwelt für den Säugling war. Es soll für den Patienten eine tragende, haltbietende Funktion, eine *holding function* (Winnicott 1960a) haben. Erst in einem solchen haltenden Rahmen entwickele der Patient, der in der Symbiose festgehalten werde, einen Spielraum gegenüber den therapeutischen Objekten und könne sich aus der Symbiose befreien. Der Therapeut müsse auch fähig sein, sich auf das »psychosomatische Phänomen« des Patienten einzustellen, d. h. auf den charakteristischen Mangel an Phantasie, an Kontaktfähigkeit und an psychischer Erlebnis- und Verarbeitungsfähigkeit.

Einen zweiten zentralen Behandlungsmodus bezeichnet Stephanos (1978 a, 1979) mit *taking care*. Der Patient soll in der therapeutischen Regression eine basale Sicherheit, »primäre Mütterlichkeit« (Winnicott 1953), erfahren können. Um einen tragenden Kontakt herzustellen, setzt der Therapeut »dosierte Nähe« ein. Der Patient soll sich in einer optimalen Entfernung vom Therapeuten bewegen dürfen und zugleich auch dosiert narzißtische Zufuhr erfahren. Auf diese Weise könne er seine drängenden Wünsche nach symbiotischer Verschmelzung mit dem therapeutischen Objekt erfahren und sich auf das »gute Objekt« einlassen.

Die Konzepte des *facilitating environment* und des *taking care* sind Grundannahmen, nach denen in der Personalkonferenz alle Aktivitäten der Stationsgruppe, insbesondere die der Schwestern, koordiniert werden. In der psychoanalytischen Visite (Psychoanalytiker in Begleitung von Schwestern und Gestaltungstherapeutin) hingegen ist der therapeutische Umgang interpretativ-konfrontativ. Die Begegnung des Patienten mit dieser »Familie« und seine Phantasien über die Beziehung von Psychoanalytiker und Schwester ist nach Stephanos (1978 b) die Konfrontation des Patienten mit der ödipalen Szene. Ähnlich wie bei Arfsten und Hoffmann (1978) sieht Stephanos in dem stationären Therapiearrangement ein präformierendes Übertragungsangebot für den Patienten, das er folgendermaßen formuliert: »Du wirst von einer Familie, unserer Stationsgruppe, aufgenommen und von ihr betreut; der Psychoanalytiker ist für dich Vaterfigur, die Schwester und die Gestaltungstherapeutin, vor allem die Stationsschwester, sind die ersten Mitarbeiterinnen des Arztes, es sind Mutterfiguren, deine Mitpatienten sind deine Geschwister. Das Theapeutenteam als deine Familie mußt du in deine innere Welt einbeziehen und dir über die dadurch entstehenden Veränderungen in deinem Leben Gedanken machen« (Stephanos 1978 b).

Schwestern und Gestaltungstherapeutin werden also in die Übertragung einbezogen. Stephanos (1979) meint, daß der psychosomatische Patient wegen der Problematik in der frühen Mutterbeziehung sich des Objektes (Schwester) bemächtigen wolle. Er erfahre aber, daß die Schwester zum Psychoanalytiker gehört, und reagiere frustriert und aggressiv. »Um es [das Objekt] dennoch in Besitz zu nehmen, muß er es als innere Instanz, als libidinöses Objekt in sich errichten und aufrechterhalten.« Die Internalisierung der guten, libidinös besetzten Mutterfigur ist der entscheidende therapeutische Schritt.

Die Schwestern sind als Übertragungsobjekte sowohl frühe libidinöse Objekte als auch Sexualobjekte der ödipalen Phase. Die schmerzhafte Desillusionierung des Patienten – die Mitarbeiterin gehört zum Analytiker – führt zu Frustrationen. Der Patient lernt sie ertragen, da er – anders als in seiner Kindheit – getragen wird von dem *facilitating environment*. Letztlich bleibt aber die Schwester ein lediglich vermittelndes Übertragungsobjekt, da der Patient glaubt, über das mütterliche »Objekt« (Schwester) sich des »guten« Objektes »Vater« (Analytiker), der im Besitz der Mutter ist, zu bemächtigen. In den Auseinandersetzungen um die Beziehungen zu Schwestern und Analytiker beginnt das Ich des Patienten, sich zu strukturieren. Günstigstenfalls überwindet der Patient seine Angst vor dem Analytiker und kann sich ihm überlassen. Damit löst er sich von dem omnipotenten Objekt »Mutter« und beginnt, sich in ödipalen Konstellationen zu bewegen. Um diesen Prozeß aufrechtzuerhalten, hält Stephanos auch eine ambulante Nachbehandlung für erforderlich. Sie wird weitgehend von den Schwestern durchgeführt und erstreckt sich über zwei bis vier Jahre (Stephanos und Zens 1974). Eine zunehmende Ichstrukturierung werde erst ein bis zwei Jahre nach der Therapie erreicht.

Stephanos' Konzept ist ein konsequenter Versuch, die psychoanalytische Dual-Beziehung in dem multipersonalen Feld des klinischen Settings zu erhalten. Zentrales Übertragungsobjekt bleibt der Analytiker. Schwestern und Gestaltungstherapeutin sind weitgehend vermittelnde Übertragungsobjekte. Der in jeder stationären Behandlungsform vorgegebene Gruppenaspekt tritt in dem bipersonalen Beziehungsmuster von Analytiker und Patient zurück. Zwar kommt den Schwestern als mütterliche Übertragungsobjekte therapeutische Bedeutung zu, jedoch bleiben sie die versorgenden und gewissermaßen »stummen« Mütter, da ihnen interpretativ-therapeutische Aufgaben nicht zugedacht werden.

Möhlen und Heising (1980) führten schließlich an der Gießener Klinik nach dem Motto »Stationäre Therapie ist immer Gruppentherapie« wieder die Gruppentherapie ein. Der Stationsarzt hält Visiten ab, bei denen es um medizinische und organisatorische Fragen geht. Zugleich leitet er eine analytische Gruppenpsychotherapie. Die Schwestern stehen dem Patienten zu Einzelgesprächen zur Verfügung, wobei besonderer Wert auf die Darstellung der individuellen Problematik des Patienten gelegt wird.

Wie Arfsten und Hoffmann (1978) verfolgen auch Möhlen und Heising (1980) eine Integration von Therapie- und Realraum. Sie begründen eine Integration mit der in der klinischen Psychotherapie häufig zu beobachtenden Spaltungsübertragung bzw. Übertragungsspaltung. Die Station sei ein »multipersonales Übertragungssystem«, das primitive Abwehr- und Objektbeziehungsformen sowie Spaltungsübertragungen reaktiviert (Kernberg 1975 a). Die Integration aller Therapieangebote sei konzeptuell die Antwort auf die Spaltungsvorgänge. Integration solle geschehen durch die »Durchlässigkeit« von Therapie- und Realraum, durch die Einbeziehung aller Berufsgruppen in die Therapie, durch die Gleichwertigkeit jeder Beziehungssituation des Patienten, durch regelmäßige Konferenzen aller therapeutisch Tätigen sowie durch die therapeutische Bearbeitung des Agierens des Patienten im Realraum und im analytisch-therapeutischen Raum. Durch diese integrative Funktion des Therapeutenteams sollen die Spaltungsvorgänge überwunden und die Entwicklung integrierter Selbst- und Objektrepräsentanzen gefördert werden.

In den bisher diskutierten Behandlungsmodellen, die Ansätze zu der später von mir entwickelten integrativen Konzeption zeigen, bleiben noch manche Fragen offen; so kommen z. B. kaum organisationsdynamische Gesichtspunkte zum Tragen. Dennoch illustrieren sie die Wandlung in der Auffassung von der stationären analytischen Psychotherapie. In den neueren Ansätzen werden einige der ursprünglichen Ideen Tom Mains (1946) von der therapeutischen Gemeinschaft in neuem Gewand und mit anderen Begründungen wiederaufgenommen; es sind jedoch auch neue Aspekte erkennbar. Sie sind zugleich ein Spiegelbild der Rezeption der wissenschaftlichen Weiterentwicklung der Psychoanalyse (z. B. der Objektbeziehungspsychologie) und der Gruppenanalyse in der deutschen Psychoanalyse.

3.6 Internistisch-psychosomatische Modelle

Die internistisch-psychosomatischen Modelle gehen von einem umfassenden Verständnis von psychosomatischer Medizin aus: Jede Erkrankung, unabhängig von der Ätiologie, hat somatische, psychische und soziale Aspekte. Diese Position wird z. B. in Amerika von Weiner (1977) und in Deutschland von von Uexküll (1973, 1979, 1981 a) vertreten. Psychosomatisch sind letztlich alle Erkrankungen, denn in ihrer somato-psycho-sozialen Entwicklung spielen psychische wie soziale Faktoren in Kombination mit genetischen, viralen, immunologischen, physiologischen und biochemischen Faktoren für Disposition, Verlauf und Prognose der Erkrankung eine Rolle. Diese Konzeption von Krankheit als eines somato-psycho-sozialen Gesamtgeschehens will das erlebende Subjekt in seiner sozialen Situation in die einseitig somatisch orientierte Medizin einführen (Viktor von Weizsäcker 1948).

Psychosomatiker, die diese Position vertreten, versuchten auf internistischen Krankenstationen oder in allgemein-medizinischen Krankenhäusern psychotherapeutische Arbeitsweisen in die allgemein-internistische Tätigkeit einzubeziehen. Nach den Ideen von von Uexküll (1973) haben Köhle und Mitarbeiter (1976, 1977, 1979, 1981) ein differenziertes Modell (»Ulmer Modell«) dazu entwickelt. Sie behandelten auf ihrer Station überwiegend Organerkrankungen (77,3%), nur 12,0% Psychosomatosen und 5,9% funktionelle Störungen (Köhle und Kubanek 1981).

Köhle und Mitarbeiter bezeichnen ihr Modell als »internistisch-psychosomatische Krankenstation«. Die *Abbildung 4* zeigt die von ihnen gewählte Organisationsform. Sie verdeutlicht, daß es aus psychotherapeutischer Sicht zwei Schwerpunkte bei ihr gibt. Der eine liegt in der Beziehung der Schwestern zum Patienten, der andere in der Beziehung des internistisch und/oder psychosomatisch tätigen Arztes zum Patienten. Der Arzt benutzt die Visite als psychotherapeutisches Setting. Sie wird patientenzentriert durchgeführt und soll der Sprechstunden-Psychotherapie von Balint und Norell (1975) entsprechen.

Die Schwestern stellen Pflegediagnosen und halten Visiten ab. Sie sind nicht ausschließlich Mittler zwischen Arzt und Patient, sondern nehmen aktiv und selbständig am therapeutischen Geschehen teil. Zielsetzung aller ist, mit den Patienten eine tragfähige Arbeitsbeziehung mit dem Merkmal von »Gegenseitigkeit« herzustellen. Solche Beziehungen könnten die Krankheitsverarbeitungsprozesse unterstützen. Es sollen sowohl pathologische Anpassungs- und Abwehrvorgänge angesprochen als auch supportive Psychotherapie-Techniken eingesetzt werden. Nur bei we-

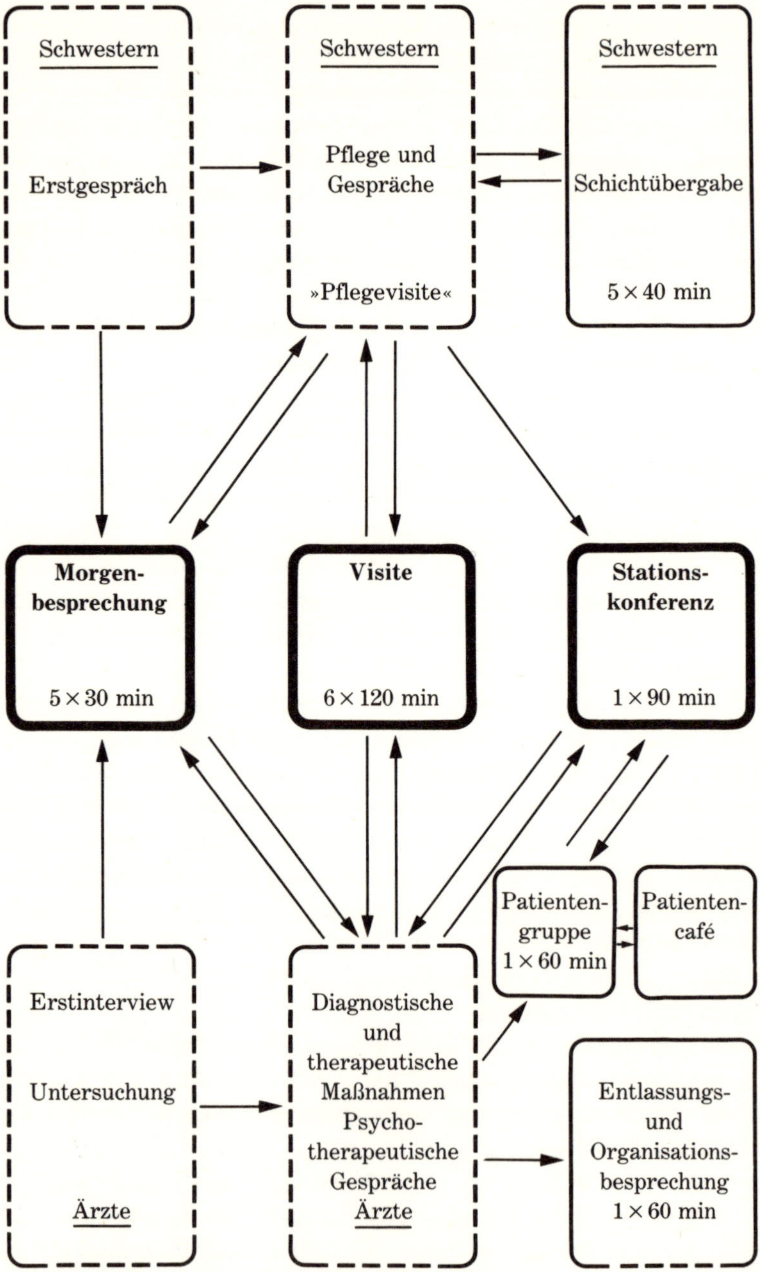

Abb. 4: Organisationsform einer internistisch-psychosomatischen Krankenstation (nach Köhle et al. 1977)

nigen Patienten dieser Station geht es um eine Bearbeitung pathogener psychischer Konflikte in einer intensiven Psychotherapie.

In einer regelmäßigen Balint-Gruppenarbeit unter Leitung des Psychosomatikers wird der Umgang mit den Patienten unter analytischen Gesichtspunkten reflektiert und analysiert. Sind speziellere konfliktbearbeitende Psychotherapien erforderlich, so werden sie ambulant durchgeführt. Im allgemeinen liegen die psychotherapeutische und die internistische Tätigkeit in einer Hand. Ist jedoch der Zugang zum Patienten durch die internistische Versorgung erschwert, so wird die psychotherapeutische Aufgabe einem anderen Arzt übertragen.

Von seiner Grundposition her muß ein solches Modell an den Bedingungen der Organmedizin, z. B. hinsichtlich der Aufenthaltsdauer, orientiert bleiben. Die psychotherapeutische Dimension kann keine Priorität haben, da die durchschnittliche Aufenthaltsdauer in einer internistisch-psychosomatischen Klinik bei ca. zwei bis drei Wochen liegt. Bei einem solch kurzen Aufenthalt kann eine Psychotherapie allenfalls eingeleitet werden. Die Zielsetzung des Ulmer Modells ist es daher, einen patientenorientierten Umgang sowohl von Schwestern wie von Internisten zu fördern und die Krankenhausbehandlung für die schwer somatisch erkrankten Patienten im Sinne des Grundgedankens der integrativen Psychosomatik zu verbessern.

Hahn und Mitarbeiter entwickelten an der medizinischen Universitätsklinik Heidelberg ein dem Ulmer Modell vergleichbares. Sie nennen ihre Konzeption »Simultandiagnostik und Simultantherapie« (Hahn et al. 1974, Reindell und Petzold 1976, Reindell et al. 1977, Petzold 1979). Somatische wie psychosomatische Erkrankungen werden als »kommunizierende Störungen« verstanden, an denen somatische, psychische und soziale Faktoren beteiligt sind. Diese Faktoren werden »simultan« diagnostiziert und therapiert. Das Therapieangebot auf der Station umfaßt daher somatische, sozial-therapeutische und tiefenpsychologische Behandlungen. Dieses Konzept verlangt eine große Flexibilität im Umgang mit Methoden und Settingsformen und eine wechselnde Betonung der somatischen, psychischen und sozialen Aspekte des Krankheitsgeschehens. Dabei muß überwiegend dem somatischen Aspekt der Erkrankung die Präferenz gegeben werden (Petzold 1979, Deter et al. 1979, Deter und Reindell 1981). Psychoanalytische Aspekte,

z. B. eine Arbeit an der Übertragung, können in dieser Behandlung wie auch in der des Ulmer Modells kaum zum Tragen kommen.

Das psychotherapeutische Angebot ist vielfältig. Einzeltherapien werden je nach Fall differenziert eingesetzt (Deter et al. 1979). In Gruppentherapien wird an den Vorgängen der Krankheitsverarbeitung und der Kompensierung von psychischen und sozialen Auswirkungen der Krankheit gearbeitet (Deter und Reindell 1981). Die Gruppen sind thematisch strukturiert, und der Gruppenleiter ist vor allem ärztlicher Berater und nicht analytischer Gruppentherapeut. Manchmal werden auch Patienten mit der gleichen Erkrankung (z. B. Asthma bronchiale) zusammengefaßt (Deter und Allert 1983). Das Ziel ist, ein medizinisch adäquates Krankheitsverhalten zu erreichen. Durch »ärztliche, erzieherische Maßnahmen« soll erst die Möglichkeit geschaffen werden, sich mit der Bearbeitung von emotionellen Problemen zu identifizieren. Für manche Patienten ist dieses Konzept erfolgversprechend, wie z. B. Deter und Allert (1983) anhand der ambulanten Behandlung von Asthma-bronchiale-Patienten nachweisen.

Wittich (1975) meint, daß bei der Einführung psychoanalytischer Behandlungsprinzipien in somatischen Kliniken kein umfassender analytisch-psychosomatischer Arbeitsansatz möglich ist, da die Gefahr der Subordination unter oder der Pseudoübereinstimmung mit den organmedizinischen Fächern besteht. Ich selbst bin der Ansicht, daß solche Konzepte eine Verbesserung der Krankenhausbehandlung für somatisch Erkrankte mit sich bringen und auch die Motivation der Patienten, sich tatsächlich auf eine Psychotherapie einzulassen, erhöhen.

Insbesondere internistische Kliniken haben solche patientenorientierten Ansätze übernommen (z. B. Filter et al. 1981). Überwiegend werden dort psychosomatische Erkrankungen im engeren Sinne behandelt, z. B. Colitis ulcerosa, Morbus Crohn, Asthma bronchiale, aber auch Anorexien, Bulimien, Migräne und andere organische Erkrankungen mit neurotischen Entwicklungen, z. B. Diabetes mellitus, Herzinfarkt u. a. Hinsichtlich der Anwendung von Psychotherapie sind diese Kliniken meist pragmatisch orientiert und wenig theoriegeleitet. Feiereis (1982) stellt seinen Therapieplan für psychosomatisch erkrankte Patienten vor: averbale und übende Verfahren wie Entspannungstherapien, Autogenes Training, Musiktherapie, Krankengymnastik, Atemtherapien, konzentrative Bewegungstherapie, Beschäftigungs- und Werktherapien werden kombiniert mit analytischer und tiefenpsychologischer Einzeltherapie oder themenzentrierter Gruppentherapie. Nach einer Behandlungsdauer von durchschnittlich vier bis sechs Wochen soll sich der Zustand von nahezu 80% der Patienten mit organsystembezogenen morphologischen und funktionell definierten Substraten gebessert haben.

Einen interessanten Modellversuch für die Integration psychosomatischer Abteilungen in allgemeinmedizinischen Krankenhäusern beschreibt Bepperling (1974, 1981). Sein Grundgedanke ist, Psychiatrie und Psychosomatik stärker in die Gesamtmedizin zu integrieren. Das Konzept war zu Beginn an den Erfordernissen der somatischen Medizin orientiert. Nach fast 20jähriger Tätigkeit stellt er fest, daß eine direkte Integration psychosomatischen Denkens und Handelns in eine naturwissenschaftlich ausgerichtete Klinik nicht möglich ist (Bepperling 1981). Er zog schon vor Jahren die Konsequenz daraus und richtete eine psychosomatische Schwerpunktstation ein, die er »psychosomatische Arbeitsgemeinschaft« nennt. Den somatischen Abteilungen steht er konsiliarisch im Sinne einer »psychosomatischen Ergänzungstherapie« zur Verfügung.

Bepperlings psychosomatische Station nimmt 30 Patienten auf, die je nach »aktueller pathogener Situation« und biographischer »pathogener Konstellation« ein unterschiedliches Therapieangebot erhalten. Die analytisch orientierte Einzel- oder Gruppentherapie nimmt in dem Therapiekonzept, das Bepperling »psychosomatische Zusammenarbeit innerhalb eines Teams« nennt, eine zentrale Stelle ein. Die meisten Patienten sind zunächst in einer Einzeltherapie. Bepperling ist der Auffassung, daß nur in der Einzeltherapie unbewußte Aspekte der neurotischen Verhaltensweisen und die psychosomatischen Zusammenhänge genügend exakt erfaßt und bearbeitet werden können und nur sie hinreichend Intimität und Schutz biete. Im Anschluß daran werden vom gleichen Therapeuten die Patienten in einer analytischen Gruppentherapie weiterbehandelt. Darüber hinaus werden »psychosomatische Ergänzungstherapien«, wie funktionelle Entspannung, Autogenes Training, Hypnose, Musiktherapie und Bewegungstherapien, angeboten. Außerdem sollen in einer sog. »Interaktionstherapie« die gruppendynamischen Prozesse, orientiert an den Realitäten der klinischen Situation, analysiert und bearbeitet werden. Innerhalb der »intramuralen Sozialtherapie« in der Großgruppe werden Rollen-, Konflikt-, Dialog- und Feed-back-Spiele eingesetzt. Ziel solcher Großgruppensitzungen ist die »Förderung der therapeutischen Zusammenarbeit«, die wesentlich in den Händen der Schwestern liegt.

Auch bei der erkennbaren Methodenvielfalt bleibt Bepperling in seinem Konzept einem analytisch-therapeutischen Ansatz verbunden. Er will die frühen unbewältigten traumatischen Situationen bewußt machen und in der klinischen Situation an den reaktualisierten, pathogenen Objektbeziehungen therapeutisch arbeiten. Bepperlings Modell zeigt eine Entwicklung zu einem integrativen Modell, da er die verschiedenen therapeutischen Interaktionsebenen in seine »psychosomatische Arbeitsgemeinschaft« integriert. Die Orientierung an der analytisch-psychotherapeutischen Methodik bringt es mit sich, daß hier die Aufenthaltszeiten insgesamt länger sind als in den vorher erwähnten Kliniken. Bepperling behandelt auch eher psychosomatische Erkrankungen im engeren Sinne als das weite Spektrum der internistischen Erkrankungen. Und noch etwas wird an den Erfahrungen Bepperlings (1981), aber auch Köhles und Kubaneks (1981) deutlich: Eine psychosomatische Einheit muß institutionell selbständig sein, da sonst der ganzheitliche psychosomatische Arbeitsansatz kaum zu verwirklichen ist.

3.7 Modelle pragmatischer klinischer Psychotherapie

Die bisher diskutierten modellhaften Einrichtungen haben entweder zur Methodik stationärer psychotherapeutischer Behandlung von schwer neurotisch erkrankten Patienten oder zur psychosozialen Gestaltung von Krankenhausbehandlungen überhaupt beigetragen. In diesem Kapitel sollen nun noch jene Kliniken erwähnt werden, die entweder aus grundsätzlichen Erwägungen eine pragmatische Orientierung haben oder die sich aufgrund institutioneller Bedingungen (Kurkliniken der Rententräger) pragmatisch-psychotherapeutisch orientieren müssen.

Langen (1956, 1978) vertritt z. B. mit seiner »mehrdimensionalen klinischen Psychotherapie« betont einen psychiatrisch-psychotherapeutischen, polypragmatischen Ansatz aktiver klinischer Psychotherapie. Da dieses Modell für die Entwicklung der stationären Psychotherapie in der Bundesrepublik nur noch historische Bedeutung hat, soll hier nur kurz darauf eingegangen werden. Die wichtigsten Merkmale klinischer Psychotherapie sind nach Langen »das seelische Schonklima, die zeitliche Gebundenheit, die Gruppensituation und die zusätzlichen medikamentösen Behandlungsmöglichkeiten«. Im Sinne einer »aktiven und synthetisierenden« Therapie wählt er aus Psychoanalyse, Individualpsychologie, analytischer Psychologie, Hypnose, gestufter Aktivhypnose nach Kretschmer »Brauchbares« aus, um es in »gezielter Analyse« im Einzelgespräch, in Gruppengesprächen und in gruppenweisen Übungen der gestuften Aktivhypnose den Patienten anzubieten. Langens Ziel ist es, eine möglichst schnelle »Bereinigung« der aktuellen Konfliktsituation zu erreichen und gewonnene Einsichten auch aktiv in der »Tiefenperson« zu verankern. Er benutzt dazu auch psychagogische Methoden. Der Therapeut hat in dem Modell Langens eine beispielgebende und aktivierende, aber auch eine interpretative Rolle. Die Schwester ist die »Helferin des Arztes«, sie hat eine »autoritative« Funktion und soll keine »Nebenanalyse« durchführen. Sie leitet den Patienten auf der Station, sorgt für Ordnung und Pünktlichkeit und soll sich jedem Patienten in gleichem Maße zuwenden.

Pragmatische Konzepte sind auch in größeren psychotherapeutisch-psychosomatischen *Kurkliniken* erforderlich. Ihre psychotherapeutische Arbeitsweise ist durch die Auflagen der Versicherungsträger und durch die begrenzte Behandlungsdauer (meistens sechs Wochen) bestimmt. Zur Behandlung kommen häufig Patienten mit chronifizierten Neurosen, Charakterstörungen und Psychosomatosen, bei denen durch den möglichen Rentenanspruch ein sekundärer Krankheitsgewinn vorliegt. In solchen Kliniken haben sich insbesondere gruppenorientierte Verfahren bewährt. Ahlbrecht (1969) kann durch Gruppengespräche eine deutliche Lockerung der somatischen Fixierung bei den Patienten erreichen. Mit Hilfe von Gruppenvisiten versucht Mentzel (1976), das Psychogeneseverständnis der Patienten zu fördern und ihr Krankheitsverhalten zu verändern. Harrach et al. (1981) versuchen dies durch eine Kombination von Gruppentherapie und nonverbalen Therapiemethoden. Auch gezielte kurztherapeutische Verfahren

(Mentzel 1969) sind im Rahmen von Kurkliniken indiziert. Entscheidend ist nach Ahlbrecht et al. (1972), daß die therapeutischen Maßnahmen der Passivierung in der Kurklinik entgegenwirken. Aktivierende Verfahren, wie Sport, Spiel, Gymnastik und insbesondere die Patientenmitverwaltung in Form der therapeutischen Gemeinschaft, sollen die Motivation für Gruppengespräche und die Gruppenvisiten heben. Hauptziel aller gruppentherapeutischen und sonstigen Behandlungsarrangements in der Kurklinik ist, zu einem veränderten Krankheitsverhalten und einem Psychogeneseverständnis zu kommen (Mentzel 1981).

Es ist folgerichtig, daß die Zielsetzung solcher psychotherapeutisch-psychosomatischen Einrichtungen begrenzt sein muß. Eine Gefahr liegt aber in der manchmal erkennbaren unorganisierten Polypragmasie, da das Handlungsfeld der Patienten zu stark ausgeweitet wird. Die bloße Addition verschiedener psychotherapeutischer und nicht-psychotherapeutischer Verfahren zu einem beeindruckenden Behandlungsangebot muß nicht therapeutisch wirken. Deshalb ist auch die Wirkweise solcher nicht-integrierter Kombinationen unterschiedlichster therapeutischer Angebote und deren Auswirkung auf die Übertragungs-Gegenübertragungskonstellationen in der Klinik bisher kaum differenziert und kritisch untersucht worden.

3.8 Psychosomatische Großkliniken

Auf welche Weise das Abgleiten in Polypragmasie in dem Setting von Großkliniken zu beherrschen ist, zeigt das Konzept, das Wittich in der von ihm geleiteten psychosomatischen Großklinik in Gengenbach entwickelte. Er gibt der psychosomatisch-psychoanalytischen Therapeutik absolute Priorität. Organisation und Management sind an einem Grundprinzip psychoanalytischer Therapie orientiert: Die Klinik soll »eine ähnliche Funktion wie die des aufmerksam zuhörenden, wohlwollenden, unaufdringlichen und raumschaffenden Therapeuten (im psychoanalytischen Prozeß)« haben (Borens und Wittich 1976). Nach diesem Konzept besteht eine Kongruenz von deklariertem Therapieziel – freie Entfaltung und Entwicklung des Patienten – mit den Prozessen im Krankenhaus. Die Analyse der interpersonellen Beziehungsstörungen im Therapeutenteam und im therapeutischen Raum muß daher im Vordergrund stehen, da die im Therapeutenteam auftauchenden Phantasien und die dort ablaufenden Prozesse eine diagnostische Bedeutung für die Prozesse bei den Patienten haben.

Der Arbeitsweise der Klinik liegt ein psychoanalytisch-psychosomatisches Krankheitskonzept zugrunde, das sowohl an Mitscherlichs (1969) Konzept von der zweiphasigen Verdrängung als auch am Verständnis von der Entstehung psychosomatischer Symptome nach Cremerius (1977 b) orientiert ist (Borens und Wittich 1976, Wittich 1977, Wittich und Buchmüller 1981): Die psychosomatisch erkrankten Patienten sind nur zu Beginn alexithymisch. Das Phänomen der Alexithymie wird als Ausdruck eines Ichdefektes und als spezifisch für Unterschichtpatienten mit gering ausgeprägter Phantasieentwicklung bei extrem strengem Überich verstanden (Cremerius 1977 b). Eine Übertragungsbereitschaft ist wegen des Mangels an verbaler Ausdrucksfähigkeit zunächst kaum gegeben. Die Übertragungsreaktionen äußern sich vorwiegend in Aktionen, vegetativen Reaktionen oder psychosomatischen Symptomen als physiologische Alarmreaktion.

Wittich und Buchmüller (1981) folgern daraus, daß die Klinik eine Wiederholung im Handeln ermöglichen müsse. Dies sei ein erster Schritt für die Feststellung und Entdeckung von Emotionen und Phantasien. Innerhalb der Therapiegruppen wie auch der Gemeinschaft der Patienten wird ein Weg vom Symptom zum Konflikt und vom Symptom zur interpersonalen Kommunikation beschritten. Dies eröffnet eine korrigierende soziale und emotionale Erfahrung, wodurch die Alexithymie aufgelöst wird (Borens und Wittich 1976). Verhaltensstörungen, Labilisierungen und regressiv-ängstliche Zustände der Patienten sollen ein günstiger Ansatz für den therapeutischen Prozeß sein, auch wenn dabei die Beunruhigung und Labilisierung des Teams die Folge sind.

Methodisch vertreten Wittich und Mitarbeiter in Diagnostik und Therapie einen multidimensionalen Ansatz. Sie wollen das gesamte Spektrum der anerkannten klinischen somatischen Verfahren sowie der psychotherapeutischen Methoden im Rahmen der psychosomatischen Rehabilitation anwenden. Die Wahl der Behandlungsart wird von psychoanalytischen Einsichten gelenkt. »Kardinaltherapie« ist die psychoanalytisch orientierte Gruppen- oder Einzeltherapie (Wittich 1967, 1975, 1977, Wittich und Enke-Ferchland 1968). Die Autoren empfehlen aber auch die Anwendung weiterer Verfahren, wie Gestaltungstherapie, Bewegungstherapie, Bäder und Massagen, Autogenes Training usw. Methodisch wird eine große Flexibilität verlangt, um eine patientenzentrierte und nicht methodenorientierte Therapie durchführen zu können. Als Beispiel sei auf das gestufte Behandlungsprogramm für Colitis-ulcerosa-Patienten und das für Herzneurotiker (Enke und Wittich 1965) hingewiesen.

Eine ungestörte Übertragungsanalyse wird wegen des multipersonalen Übertragungsfeldes in der realitätsorientierten Lebensgemeinschaft der Klinik nicht für durchführbar gehalten (Enke et al. 1964). Deswegen tritt die Gruppentherapie stark in den Vordergrund. Die Gruppe wird sowohl zum Feld sozialen Lernens als auch zum Feld korrigierender emotionaler Erfahrungen. Drei Gruppenangebote gibt es in der Klinik: eine analytisch geführte therapeutische Kleingruppe, eine realitätsorientierte Stationsgruppe und eine Großgruppe zu Informationszwecken (Wittich 1975). Die oberste therapeutische Kompetenz hat jedoch der »persönliche Arzt« des Patienten. Er übernimmt die »Leitungsfunktion« für den Patienten. Der Leiter des Krankenhauses selber sieht seine Funktion darin, das therapeutische Team zu integrieren und das allgemeine therapeutische Ziel der Klinik aufrechtzuerhalten. Er hat ausschließlich beratende Funktion für den »persönlichen Arzt« des Patienten.

Wittich und Buchmüller (1981) meinen, daß sich diese Grundkonzeption ihrer Klinik nach 16 Jahren Tätigkeit als stabil und erfolgreich erwiesen habe. Leider liegt noch keine Evaluationsforschung vor, die dies belegen könnte.

Einen strikten psychoanalytischen Ansatz vertrat auch Widok (1981, 1983) in dem psychotherapeutisch-psychosomatischen Behandlungskonzept der Großklinik in Schömberg: Die Übertragung zeige sich an »vielen Orten«, und deswegen sei das ganze Haus an der szenischen Darstellung der pathogenen Konflikte der Patienten beteiligt. Um diese re-inszenierten pathogenen Konflikte in einem größeren Krankenhaus einer therapeutischen Bearbeitung zugänglich zu machen, müsse eine solche Klinik in mehrere Behandlungseinheiten mit weitgehender Autonomie unterteilt werden. Solche Behandlungseinheiten seien ein Team, das »eine einheitliche psychotherapeutische Person« darstelle. Dabei bedeute »einheitlich« nicht, gleicher Meinung zu sein, sondern sich in der

Begegnung mit den getrennten und gespaltenen Übertragungsprozessen auseinanderzusetzen. Widok versuchte, etwas zu verwirklichen, das wir in einer kleineren Institution ebenfalls praktizieren, nämlich einen permanenten Prozeß der Analyse der eigenen Institution und der Prozesse im Team mit dem Ziel, den therapeutischen Prozeß des Patienten zu fördern. Nach Widok ist hierfür jedoch eine institutionsexterne, unabhängige Supervision erforderlich.

Die beiden zuletzt diskutierten Behandlungsmodelle von Großkliniken sollen verdeutlichen, daß psychoanalytische Behandlungsprinzipien nicht nur in kleineren Abteilungen, sondern auch in größeren Krankenhäusern zu verwirklichen sind. Solche Modelle sind u. a. wesentliche Beiträge der Psychoanalyse und Psychotherapie für die Krankenhausforschung. Ihre Erfahrungen, Einsichten und Ergebnisse können für die organisationsdynamischen Prozesse und das Management jedes Krankenhauses bedeutsam werden.

Zusammenfassend läßt sich festhalten, daß die Konzepte und Organisationsformen psychoanalytischer stationärer psychotherapeutisch-psychosomatischer Behandlungen insgesamt gesehen heterogen und vielfältig sind. Von einer allgemeinen, theoretisch begründeten Methode für stationäre psychoanalytischer Therapie kann noch nicht gesprochen werden. Daher erwies es sich früher auch als nahezu unmöglich, überregionale Vergleiche verschiedener Kliniken durchzuführen (Göllner et al. 1981). Die Heterogenität liegt häufig an unterschiedlichen therapeutischen Auffassungen, zum Beispiel hinsichtlich Übertragung, Regression und therapeutischer Funktion der verschiedenen Berufsgruppen, besonders der Pflegepersonalgruppe.

Bei aller manchmal beeindruckenden Vielfalt an verbalen und averbalen Methoden kann ich nicht feststellen, daß die Behandlungsprinzipien auch hinreichend theoretisch begründet und praktisch erprobt sind. Hier ist noch manche konzeptuelle und methodenkritische Forschung zu leisten. Das wesentliche Ergebnis der Analyse der verschiedenen Behandlungskonzeptionen besteht meiner Ansicht nach darin, daß eine Entwicklung in Richtung der integrativen Konzeptionen für stationäre Therapie zu erkennen ist.

4 Behandlungsergebnisse in einem bipolaren und einem integrativen Modell

Meine ersten eigenen Erfahrungen erwarb ich in der psychotherapeutischen Arbeit, die sich am bipolaren Modell orientierte. Es wurde an der psychotherapeutischen Abteilung der Universitäts-Nervenklinik Bonn praktiziert. Aus den Erfahrungen mit diesem Modell entwickelte ich dann das integrative Modell, nach dem die Klinik für Psychotherapie und Psychosomatik in Essen seit nunmehr neun Jahren arbeitet.

Von Anfang an sollten die Erfahrungen auch durch Evaluationsuntersuchungen erhärtet werden. Beim Wechsel vom bipolaren zum integrativen Modell bot sich ein Vergleich der Behandlungsergebnisse an. So gingen die eigenen Untersuchungen, die ausführlich an anderer Stelle dargelegt wurden (Janssen 1980), von der Hypothese aus, daß die jeweiligen Organisationsformen stationärer Psychotherapie einen Einfluß auf den therapeutischen Prozeß und auf das Therapieergebnis haben können.

Zuerst will ich die Behandlungskonzeption und die Organisationsformen dieser Modelle vorstellen und in einem weiteren Schritt zu den therapeutischen Prozessen und den Behandlungsergebnissen kommen. Die Darstellung beider Modelle ist sehr konkret gehalten, um Lesern, die selbst in einem stationären Setting tätig sind, einen Vergleich zu ermöglichen. Sie werden dadurch eher in der Lage sein, die diskutierten Probleme auch auf das eigene Setting zu beziehen.

4.1 Stationäre psychoanalytische Gruppentherapie in einem bipolaren Modell (Modell 1)

Bei der Entwicklung des bipolaren Modells ging Quint (1972) davon aus, daß vier Bereiche eine strukturierende Wirkung auf den therapeutischen Prozeß haben könnten:
– der Bereich der Außenwelt, der Lebensrealität des Patienten;
– der Bereich des stationären Zusammenlebens der Patienten;

- der Bereich der psychoanalytischen Gruppentherapie;
- der Bereich der nonverbalen Therapien in der Beschäftigungs- und Bewegungstherapie.

Er entschied sich, die therapeutische Arbeit auf die psychoanalytische Gruppentherapie zu zentrieren. Diesen therapeutischen Bereich trennte er von dem Bereich der Begegnung der Patienten auf der Station mit Stationsarzt und Pflegepersonal (Realitätsraum). Die Erfahrungen im Realitätsraum sollten Gegenstand der Analyse in der Gruppentherapie werden.

Zielvorstellung dieser bipolaren Konzeption war einerseits, den Patienten in der Begegnung untereinander sowie mit Stationsarzt und Pflegepersonal Beziehungen zu ermöglichen, die nicht sofort analytisch interpretiert werden, andererseits sollte auf diese Weise der therapeutische Prozeß in dem überschaubaren Rahmen der psychoanalytischen Gruppentherapie bleiben. Der stationäre Aufenthalt könnte für den Patienten eine reale Situation sein, in der er sich mit den Mitpatienten und dem institutionell gesetzten Rahmen auseinandersetzt. Diese überschaubare, strukturierte Realität sollte den Patienten ähnlich fordern wie seine reale Lebenssituation, die er mit der Aufnahme verlassen hatte, weil er sich aufgrund seiner neurotischen oder psychosomatischen Erkrankung in ihr nicht mehr zurechtfand. Die im Laufe der stationären Therapie reaktualisierten neurotischen Konfliktlösungsversuche, die sowohl im Realraum als auch in der Gruppentherapie erscheinen konnten, sollten nur innerhalb der Gruppentherapie deutend erhellt und einsichtig gemacht werden.

Wie sich diese Grundkonzeption nun in einzelnen Settingsformen niederschlägt, will ich im folgenden näher erläutern.

Die Patienten kamen in geschlossenen Gruppen von acht Personen zur Therapie. Die Dauer der stationären Therapie belief sich auf 3½ bis 4 Monate. Zeitweise wurde die Gruppentherapie bis zu einem Jahr nach der Entlassung wöchentlich für 1½ Stunden ambulant fortgesetzt. Wir wollten den Prozeß der Loslösung von der Station und die Re-Integration in das soziale Umfeld mit dem Patienten bearbeiten können (vgl. die Behandlungskonzeptionen in Kapitel 3.3 und 3.4).

Die *psychotherapeutische Station* war Teil einer offenen psychiatrischen Station und keine räumlich abgegrenzte therapeutische Einheit. Es stand den Patienten aber ein eigener Aufenthalts- und

Eßraum zur Verfügung. Die Stationsordnung regelte die Zeiten der Gruppentherapie, der Bewegungstherapie, der Beschäftigungstherapie, die Essenszeiten, die Schlafenszeiten und die der organisatorischen Besprechungen mit Stationsarzt und Schwestern. Begegnungsort auf der Station war der Aufenthaltsraum. Die Schwestern regten die Patienten an, bei den üblichen stationären Tätigkeiten, z. B. bei der Essensausgabe oder beim Bettenmachen, mitzuwirken. Eine Verpflichtung bestand nicht. Dem Stationsarzt oblag die Aufgabe, die Stationsordnung zu besprechen, deren Einhaltung zu gewährleisten, Heimfahrten zu regeln, Fragen des therapeutischen Settings zu erörtern, erforderliche organmedizinische und medikamentöse Behandlungen anzuordnen und zu überwachen und weitere organisatorische Regelungen mit den Patienten zu beraten. Dies geschah in Einzel- oder Gruppengesprächen.

Das Gruppengespräch, die sogenannte *Realbesprechung*, fand einmal in der Woche statt und dauerte maximal eine Stunde. Anwesend waren unter Leitung des Stationsarztes die Stationsschwester, weiteres Pflegepersonal, die Beschäftigungstherapeutin, die Bewegungstherapeutin und alle Patienten der Station. Die Realbesprechung sollte der Aussprache über organisatorische Fragen aus der Sicht des Patienten und des Therapeutenteams dienen und sich mit sozialen Problemen des stationären Zusammenlebens, aber auch mit der familiären oder beruflichen Situation des Patienten befassen.

Das *Pflegepersonal*, das sowohl auf einer psychiatrischen wie auch auf der psychotherapeutischen Station tätig war, hatte sozialtherapeutische, supportive und organisatorische Aufgaben. Es sollte z. B. den organisatorischen Rahmen in Zusammenarbeit mit dem Stationsarzt aufrechterhalten, auf die Einhaltung der Stationsordnung achten, Medikamente ausgeben und die Patienten zu Versorgungsleistungen auf der Station anhalten. In den nicht-geregelten persönlichen Gesprächen mit den Patienten konnte das Pflegepersonal auf Kontaktbedürfnis, Vorstellungen und Fragen des Patienten eingehen. Es sollte keine distanzierenden therapeutischen Interventionstechniken benutzen, sondern ichstützend fungieren. Die Gespräche sollten den Patienten ermutigen, sich innerhalb der Gruppentherapie an seine persönlichen Schwierigkeiten und Probleme heranzuwagen. Die Schwestern konnten Frustrationen, die im therapeutischen Prozeß entstanden waren, mildern und bei Ichdekompensationen dem Patienten helfend zur Seite stehen. Das Pflegepersonal konnte auch die Aktivitäten der Patienten außerhalb der Klinik fördern, z. B. durch Organisation von Theaterbesuchen und Festen. Zentrales Merkmal der Interaktionen war die Möglichkeit von Sozialkontakten in einem geschützten Raum.

Der *Bereich der psychoanalytischen Gruppentherapien:* Die Gruppentherapie fand fünfmal in der Woche für 60 Minuten in einem Gruppenraum außerhalb der Station statt. Sie wurde von einem Psychotherapeuten, der sich in psychoanalytischer Ausbildung befand und Erfahrungen mit Gruppentherapie hatte, durchgeführt. Er hatte keine weiteren Aufgaben auf der Station. Ein Gruppenbeobachter (ebenfalls in psychoanalytischer Ausbildung) saß außerhalb der Gruppe. Mit ihm konnte anschließend die Gruppensitzung durchgesprochen werden. Die Gruppe wurde nach dem Konzept geleitet, das Quint (1972) in Anlehnung an Kemper (1958) folgendermaßen beschreibt: Der Gruppentherapeut hat sich von jeder aktiven Lenkung und indirekten Beeinflussung der Gruppe zurückzuhalten. Er beschränkt sich auf eine rein deutende Arbeitsweise. In der Deutung soll das Verhalten jedes einzelnen Gruppenmitgliedes als unbewußte Äußerung des Gruppenganzen aufgezeigt werden und, soweit möglich, jeweils die Beziehung der Gruppe zu dem Gruppentherapeuten im Sinne der Übertragungsdeutung interpretiert werden. Die Gruppe wurde also im Sinne Argelanders (1963/64, 1968, 1972) als »Individuum« verstanden und die bipolaren Beziehungen zwischen Gruppenleiter und Patientengruppe untersucht und interpretiert.

In einer *Supervisionsgruppe* konnte wöchentlich für 1½ Stunden der Verlauf der psychoanalytischen Gruppentherapie diskutiert werden. Zu dieser Gruppe gehörten alle in der Klinik tätigen psychoanalytisch ausgebildeten oder in Ausbildung befindlichen Psychotherapeuten, auch wenn sie nicht unmittelbar mit den Patienten auf der Station beschäftigt, sondern z. B. nur in der Ambulanz tätig waren. Der Abteilungsleiter war der Leiter der Kontrollgruppe. Im Spiegel der Kontrollgruppe sollten die psychodynamischen Abläufe bei den Patienten und die Gruppendynamik verständlich werden.

Beschäftigungs- und bewegungstherapeutischer Bereich: In der

Beschäftigungstherapie konnten die Patienten regelmäßig viermal in der Woche gestalterisch tätig werden. Ziel der gestalterischen Beschäftigung mit Ton, Holz oder Papier war die averbale Darstellung von in der Therapie aktualisierten Gefühlen und Vorstellungen. In der Stationsbesprechung (s. u.) beurteilten wir die Produkte der Patienten im Hinblick auf den therapeutischen Prozeß. Wir berieten auch, zu welchen gestalterischen Darstellungen die Patienten angeregt werden sollten. An Themen wurden z. B. angeboten: jemanden aus der Gruppe, jemanden aus dem Therapeutenteam, sich selbst zeichnerisch oder die gesamte Gruppe symbolisch darstellen; gemeinsam ein Gruppenbild herstellen, usw. Die Patienten brachten ihre Bilder sowohl in die Realbesprechung (s. o.) wie auch in die Gruppentherapie ein (vgl. Janssen 1978). Neben dieser vom Therapeutenteam gesteuerten Gestaltungstherapie hatten die Patienten auch Zeit für freie gestalterische Tätigkeiten. Die *Bewegungstherapie* fand fünfmal in der Woche statt. Zur Anwendung kamen vorwiegend Gymnastik und Ballspiele. Solche Übungen orientierten wir selten am therapeutischen Prozeß. Vorwiegend sollte die Gymnastik der motorischen Aktivierung der Patienten dienen.

Die *Stationsbesprechung* hatte zum Ziel, die verschiedenen Bereiche zu integrieren. Sie fand einmal in der Woche unter Leitung des Abteilungsleiters statt. Alle, die am therapeutischen Geschehen beteiligt waren, sollten anwesend sein. Die Besprechung diente dem Austausch von Informationen über das therapeutische Geschehen innerhalb der Personal- und Therapeutengruppe. Hier konnten auch Spannungen im Team angesprochen und manchmal bearbeitet werden.

4.2 Erfahrungen mit dem bipolaren Behandlungsmodell

Das beschriebene Modell praktizierten wir etwa sechs Jahre hindurch. Eine Analyse der interpersonellen und gruppendynamischen Prozesse im Team und der therapeutischen Prozesse der Patienten deckte uns zahlreiche Probleme auf (vgl. Janssen und Quint 1977). Diese Erfahrungen waren aber auch Anstoß für eine Neukonzeption der stationären Psychotherapie. Daher möchte ich sie hier kurz zusammenfassen.

Mit der stationären Aufnahme setzte bei dem Patienten eine verstärkte Regression ein, die wir auf die Herausnahme des Patienten aus seinem Lebensbereich und auf das Zusammenleben in der Gruppensituation zurückführten. Die Trennung von Realitätsraum und gruppentherapeutischem Raum konnte mit zunehmender Regression der Patienten weder vom Gruppentherapeuten noch vom Stationsarzt noch von den Schwestern aufrechterhalten werden.

Der Gruppentherapeut hielt das psychoanalytische Abstinenzprinzip nur begrenzt ein. Bei den aktuell reaktivierten infantilen Konfliktkonstellationen bezog er sich nicht nur auf das Material aus der Gruppe, sondern nahm auch Informationen über das Verhalten der Patienten auf der Station hinzu und ließ es in seine gruppenbezogenen Interventionen einfließen. Er richtete sein Augenmerk verstärkt auf die regressiven Vorgänge im Zusammenhang mit den Ereignissen auf der Station und auf die Phantasien über die klinische Situation, über Schwestern, Stationsarzt und Abteilungsleiter, also auf Übertragungsreaktionen außerhalb der Gruppe. Der Gruppentherapeut fühlte sich in einem Zwiespalt. Er konnte dem vereinbarten Setting nicht treu bleiben, sondern mußte sein Wissen über die Vorgänge außerhalb der Gruppentherapie zum Verständnis der Vorgänge in der Gruppentherapie heranziehen. Nur wenn er versucht hätte, das Geschehen außerhalb der Gruppentherapie auszublenden, hätte er dem Therapiekonzept, das mit dem Setting aufgestellt wurde, gerecht werden können.

Die regressiven Prozesse führten zeitweise zu heftigem Agieren auf der Station, auch in Form der Auseinandersetzung mit dem stationären Rahmen. Stationsarzt und Schwestern wurden dazu verleitet, ihre realitätsbezogene Rolle zu verlassen und therapeutische Funktionen zu übernehmen, d. h. die agierten libidinösen oder aggressiven Impulse zu deuten, ohne daß diese »Nebentherapie« hinreichend in das therapeutische Gesamtkonzept integriert werden konnte.

Zu solchen Nebentherapien wurden insbesondere die Einzelgespräche mit dem Stationsarzt, die organisatorisch oder organmedizinisch sein sollten. Es entwickelten sich Übertragungsreaktionen auf den Stationsarzt, die neben der Übertragung auf den Gruppentherapeuten bestanden (Nebenübertragung oder Übertragungsspaltungen). Der Stationsarzt ließ sich aus therapeutischen Intentionen dazu verleiten, interpretativ auf solche Übertragungen einzugehen, und verließ damit seine eigentliche Aufgabe.

Auch in der Realbesprechung versuchten die Patienten, dem Stationsarzt die Funktion des Gruppentherapeuten zuzuschreiben, so daß die Dynamik von Realbesprechung und Gruppentherapie parallel oder gegenläufig war. Die Realbesprechung wurde zeitweise zu einer Gruppentherapie. Die dabei gemachten Erfahrungen wurden von den Patienten entweder idealisiert oder auch entwertet. Sie nutzten also die Realbesprechung zur Entfaltung ihrer speziellen Psychodynamik im Hier und Jetzt. Dies konnte jedoch, entsprechend der Aufgabe der Realbesprechung, therapeutisch nicht hinreichend genutzt werden.

Das Pflegepersonal wiederum konnte, da von seiner Aufgabenbeschreibung her nicht ausreichend darauf vorbereitet, die infantilen neurotischen Beziehungsmuster auf der Station nicht als solche identifizieren. Zum Teil verstand es das Verhalten des Patienten als realbegründet und reagierte entsprechend darauf. Dadurch kam es zu unbearbeitetem Gegenübertragungsagieren zwischen Patient und Pflegepersonal. Trotz der Klärungsversuche im Team blieben solche Konstellationen häufig unauflösbar. Schuldgefühle führten auch zu einer Abspaltung aus dem therapeutischen Geschehen. Eigene pseudo-therapeutische Vorstellungen wurden entwickelt, die sich negativ auf die Behandlung der Patienten, aber auch auf die Motivation der Therapeutengruppe auswirkten.

In der Stationsbesprechung informierte nicht einer den anderen, sondern meist die Schwestern die Therapeuten. Obwohl in dieser Besprechung von ihrer Struktur und Idee her die verschiedenen therapeutischen Beziehungsmuster und die intergruppalen Prozesse in der Therapeutengruppe hätten analysiert und auf diese Weise zu einem gesamttherapeutischen Prozeß integriert werden können, gelang die erhoffte Integration der verschiedenen Bereiche oft nicht. Häufig war der Informationsdruck so groß, daß die eine Stunde pro Woche nur einen unvollständigen Austausch ermöglichte. Dieser Mangel an dynamischem Austausch hatte jedoch seinen hauptsächlichen Grund in der Struktur der Beziehung von Schwestern bzw. Beschäftigungstherapeuten zu den analytischen Psychotherapeuten. Da die Therapeuten die Schwestern als »Gehilfinnen« benutzten, war das Gefälle der narzißtischen Besetzung der einzelnen therapeutischen Aufgaben innerhalb der

Gruppe groß. Die »Gehilfin« hatte nach dem Verständnis der Therapeuten Zuträgerdienste zu leisten. Das darin enthaltene »Therapieverbot« führte dazu, daß Ereignisse auf der Station verschwiegen wurden, insbesondere was das eigene Verhalten und die eigenen Gefühle betraf. Das Ausagieren der Gegenübertragung (z. B. gab man dem Wunsch der Patienten nach persönlichem Kontakt nach und lud sie abends in die Privatwohnung ein) phantasierte die Schwester als bessere Therapie, da der Patient dadurch freundlicher und entspannter wurde.

Die Analyse solcher Handlungen zeigte, daß sie eine abwehrende Reaktion auf eine Kränkung seitens der Therapeuten darstellten (»Ihr Schwestern seid nicht die eigentlichen Therapeuten, sondern habt *nur* die Realität zu vertreten«).

Eine weitere Schwierigkeit lag darin, daß die Schwestern sich mit dem psychoanalytischen Behandlungskonzept und dem Tun der Psychoanalytiker nicht hinreichend identifizieren konnten, da sie gleichzeitig auf einer psychiatrischen Station arbeiten mußten. Sie standen vor der schwierigen Aufgabe, sich mit zwei Behandlungsmethoden zu identifizieren. Die Identifizierung wurde außerdem dadurch erschwert, daß zwischen Psychiatern und Psychotherapeuten eine Auseinandersetzung ausgetragen wurde, in die die Schwestern zum Teil eingespannt waren. Dem Problem der Wertigkeit des Tuns der Psychiater oder Psychoanalytiker setzten die Schwestern ihr eigenes Tun entgegen.

Die Analyse der Prozesse in der Supervisionsgruppe ergab, daß auch bei Psychotherapeuten unterschiedliche Identifikationen mit dem stationären Behandlungsmodell zu Gegenreaktionen führten. Die Therapeuten, die ausschließlich ambulante Behandlungen durchführten, konnten sich kaum mit dem stationären therapeutischen Modell identifizieren. Sie gerieten mit den stationär tätigen Psychotherapeuten in untergründige Auseinandersetzungen mit dem Tenor, die eigene berufliche Tätigkeit als »wertvoller und effektiver« hinzustellen. Dadurch war der Prozeß der Supervisionsgruppe zeitweise mehr von dieser Dynamik als von den Prozessen in und mit der Patientengruppe bestimmt.

Wir mußten also feststellen, daß die verschiedenen therapeutischen Felder (psychoanalytische Gruppentherapie, Umgang des Stationsarztes mit den Patienten, Umgang der Schwestern mit den Patienten, usw.) nicht ausreichend zu einem einheitlichen, sich gegenseitig ergänzenden und fördernden therapeutischen Gesamtgeschehen integriert wurden. Dies schien uns erst möglich, wenn das stationäre Setting verschiedene Bedingungen erfüllt:

1. Das gesamte therapeutische Personal sollte die psychoanalytisch begründete stationäre Psychotherapie als seine gemeinsame Aufgabe akzeptieren können. Jede Berufsgruppe und jeder einzelne müßte sich mit dieser Aufgabe identifizieren können.
2. Eine psychoanalytisch begründete stationäre Therapie sollte ihr eigenes therapeutisches Personal haben und nicht gleichzeitig andersartige therapeutische Prinzipien, z. B. psychiatrische, vertreten müssen.
3. Die Funktion des Pflegepersonals und eventueller weiterer Therapeuten (z. B. Mal- oder Musiktherapeuten) sollte innerhalb der Gesamtaufgabe ein therapeutisches Handeln in Identität mit der Berufsgruppenzugehörigkeit und mit sich selbst ermöglichen. Die Psychoanalytiker sollten ihnen soviel therapeutische Potenz hinsichtlich psychoanalytischen Vorgehens vermitteln, wie sie benötigen, um im Rahmen ihres Umgangs mit Patienten die gemeinsame Aufgabe stationärer Therapie sinnvoll lösen zu können. Dazu müßte eine methodische Differenzierung der Interventionsebenen der stationären Therapie in Kooperation mit dem psychoanalytischen Bereich erarbeitet werden.
4. Einen therapiefreien Realitätsraum sollte es nicht geben. Die als Realitätsraum bezeichneten Bereiche außerhalb der psychoanalytischen Gruppentherapie können als therapeutisch potente Felder einer stationären Therapie verstanden werden. Das unmittelbare Zusammentreffen von Stationsrealität mit den reaktualisierten infantilen Konfliktmustern bringt eine Verzerrung der klinischen Realität mit sich, die auch interpretativ genutzt werden sollte.
5. Eine dichte Folge von Besprechungen sollte ein dynamisches Zentrum der Analyse der Interaktionsprozesse mit dem Patienten werden und die Kooperation mit allen an der Therapie Beteiligten fördern. Diese Besprechungen müßten unter der Leitung eines Psychoanalytikers stehen. Damit würde in den Besprechungen ein integrierender Faktor etabliert.
6. Identifikationsmöglichkeiten sollten dem Patienten durch eine

einzeltherapeutische Beziehung erleichtert werden. Dadurch sollte aber nicht ausschließlich die psychoanalytische Einzeltherapie wieder in die Klinik eingeführt werden, da sonst die Gruppensituation in der Klinik verleugnet würde. Jedoch hatte die Betonung des Gruppenaspektes, sowohl in der Gruppentherapie als auch in der Gruppenarbeit auf der Station, bei den Patienten zu Orientierungsproblemen und zur Verstärkung der Regression geführt.

Auf der Basis dieser Schlußfolgerungen entwarfen wir im Jahre 1977 unter neuen institutionellen und personellen Bedingungen ein neues integratives Behandlungskonzept. Behandlungskonzepte und Organisationsformen, wie sie z. B. von Fürstenau et al. (1970) und Arfsten und Hoffmann (1978) beschrieben wurden, bereicherten dabei unser theoretisches und praktisches Verständnis. Des weiteren sahen wir in der fortentwickelten psychoanalytischen Technik (vgl. Kap. 2.2) zur Behandlung strukturell ichgestörter Patienten Ansätze, die sich auch in einer stationären psychoanalytischen Therapie verwirklichen ließen. Gründete unsere Behandlungsstrategie in dem bipolaren Modell weitgehend auf der Bearbeitung von Widerstand und Übertragung innerhalb der Gruppentherapie, so wollten wir in dem neuen, integrativen Modell stärker die Aspekte berücksichtigen, die sich aus der Behandlung strukturell ichgestörter Patienten und aus der veränderten Auffassung von Übertragung ergaben.

4.3 Integratives Modell stationärer psychoanalytischer Therapie (Modell 2)

Einige institutionelle und personelle Bedingungen

Die Klinik ist eine eigenständige Klinik an der Rheinischen Landes- und Hochschulklinik, zu der außerdem eine Klinik für Allgemeine Psychiatrie und Kinder- und Jugendpsychiatrie gehört. In der Klinik stehen 30 Behandlungsplätze auf zwei Stationen mit je 15 Betten zur Verfügung. Sie hat eine eigene Ambulanz, in der die überwiesenen Patienten voruntersucht werden. Eine direkte Aufnahme ohne Voruntersuchung ist nicht möglich.

In einer sog. *Diagnose-Konferenz*, an der alle Therapeuten teilnehmen, wird für alle Patienten die Indikation zur ambulanten oder stationären Psychotherapie gestellt. Alle 10 ärztlichen und psychologischen Mitarbeiter (3 Psychologen, 7 Ärzte) haben im Sinne der integrativen Teamkonzeption (s. u.) Aufgaben sowohl in der »Vorschaltambulanz« als auch auf der Station. Auf die psychoanalytische Diagnostik und die Indikationsstellung möchte ich an anderer Stelle ausführlicher eingehen. Wir behandeln mit Ausnahme von akuten Psychosen, entzugsbedürftigem Alkoholismus oder anderen Drogenabhängigkeiten aus klinisch symptomatologischer Sicht insbesondere: Neurosen mit erheblich symptombedingter Einschränkung, z. B. schwere Hysterien, Zwangsneurosen, Agoraphobie, Angstneurosen, Herzneurosen, suizidale Depressionen und Medikamentenabhängigkeit sowie Persönlichkeitsstörungen, z. B. Borderline-Persönlichkeitsstrukturen und psychosomatische Erkrankungen, wie z. B. schwere funktionelle Organstörungen, Anorexien, Bulimien, Colitis ulcerosa, Morbus Crohn, Hypertonien, schwere Migräneformen und manche Fälle von Asthma bronchiale.

Der leitende Arzt und die beiden Oberärzte haben weitgehend beratende Funktionen. Alle ärztlichen und psychologischen Mitarbeiter sind oder waren in einer psychoanalytischen oder psychotherapeutischen Ausbildung. Auf der Station ist eine Schwesterngruppe von 12 Schwestern und einer Abteilungsschwester tätig. Da den Schwestern auch eine psychoanalytische Kompetenz zugestanden wird (s. u.), werden sie in klinikinternen Seminaren z. B. hinsichtlich allgemeiner und spezieller Neurosenlehre und Psychosomatik, psychoanalytischer Krankheitslehre, Grundlagen der analytischen Psychotherapie und Gruppentherapie sowie Organisationsdynamik weitergebildet.

Mehrere Schwestern folgten dem Rat, an einer psychoanalytischen Selbsterfahrungsgruppe teilzunehmen. In einer regelmäßig stattfindenden Schwestern-Balint-Gruppe werden sie im Erkennen von und im Umgang mit Beziehungsdynamik geschult. Über ein solches Weiterbildungsprogramm gewannen wir eine psychoanalytisch geschulte Schwesternschaft, die auch neu eingestellte Schwestern über ein Tutorensystem in unsere Arbeit einführen kann. Die analytisch weitergebildete Abteilungsschwester übernahm nach und nach Supervisionsfunktion für die Schwestern.

Des weiteren arbeiten eine speziell unter analytischen Gesichtspunkten ausgebildete Maltherapeutin (Gestaltungstherapeutin) und eine ebenso ausgebildete Musiktherapeutin vorwiegend in einzeltherapeutischen Arrangements, aber auch in Gruppenarrangements mit den Patienten. Später kam noch eine Bewegungstherapeutin hinzu. Jeder dieser Mitarbeiterinnen wird wöchentlich eine psychoanalytische Supervision angeboten, um ihre analytisch-methodische Kompetenz für den sensiblen »extraverbalen Bereich«* zu fördern.

Diese Berufsgruppen (ärztliche und psychologische Mitarbeiter, Schwestern, Mal-, Musik-, Bewegungstherapeutin) bilden das *therapeutische Gesamtteam.* Das integrative Konzept bestand in seinen Grundannahmen von Beginn der Klinik an, wenn auch einige Settingsanteile später eingeführt wurden, z. B. die Bewegungstherapie. Hier soll nicht die Entwicklung des Konzeptes und seine einzelnen Veränderungen diskutiert, sondern die Grundannahmen und organisatorischen Grundstrukturen dargelegt werden, wie sie für die Patienten vorlagen, die Ende 1977 bis ca. Mitte 1979 in unserer Klinik behandelt und bei denen die Evaluations-Untersuchungen (vgl. Kap. 4.4.3) durchgeführt wurden.

Die Grundannahmen

Die verschiedenen Gesichtspunkte, die wir aus der Analyse der Erfahrungen in dem bipolaren Modell für die Organisation des Settings gewonnen hatten (siehe Kap. 4.2), sollten in dem integrativen Modell in die Praxis umgesetzt werden. Innerhalb des stationären Raumes sollten die Patienten die Möglichkeit haben, ihre inneren Probleme in dem multipersonalen Beziehungsfeld zu reinszenieren, damit sie im »Hier und Jetzt« mit Hilfe der Therapeuten Einblick in die infantile Welt der Objektbeziehungen erhalten und über neue Einsichten und Erfahrungen in den therapeutischen Beziehungen eine innere Veränderung einleiten konnten. Nach dieser Zielsetzung sollte jede Interaktion und jede Objektwahl des Patienten im multipersonalen Beziehungsfeld auch daraufhin untersucht werden, ob sich in ihnen infantile Beziehungsmuster wiederholen. Jede Beziehung war deswegen auf zwei Ebenen zu betrachten: zum einen auf der Ebene des Arbeitsbündnisses in den realen Rahmenbedingungen und Settingsformen, zum anderen auf

* Eine Erläuterung des Begriffs vgl. S. 163 ff.

der Ebene der unbewußten Entfaltung infantiler Beziehungsmuster, also der Übertragungen.

Aus diesen Grundgedanken ergaben sich folgende organisatorische und therapeutische Prinzipien:

- Die Klinik mit ihren 30 Patienten auf 2 Stationen wurde in 4 Behandlungseinheiten eingeteilt, auf jeder Station eine Gruppe von 8 bis 10 Patienten und eine Gruppe von 5 bis 6 Patienten.*
- Die realen, organisatorischen Rahmenbedingungen dieser Gruppen sind die Aufnahme- und Entlassungsmodalitäten, Therapiezeiten (z. B. der Gruppentherapie, Einzeltherapie, Schwesternvisiten, Mal- und Musiktherapie), die Essenszeiten, Freizeitaktivitäten und Wochenendbeurlaubungen. Sie stellen insgesamt das Setting dar. Die üblicherweise als »Realbereich« beschriebenen organisatorischen Strukturen erhielten also in unserem Arrangement die Bedeutung der Rahmenbedingungen für den therapeutischen Prozeß.
- Alle Berufsgruppen sind in einer Behandlergruppe integriert. Jedem in dieser Gruppe sollte ein spezielles therapeutisches Interaktionsfeld zur Verfügung stehen.
- Das Team insgesamt und jeder in seinem Interaktionsfeld sollte für die Aufrechterhaltung der haltenden und grenzensetzenden Rahmenbedingungen wie auch für den therapeutischen Prozeß, das heißt die Entfaltung des Übertragungsgeschehens, verantwortlich sein.

Aus diesen Grundgedanken folgte auch, daß wir die Behandlungsdauer nicht von vornherein festlegen konnten, da die Dauer und Art und Weise der Entfaltung der Objektbeziehungen im individuellen Fall nicht vorhergesagt werden konnten. Im Behandlungsvertrag vor der Aufnahme teilten wir dem Patienten mit, daß wir aufgrund unserer Erfahrungen mit einer Mindestbehandlungsdauer von 4 Monaten rechneten, daß wir jedoch seine individuelle Behandlungsdauer rechtzeitig mit ihm besprechen würden. Dies verlangte von der Therapeutengruppe, sich über den Stand der Behandlung stets ein klares Bild zu machen, damit die Dauer der Behandlung den Kassen gegenüber bei entsprechenden Anfragen auch fachlich adäquat begründet werden konnte.

---

* Bei den kleineren Gruppen handelte es sich von Anfang an um homogene Gruppen, zum Teil mit einer speziellen Behandlungskonzeption.

Die Differenzierung der Therapiefelder und die analytisch-therapeutischen Aufgaben der verschiedenen Berufsgruppen

Aus den Grundannahmen könnte man leicht folgern, daß jeder alles tut. Diese Schlußfolgerung zogen wir nicht, sondern wir differenzierten die therapeutischen Aufgaben, wie sie sich aus der jeweiligen konkreten Situation des Therapiefeldes ergaben. In *Abbildung 5* sind die Settingsformen und die methodische Position jedes Interaktionsfeldes kurz zusammengefaßt. Die Bewegungstherapie war zwar zum Zeitpunkt der Untersuchung noch nicht eingeführt, sollte aber dennoch hier aufgeführt werden. Später werde ich in einer ausführlichen Diskussion und theoretischen Erläuterung auf diese Abbildung zurückkommen (vgl. Kap. 5).

1. Die *stationäre psychoanalytische Gruppentherapie* wird in halboffenen und nicht geschlossenen Gruppen von ca. 8 bis 10 Patienten bzw. 5 bis 6 Patienten durchgeführt. Die Patienten werden erst aufgenommen, wenn ein Patient aus der Gruppe ausgeschieden ist, und er verläßt die Gruppe erst, wenn seine stationäre Behandlung abgeschlossen ist. Die Gruppe trifft sich viermal in der Woche je eine Stunde. Die zwei größeren Gruppen werden von analytischen Gruppentherapeuten bzw. -therapeutinnen und einer Schwester als Ko-Therapeutin, die eine eigene Selbsterfahrungsgruppe absolviert haben soll, geleitet. In den beiden kleineren Gruppen ist nur ein Gruppentherapeut anwesend. Der Erfahrungshintergrund der Gruppentherapeuten ist verschieden. Die wöchentlichen Gruppensupervisionen (Beobachtungen hinter dem Einwegspiegel und anschließende Diskussion in der gesamten Therapeutengruppe) haben die Funktion, eine gewisse gemeinsame Basis für das Verständnis von Gruppenprozessen zu erarbeiten. Meine Konzeption der Rolle des Gruppenanalytikers und des Beraters ist auch im Hinblick auf stationäre Gruppentherapie weitgehend an dem mehrdimensionalen Konzept von Foulkes (1964, 1975) orientiert und umfaßt die verschiedenen Ebenen der Psychodynamik in der Kleingruppe: die reflexiv-interaktionelle, die ödipale und die präödipale Ebene (vgl. Heigl-Evers und Heigl 1973 b, Kutter 1978, Sandner 1978).

Die Erfahrungen mit der Gruppentherapie im bipolaren Modell führten zu einer Ausweitung der an der ambulanten Kleingruppe

Aufgabe aller: Aufrechterhaltung der Rahmenbedingungen für den therapeutischen Prozeß (haltende und grenzensetzende Funktion)

Setting	*Methodische Position*
1. Analytische Gruppentherapie (4× pro Woche 1 Stunde) Gruppentherapeut + Ko-Therapie durch Schwester	Interpretativer und konfrontativer Umgang mit der mehrdimensionalen Übertragungsentfaltung in der interaktionellen Re-Inszenierung. Beachtung des Großgruppenprozesses, Zusammenhang mit Stationsprozessen, aktuellen Gruppenprozessen und individuellen Prozessen einzelner Patienten.
2. Analytische Einzeltherapie, ca. 2–3 prästationäre Erstuntersuchungen, fakultative Sitzungen während des Aufenthaltes, ca. 5 poststationäre Sitzungen	Aufrechterhaltung des Arbeitsbündnisses. Hilfs-Ich-Funktionen bei regressiven Prozessen. Interpretativer-konfrontativer Umgang, Fokalisierung und Koordinierung des therapeutischen Prozesses. Regelung der Aufnahme und Entlassung. Abfassung von Berichten.
3. Station als Bereich der Schwestern mit geplanten Schwesternvisiten (2× täglich) und ungeplanten Kontakten	Versorgendes, diatrophisches Beziehungsangebot und Anhalten zur verbalen Mitteilung von Klagen, Problemen, Beschwerden u. a. Rahmen- bzw. settingbezogene Interventionen. Klärende, konkretisierende Interventionen mit Hinweisen auf manifestes Verhalten und Aktionen, auch Deutungen der Beziehungsmuster.
4. Stationsarzt (Sprechstunde)	Entgegennahme der somatischen Klagen. Falls erforderlich, organmedizinische Behandlungen. Umgang mit anderen medizinischen Institutionen bei Konsiliaruntersuchungen.
5. Musiktherapie	Produktive Musiktherapie als Selbst-Darstellung und Affekt-Aktualisierung. Kommunikative Musiktherapie als Interaktion mit dem antwortenden Objekt (Musiktherapeutin) auf dem jeweiligen psychodynamischen Beziehungsniveau (von symbiotisch bis ödipal).
6. Maltherapie	Vergegenständlichung innerer Bilder und Zustände im bildnerischen Produkt als Spiegel des Selbst (ichstützende Funktion).
7. Bewegungstherapie	Förderung der Kommunikation der Gruppenmitglieder untereinander. Entspannungsübungen mit Förderung des Körpererlebens.

Abb. 5: Differenzierung der Therapiefelder nach Setting und Methode (Essener Modell)

orientierten Auffassungen über Art und Weise der Intervention. Es sollten nicht nur die Prozesse in der Kleingruppe, z. B. die Übertragungen auf den Gruppentherapeuten bzw. das Gruppentherapeutenpaar, sondern auch die Prozesse in der Klinik und die Übertragungen auf andere Therapeuten beachtet werden. Die Gruppentherapeuten müssen also eine interpretative Bearbeitung der Interaktionen im Großgruppen-Geschehen der Station im Auge haben. Alle Übertragungskonstellationen sollen im »Hier und Jetzt« bearbeitet werden. Die klärenden und deutenden Interpretationen können sich also auf den Umgang der Patienten mit den Rahmenbedingungen, auf die Interaktionen der Patienten untereinander, ihre Einstellungen, Erfahrungen und Phantasien beziehen.

Die Schwester als Ko-Therapeutin soll die Station repräsentieren und kann Stationsereignisse sowie Aktionen der Patienten auf der Station in die Gruppentherapie einbringen. Da sie als Schwester stets auch in das Beziehungsfeld der Station involviert ist, können auch Übertragungsreaktionen auf die Schwester wie auf die Schwesterngruppe insgesamt bearbeitet werden. Die Paarkonstellation Gruppentherapeut – Schwester ist zugleich ein »Übertragungsauslöser« und kann die »Ödipalisierung« der meist präödipal, symbiotisch mit der Mutter (Schwester, Einzeltherapeut) verklammerten Patienten fördern.

2. In der *analytischen Einzeltherapie* soll der Therapeut, der im ambulanten Erstinterview eine Beziehung zum Patienten begonnen hat, die Dualbeziehung in der klinischen Behandlung aufrechterhalten. Im Vergleich zur Gruppentherapie soll der Einzeltherapeut mehr die Ich- und Selbstentwicklung des Patienten und die Aufrechterhaltung des Arbeitsbündnisses im Auge haben. Er kann auch den Patienten im Sinne eines Hilfs-Ichs unterstützen und bei Ichdesintegrationen in stärkeren regressiven Prozessen stellvertretend Ichfunktionen übernehmen. Hält er es für erforderlich, so kann er Übertragungen im »Hier und Jetzt« interpretativ bearbeiten oder den therapeutischen Prozeß fokalisieren.

Er soll dem Patienten in einer begrenzten poststationären Behandlung in ca. 5 Einzelsitzungen zur Durcharbeitung der Trennungsprozesse und der Reintegration in das soziale Umfeld zur Verfügung stehen sowie mit ihm möglicherweise notwendige weitere ambulante psychotherapeutische Behandlungen beraten.

3. Die Station ist das therapeutische Feld der *Schwestern*. Diese haben sowohl geplante Kontakte mit dem Patienten in der zweimal täglich stattfindenden Visite von ca. 15 Minuten wie auch ungeplante Kontakte, wenn Patienten sich mit ihnen unterhalten wollen, sie nach Medikamenten fragen oder andere Versorgungswünsche haben. Die Schwestern empfangen bei der Aufnahme den Patienten auf der Station, führen ihn in das gesamte stationäre Arrangement ein und begleiten ihn während der ganzen Therapie in allen therapeutischen und nicht-therapeutischen Fragen. Die Schwestern-Visiten werden nach einem rotierenden System durchgeführt, d. h. daß jede Schwester einer Station jedem Patienten in regelmäßigen Abständen begegnet.

Ihre therapeutischen Funktionen lassen sich an dieser Stelle folgendermaßen zusammenfassen: Von den Patienten wird ihr Beziehungsangebot zunächst als diatrophisches, versorgendes, haltgebendes erfahren werden können, denn sie versorgen auf der Station und erklären das stationäre, komplexe Arrangement. Bei den Visiten regen sie den Patienten an, Beschwerden, Schmerzen, Sorgen, personale oder interpersonale Konflikte oder solche mit dem Stationssetting vorzubringen. Die Schwestern sollen ihnen zuhören, ihre Darstellungen fördern, ihnen Halt bieten und nicht reglementieren. In ihren Interventionen sind sie an den interaktionellen Prozessen und dem manifesten Verhalten orientiert und können ein offenes und auch persönliches Feedback geben. Ihre Interventionen können klärenden, konkretisierenden, manchmal auch deutenden Charakter haben. Eine wichtige Aufgabe ist, die häufigen Konflikte der Patienten mit dem Setting anzusprechen und den Patienten zur Reflexion über seine Aktionen anzuhalten.

4. Der eng mit dem Schwesternbereich zusammenarbeitende *Stationsarzt*, – er soll nicht Einzeltherapeut des gleichen Patienten sein – soll sich in seiner *Sprechstunde* auf die Entgegennahme der somatischen Klagen begrenzen, organmedizinische Behandlungen, z. B. Medikationen, sowie erforderliche Überweisungen an andere medizinische Institutionen vornehmen. Er soll dem Team helfen zu unterscheiden, ob der Patient in seinen somatischen Klagen oder seinem Drängen nach neuen medizinischen Untersuchungen den inneren Problemen ausweichen möchte oder ob konkrete medizinische Maßnahmen innerhalb oder außerhalb der Klinik erforderlich sind. Für den Patienten ist der Stationsarzt während

des stationären Aufenthaltes gewissermaßen der »Hausarzt« und für das Therapeutenteam ein Hilfs-Ich bei somatisierenden Patienten, die wegen ihres somatischen Zustandes erhebliche Unruhen auslösen können, z. B. bei Anorexie-Patienten.

5. Die Praxis der psychoanalytisch begründeten *Musiktherapie* ist überwiegend an musiktherapeutischen Richtungen orientiert, die die aktive, produktive und kommunikative Musiktherapie betonen, enthält aber auch Ansätze der rezeptiven Musiktherapie (vgl. dazu Willms 1975, Schmölz 1976, Strobel und Huppmann 1978). Weitgehend unter Nutzung des Orffschen Instrumentariums und des Klaviers sollen die einzelnen Schritte der Musiktherapie vorwiegend in einem dualen Setting stattfinden. In der Musiktherapie wird auch häufig die pentatonische Musik angewandt. In diesem Tonsystem kann das Ich eine subjektive Tongestaltung entwickeln, weil die Gestaltung der musikalischen Ordnung nicht von gelernten musikalischen Engrammen abhängig ist, sondern von der intrapsychischen Dynamik des Patienten.

Zu Beginn der Musiktherapie soll ein Gespräch mit dem Patienten über seine Hörgewohnheiten, Musikvorlieben und Empfindungen beim Musikhören stehen. Der musiktherapeutische Prozeß kann auch durch Musikhören zusammen mit der Therapeutin eingeleitet werden. Patienten, die sich bei der aktiven Musiktherapie ängstlich, unsicher und mißtrauisch zeigen, können durch Vorspielen von einfachen Ton- und Klangfolgen durch die Therapeutin zur weiteren Musiktherapie angeregt werden. Die aktive Musiktherapie soll mit Einzelton-Spielen des Patienten, auch im Wechselspiel mit der Therapeutin, beginnen. Es folgen Mehrtonspielen, Produktionen von Musikkompositionen nach der jeweiligen affektiven Stimmungslage und schließlich freie Improvisation mit der Therapeutin sowie gemeinsames Musizieren. Bei jeder Phase der aktiven Musiktherapie regt die Musiktherapeutin den Patienten nach Beendigung der musikalischen Darstellung oder Interaktion zu Einfällen über sein Erleben während des Musizierens an. Aus seinen Einfällen und den Mitteilungen der Musiktherapeutin über ihre Wahrnehmungen soll versucht werden, die Gestalt der musikalischen Selbst-Darstellung bzw. der Interaktion auch sprachlich zu verdeutlichen.

6. In der *Maltherapie* (Einzel- oder Gruppensitzungen) soll der Patient mit Hilfe der klärenden und konkretisierenden Interven-

tion der Maltherapeutin in der »Vergegenständlichung« innerer Bilder und Zustände im bildnerischen Produkt sich entdecken lernen. Der Patient soll spontan die sich ihm aufdrängenden Formen und Farben malen und sich dabei nach seinen Einfällen und seinem affektiven Befinden richten. Die Patienten wählen hierfür z. B. folgende Themen: Angst vor der bildnerischen Darstellung, bestimmte Affekte wie Verlassenheitsgefühle und Wut, Träume, Märchen, Familienszenen, Beziehungen zu primären Objekten, zu Partnern, zu Therapeuten usw. Manchmal kristallisiert sich für den Patienten erst nach einer verbalen Klärung der Einfälle ein Thema heraus, z. B. bei einer intensiven Beschäftigung mit stationären Ereignissen. Die Maltherapeutin regt den Patienten stets an, die Einfälle und Empfindungen zunächst bildhaft darzustellen und erst nach diesem Prozeß das Bild zu betrachten und Einfälle dazu zu bringen.

Entsprechend den Grundannahmen soll sich der therapeutische Prozeß zwischen dem Patienten bzw. der Patientengruppe und der Behandlergruppe entwickeln und nicht isoliert in den einzelnen therapeutischen Feldern (vgl. *Abb. 7*, S. 134). Der therapeutische Prozeß ist also konzeptualisiert als Intergruppenprozeß zwischen Patienten- und Therapeutengruppe. Das therapeutische Geschehen spielt sich in dem Raum zwischen den beiden Gruppen ab. Dieser Raum ist strukturiert durch das jeweilige Beziehungsfeld, das der Patient, entsprechend seiner Re-Inszenierung der infantilen Beziehungsmuster, unterschiedlich besetzt, wie ich noch zeigen werde.

Die Konferenzen

Nach unseren Grundannahmen leistet das Team gemeinsam die therapeutische Aufgabe und nicht ein Therapeut allein in der Dualbeziehung oder in der Therapeut-Gruppen-Beziehung. Das Behandlungsteam bietet dazu differenzierte Beziehungen (s. o.) und deren Integration in das Team. Voraussetzung für diese Integration ist ein kontinuierlicher, offener Austausch über die Erfahrungen in den Interaktionen mit dem Patienten. Dies ist die Grundregel für das Team.

Der Austausch geschieht in den Konferenzen. Das Team kann m. E. seine Aufgaben jedoch nur erfüllen, wenn es sich einer integrierenden Instanz bedienen kann. Als eine solche Instanz ist die Figur des »psychoanalytischen Beraters« gedacht, der die Besprechungen leitet. Der Leiter der Klinik und die Oberärzte nehmen diese Funktion für das Behandlerteam in Erfüllung ihrer psychoanalytischen Aufgaben für die Gesamttherapie wahr. Deswegen haben sie auch selbst keinen direkten Kontakt zu den Patienten.

Da die gruppendynamischen Prozesse im Team und das Konzept der psychoanalytischen Beratung später ausführlich behandelt werden (Kap. 5), möchte ich mich hier auf die Darstellung der organisatorischen Regelungen für die Konferenzen beschränken. Für die einzelnen Konferenzen sind Aufgaben, Teilnehmer sowie Dauer (meistens eine Stunde) festgelegt. Bis auf die Diagnosekonferenz sind alle weiteren multiprofessionelle Besprechungen. Die meisten werden vom Berater protokolliert, und dieses Protokoll wird den Therapeuten zur Verfügung gestellt.

1. Diagnosekonferenz (4× pro Woche): Der erstuntersuchende Therapeut, der während einer stationären Behandlung die Einzeltherapie des Patienten übernimmt, stellt in dieser Konferenz seinen Patienten vor. Die Psychotherapeutengruppe erarbeitet eine psychodynamische Diagnose (vgl. *Abb. 6*, S. 111) und stellt die Indikation zur ambulanten oder stationären Psychotherapie. Aus der psychodynamischen Diagnose leitet sich auch das individuelle Behandlungsziel ab, das im Protokoll festgehalten wird.

2. Stationskonferenz: Für jedes der vier Behandlungsteams ist einmal pro Woche eine solche Konferenz eingerichtet. Die Konferenz wählt die Themen, die jedoch überwiegend aktuell sein sollten, weitgehend frei. Es können Probleme mit einem oder auch mehreren Patienten besprochen werden, medizinische Versorgungsfragen (z. B. Medikamentengebrauch), aber auch Teamkonflikte. Für diese Konferenzen ist lediglich festgelegt, daß ca. eine Woche nach der Aufnahme des Patienten die »Eingangsszene« besprochen wird, d. h. wie der Patient sich in den einzelnen Feldern darstellt. Des weiteren sollen Entlassungsfragen und Entlassungsszenen eingebracht werden. An dieser Konferenz nehmen nur die Therapeuten teil, die zum jeweiligen Behandlerteam gehören.

3. Verlaufskonferenz: In Abständen von ein bis zwei Monaten soll für jeden Patienten ausführlich im jeweiligen Behandlerteam der Verlauf der Therapie diskutiert werden. Das Team untersucht

die Beziehungsmuster des Patienten in den einzelnen therapeutischen Feldern und versucht, eine Verlaufsgestalt in der Re-Inszenierung der infantilen Objektbeziehungsmuster festzustellen. Danach wird das weitere therapeutische Vorgehen besprochen. An dieser Konferenz nehmen alle Therapeuten teil, die zu dem Patienten einen direkten therapeutischen Kontakt haben.

4. Gruppenprozeß-Konferenz: Nach der einstündigen Beobachtung der jeweiligen Gruppe hinter dem Einwegspiegel wird in der darauffolgenden Stunde im jeweiligen Behandlerteam ausführlich der aktuelle Gruppenprozeß und seine Entwicklung durchgearbeitet. Dabei werden auch die Entwicklungen in den verschiedenen anderen therapeutischen Feldern zum Vergleich herangezogen. Dadurch kann der Gruppenprozeß in einen Zusammenhang mit Prozessen in den anderen Feldern gebracht werden.

5. Gesamtteam-Konferenz: Diese Konferenz findet einmal pro Woche statt. An ihr nimmt das gesamte Team (vier Behandlungseinheiten) teil. Inhalte dieser Konferenz, die vor dem Wochenende stattfindet, sind überwiegend »Problempatienten«, z. B. vor einer Wochenendbeurlaubung, Szenen aus der Woche mit diesen Patienten, aber auch intragruppale Konflikte der Patientengruppe oder der Therapeutengruppe, besonders heftige Aktionen der Patienten usw., und schließlich organisatorische Fragen, die das gesamte Team betreffen.

6. Abschlußkonferenz: In dieser stellt der Einzeltherapeut vier bis sechs Monate nach Abschluß der stationären Behandlung schwerpunktmäßig den poststationären Verlauf der Behandlung dar. Retrospektiv sollen aber auch die gesamte stationäre Behandlung und die Entlassungsszene nochmals betrachtet werden. Aus dem Ergebnis werden weitere therapeutische Maßnahmen abgeleitet.

Neben diesen Konferenzen gibt es verschiedene organisatorische Besprechungen mit der Ärzte-Psychologen-Gruppe (z. B. Klärungen von Aufnahmeterminen, Vergabe von ambulanten Voruntersuchungen), organisatorische und therapeutische Besprechungen der Klinikleitung sowie die schon erwähnte Einzelberatung der Musik-, Mal- und Bewegungstherapeutinnen. Auch hält das Gesamtteam in Abständen Diskussionsrunden über Fragen des Settings und der therapeutischen Methoden ab.

4.4 Evaluation der Modelle

4.4.1 Anmerkungen zur Evaluationsforschung in der Psychotherapie

Von grundsätzlicher Bedeutung für die Weiterentwicklung der Methodik stationärer Psychotherapie ist es, Reichweite und Wirksamkeit der Behandlungskonzeptionen zu untersuchen. In einer Stichprobe untersuchte und verglich ich daher die Therapieresultate der beiden Behandlungskonzepte (ausführlich in Janssen 1980).

Die Kontrolle der Therapieresultate in der stationären psychoanalytischen Therapie steht vor denselben methodischen Problemen, wie sie grundsätzlich für analytische Psychotherapie beschrieben werden (Dührssen 1962, Dührssen und Jorswieck 1965, Cremerius 1962, 1968, Bergin 1971, Malan 1973, Graupe 1975, Göllner und Deter 1979, Kächele 1981). Auf die gesamten Probleme der Effektivitäts- und Prozeßforschung kann hier im einzelnen nicht eingegangen werden. Eine gute Übersicht gibt die Arbeit von Kächele (1981).

Der Untersuchung liegt die wissenschaftstheoretische Position der Psychoanalyse als Erfahrungswissenschaft zugrunde. Wie Brenner (1968) herausstellt, ist die Psychoanalyse primär eine deskriptive Wissenschaft, die ihre Erkenntnisse über die Beobachtung und deren Interpretation gewinnt. Die systematische Bearbeitung des Materials in der psychoanalytischen Situation, die Hypothesenbildungen, die Registrierungen und Auswertungen der Beobachtungen und ihre Interpretation sind Gegenstand des psychoanalytischen Prozesses. Er führt zu der *Position des therapeutischen Forschens*.

Die Methodik der Untersuchung sollte aus klinischer Sicht verschiedenen Bedingungen entsprechen. Das Untersuchungsinstrumentarium sollte praktikabel, an den klinischen Rahmenbedingungen orientiert sein und sich zu einem Routineverfahren entwickeln lassen, das der ständigen Überprüfung der therapeutischen Praxis dienen könnte. Ein Vorgehen, wie Thomä und Houben (1967) es für die Validierung der psychoanalytischen Therapie und der Untersuchung der Deutungsprozesse vorschlagen, ist in der stationären Psychotherapie nicht anwendbar. Es können kaum einzelne

Therapieangebote getrennt untersucht werden. Nur die Wirksamkeit des gesamten stationären Therapieangebotes läßt sich überprüfen. Welche Untersuchungsmethoden sind nun für stationäre Behandlungsverfahren geeignet?

In dem Psychotherapie-Forschungsprojekt der Menniger-Klinik (vgl. Kernberg et al. 1972) und den Untersuchungen Malans (1963) wurden naturalistische Untersuchungsmethoden angewandt (vgl. Remplein 1977). In dem Forschungsprojekt der Menninger-Klinik z. B. sammelte eine Forschergruppe die verschiedenen Daten aus den Routineberichten der Therapeuten und verarbeitete sie als klinische Fallstudien. Darüber hinaus wurden auch Vorhersagestudien und quantitative Studien durchgeführt. Bei der Bewertung der Therapieresultate spielte die klinische Beurteilung nach einem psychoanalytischen Theorie- und Therapieverständnis eine entscheidende Rolle. Malan (1963) erstellte in seinen Untersuchungen zu Ergebnissen der psychoanalytischen Fokaltherapie Bewertungs- und Behandlungsformulare für die jeweilige Therapie bzw. den jeweiligen Therapeuten und verarbeitete die daraus gewonnenen Daten retrospektiv unter psychoanalytischen Gesichtspunkten. Die Gruppe der Therapeuten – er nannte sie »Werkstatt« – diente ihm als Kontrollinstrument.

Das methodische Vorgehen Malans (1963, 1976) schien mir, wie bereits anderen Psychoanalytikern vor mir, auch für eine quantifizierende Studie zur stationären Psychotherapie geeignet. So richtete sich zum Beispiel Meyer (1978) bei seinen Ergebnisuntersuchungen zur analytischen Kurztherapie psychosomatisch Kranker nach Malans Vorschlägen. Auch die Heidelberger Klinik (Bräutigam et al. 1980, Engel et al. 1979 a, b) verwertete zur Erfolgsbeurteilung in der analytischen Psychotherapie neben objektivierenden und testpsychologischen Verfahren auch die Einschätzung von klinisch-psychoanalytischen Daten (z. B. Ichstärke, Überich-Pathologie, Integration der Triebe, Objektbeziehungen) durch Therapeut und Experten.

Malan (1976) hat für die Erforschung der Wirksamkeit analytischer Psychotherapie folgendes Vorgehen vorgeschlagen:

- Erstellung einer Liste mit allen bekannten Beschwerden und Symptomen;
- Erstellung psychodynamischer Hypothesen als psychoanalytische Erklärungsmodelle für die Symptombildung;

- Aufstellen von individuellen Kriterien für psychische Gesundheit für jeden einzelnen Patienten vor einem katamnestischen Interview;
- katamnestische Erhebungen durch ein Interview und Vergleich der Ergebnisse mit den zuvor aufgestellten Kriterien;
- Erstellung einer Bewertungsskala.

Kriterien für psychische Gesundheit zu formulieren bedeutet, Wertmaßstäbe anzulegen. Malans Wertmaßstäbe entstammen der Psychoanalyse, nach deren Ansicht harmonische zwischenmenschliche Beziehungen und heterosexuelle Befriedigung konstituierende Momente der seelischen Gesundheit sind. Malans Therapieziele sind indes Idealziele. Nach seiner Auffassung ist eine Symptombesserung, die mit einem sozialen Abstieg erkauft wird, nicht als Therapieerfolg zu beurteilen. Malan (1963) hat sich daher besonders mit fehlerhaften Beurteilungen der Besserungen befaßt, die er »Scheinlösungen« nannte. Um solche Trugschlüsse zu vermeiden, setzt er als »Meßverfahren« das psychoanalytische Interview ein. Ich teile seine Ansicht, wonach es das sicherste und kritischste Verfahren ist. (Vgl. auch z. B. Cremerius 1962, Beck und Lambelt 1972, Danckwardt 1976, Meyer 1978, Schwarz 1979, Bräutigam et al. 1980, Rüger 1981).

4.4.2 Eigenes Untersuchungsverfahren

Unter den stationären Bedingungen modifizierte ich daher das Verfahren Malans folgendermaßen:

Zur Gewinnung der *psychodynamischen Ausgangshypothese* wurde eine ausführliche Symptomliste unter Hinzuziehung der psychiatrischen und internistischen Voruntersuchungen aufgestellt und die psychodynamische Diagnose aufgrund des psychoanalytischen Erstintervies, der Anamneseerhebung und der Diskussion in der Therapeutengruppe formuliert. Auf der Basis dieser psychodynamischen Diagnose wurde in allen Fällen ein individuelles Behandlungsziel formuliert. In Abweichung von Malan (1963) war es nicht ein ideales Therapieziel, sondern ein jeweils am konkreten Fall orientiertes Behandlungsziel.

Zur Untersuchung der Veränderungen während des therapeutischen Prozesses legte ich im Modell 1 die Protokolle der Gruppentherapie und der Supervisionsgruppe zugrunde. Das Behandlungsergebnis wurde ca. zwei Monate nach Abschluß der stationären bzw. stationären und ambulanten Behandlung formuliert. Hierbei waren ich als Gruppentherapeut, der Gruppenbeobachter und teilweise die Supervisionsgruppe beteiligt.

Aus den Erfahrungen bei der Untersuchung in dem bipolaren Modell entwickelte ich ein klinisch praktikables Modell zur querschnittmäßigen Erfassung und Protokollierung des therapeutischen Prozesses. Ich legte Zeitpunkte fest, an denen die jeweils beobachteten und in der Therapeutengruppe durchgearbeiteten Prozesse schriftlich festgehalten wurden. Folgendes Verfahren ist *ständige Praxis in dem integrativen Modell (vgl. Kap. 4.3):*

1. Aufgrund des Berichts des Erstinterviewers wird in der Therapeutengruppe die *psychodynamische Ausgangshypothese* formuliert. Bei dieser Formulierung wird versucht, die in *Abbildung 6* genannten Aspekte der psychodynamischen Diagnose zu berücksichtigen, die in Anlehnung an G. und R. Blanck (1974, 1979) entwickelt wurde (Janssen 1980). Aus der Beschreibung der psychodynamischen Diagnose mit ihren verschiedenen Aspekten ergibt sich das individuelle Behandlungsziel.
2. Nach einem stationären Aufenthalt von einer Woche wird unter Berücksichtigung der Erstkontakte in *allen* therapeutischen Beziehungsfeldern und der Ausgangshypothese die *Eingangsszene* des Patienten untersucht. Danach wird unter Beratung eines Analytikers im Behandlerteam eine therapeutische Strategie entwickelt.
3. In Abständen von ein bis zwei Monaten bis zur Entlassung werden in Konferenzen *(Stationskonferenzen, Verlaufskonferenzen)* die Verhaltens- und Beziehungsmuster des Patienten in allen therapeutischen Feldern (Station, Schwestern-Beziehung, Gruppentherapeut-Beziehung, Einzeltherapeut-Beziehung, Mal-, Musik-, Bewegungstherapie) untersucht und in einem Protokoll festgehalten. Auf dieser Basis wird in der Behandlergruppe eine Interpretation der reaktualisierten infantilen Szene erarbeitet. Falls erforderlich, wird die psychodynamische Ausgangshypothese neu formuliert.
4. In einer sog. *Abschlußkonferenz,* vier bis sechs Monate nach Entlassung, wird im Behandlerteam festgestellt, wieviel an Veränderung im Hinblick auf die Ausgangshypothese erreicht wurde und wie die Objektbeziehungen des Patienten sich ent-

1. Symptomatik: Art, Dauer, Entwicklung
2. Triebentwicklungsniveau: Fixierung auf der oralen, analen, phallischen Stufe
3. Ich-Entwicklung:
   a) Ich-Stärke: Angst- und Frustrationstoleranz, Triebdurchbrüche
   b) Selbst-Objekt-Differenzierung: Identitätsdiffusion, Verschmelzungswünsche versus Selbst- und Objektkonstanz
   c) Ich-Funktionen: Denken, Sprache, Urteil, Realitätsprüfung, synthetische Leistungen
   d) Angstniveau: Angst aus Vernichtungsgefühl, Objektverlust, Liebesverlust, Bestrafung
   e) Abwehrniveau: z. B. Projektion, Spaltung, Wendung gegen die eigene Person, Isolierung, Verdrängung
4. Internalisierte Objektbeziehungsmuster: Erleben früher Objektbeziehungen, Elternbilder, reale Traumatisierungen, z. B. Heim
5. Überich-Konstellation: z. B. Selbstbestrafung, Schuldgefühle, rigide Normen
6. Selbst-Bilder: reales Selbst, Ich-Ideal, grandioses Selbst
7. Aktuelle interpersonale Beziehungsmuster: Familie, Partnerschaft, Beruf
8. Übertragung – Gegenübertragung
9. Behandlungsmotivation: Leidensdruck, Bedürfnisbefriedigung, Kränkungen, Konfliktbewußtsein

Abb. 6: Aspekte und Ordnungsgesichtspunkte der psychodynamischen Diagnose

wickelt haben. Prognostisch wird erwogen, welche Störungen auch in der Zukunft noch zu erwarten sind.

Retrospektiv beurteilte und bewertete ich den Behandlungsverlauf und die Ergebnisse an Hand der Protokolle über diese Konferenzen nach den von Malan (1963) ausgearbeiteten Kriterien:

1. Lösung des Konflikts;
2. Teillösungen:
   - wesentliche Besserungen in den zwischenmenschlichen Beziehungen ohne Besserung der Symptome, aber auch ohne ihre Verschlechterung;
   - begrenzte Besserung sowohl der zwischenmenschlichen Beziehungen als auch der Symptome;
3. Scheinlösungen:
   Verschwinden des Symptoms, zugleich aber Lösung des Konfliktes in den zwischenmenschlichen Beziehungen mittels Rückzugs aus ihnen.
4. Verschwinden des Symptoms bei nur minimaler Veränderung in den zwischenmenschlichen Beziehungen.

Die Beurteilungen wurden nach dem Punktesystem Malans vorgenommen:

- *3 Punkte* für nachgewiesene erhebliche Lösung des Hauptproblems
- *2 Punkte* für begrenzte Lösung des Hauptproblems, z. B. die verschiedenen Teillösungen
- *1 Punkt* für erhebliche Symptombesserung ohne merkliche Veränderung der zwischenmenschlichen Beziehungen und auch für brauchbare Scheinlösungen
- *0 Punkte* für unverändert oder verschlechtert

Die eigentlichen *katamnestischen Untersuchungen* sollten über die Beurteilung der Wirkung der stationären Therapie hinaus ermitteln, wie stabil die einmal erreichten Veränderungen bei Einwirkungen aus dem sozialen Umfeld sind bzw. inwieweit doch der Patient wieder unter dem Druck und der Verführung seitens der Bezugspersonen pathologische Objektbeziehungen herstellt. Die Untersuchungen erstreckten sich in Modell 1 über einen Zeitraum von bis zu drei Jahren nach der stationären Therapie (siehe Tab. 1 im Anhang). In *Modell 1* wurden die Katamnesen von mir als Gruppentherapeut selber und von dem nicht direkt an der Therapie beteiligten Gruppenbeobachter erhoben.* Wir verglichen unsere Beurteilungen und bewerteten die Veränderungen nach dem oben angeführten Punktesystem.

Kernstück der Katamnese war ein semistrukturiertes psychoanalytisches Inverview von 1 bis 1½ Stunden Dauer. Wir sprachen mit dem Patienten über seine aktuelle Situation, seine Symptome, seine interpersonellen Beziehungen, seine berufliche und familiäre Situation, die Beziehungen zu Freunden und sein Verhalten in anderen sozialen Situationen. Sein spezielles Konfliktverhalten innerhalb von Beziehungen und sozialen Situationen interpretierten wir unter psychoanalytischen Gesichtspunkten. Des weiteren erfragten wir Krankenhausaufenthalte, psychiatrische oder psychotherapeutische Weiterbehandlungen, Medikamenteneinnahme, Arbeitsfähigkeit, Veränderungen in der beruflichen Tätigkeit. Auch interessierten wir uns für die Erfahrungen mit der zurückliegenden stationären Behandlung sowie für die retrospektiven Beurteilungen der Gesamtbehandlung und der einzelnen therapeutischen Angebote.

Die katamnestischen Untersuchungen in *Modell 2* übernahm drei bis fünf Jahre nach Abschluß der stationären Behandlung ein nicht an der Therapie beteiligter Therapeut (R. Schwennbeck). Neben Testverfahren, Gießener Beschwerdefragebogen und einem standardisierten Fragebogen über die oben aufgeführten Kriterien legte er seiner Idealtherapieziel-Formulierung eine psychodynamische Hypothese zugrunde, wie sie sich aus dem Behandlungsverlauf ergeben hatte. Für jeden einzelnen Fall entwickelte er aus den Protokollen spezifische Fragestellungen für die Katamnese. Die Bewertungen nach Abschluß der stationären Therapie waren ihm nicht zugänglich. Kernstück dieser katamnestischen Untersuchung war ein semistrukturiertes psychoanalytisches Interview über die aktuelle Situation, die Symptomentwicklung und insbesondere über den sensiblen Indikator der Qualität aktueller Objektbeziehungen. Danach formulierte er die aktuelle psychodynamische Diagnose und beurteilte das Therapieresultat im Vergleich zu dem Idealtherapieziel. Da diese Untersuchungen noch nicht vollständig ausgewertet sind, können hier nur die Ergebnisse bei den ersten 20 Patienten mitgeteilt werden (Janssen und Schwennbeck 1983).

---

* Ich danke Frau Dipl.-Psych. Busse-Simonis für die Mitarbeit.

Bei Ausnutzung und Bewertung aller zur Verfügung stehenden Daten störte ein solches methodisches Vorgehen am wenigsten den therapeutischen Prozeß. Es entsprach am ehesten der Realität der stationären Psychotherapie. Außerdem ermöglichte es, ohne unabhängiges Forschungsteam die jeweiligen Behandlungsergebnise zu überprüfen, um damit auch Grundlagen für weitere, methodisch aufwendigere Untersuchungen zu schaffen.

4.4.3 Therapieresultate in Modell 1 und 2

Insgesamt untersuchten wir die Therapieresultate von 87 Patienten. Aus dem Modell 1 gingen 31 Patienten in die Untersuchungen ein. Sie stammten aus vier geschlossenen Gruppen, die in den Jahren 1972 bis 1976 behandelt wurden. Es handelte sich um 17 Frauen und 14 Männer im Alter von 19 bis 42 mit einem Durchschnittsalter von 26,2 Jahren. Aus Modell 2 wurden 56 Patienten untersucht, die von Ende 1977 bis ca. Mitte 1979 behandelt wurden. Es handelte sich um 34 Frauen und 22 Männer im Alter von 19 bis 49 Jahren mit einem Durchschnittsalter von 30 Jahren.

In *Tabelle 1* (siehe Anhang) sind folgende Daten der 87 untersuchten Patienten aufgeführt: Alter, Geschlecht, Zivilstand, Beruf, vollständige Symptomliste, Dauer der Symptomatik, Diagnose, Therapiedauer, Therapieresultat zwei bis sechs Monate nach Therapieende sowie Ergebnisse der katamnestischen Erhebung in Monaten nach der Therapie (nur Modell 1). *Die Patienten Nr. 1 bis 31 wurden in dem Modell 1, die Patienten Nr. 32 bis 87 im Modell 2 behandelt.* Bei zwei Gruppen (Patienten Nr. 17 bis 31) wurde die einjährige ambulante Gruppentherapie nach dem stationären Aufenthalt mit berücksichtigt und die Bewertung nach der ambulanten Gruppentherapie vorgenommen.

Einige *Sozialdaten* der Patienten sind in *Tabelle 2* (siehe Anhang) zusammengestellt. Es ist ersichtlich, daß überwiegend Frauen zur stationären Psychotherapie kommen. Dies entspricht der allgemeinen Erfahrung, daß Frauen häufiger als Männer eine Psychotherapie in Anspruch nehmen. Vom beruflichen Status gesehen ist die Gruppe der Auszubildenden (z. B. der Studenten im Modell 1) auffällig überrepräsentiert. Überwiegend kommen nichtakademische Angestellte und Beamte zur stationären Therapie, nie Selbständige und sehr selten akademische Angestellte oder

Beamte. Auch ungelernte Arbeiter sind in Modell 1 gar nicht und im Modell 2 unterrepräsentiert. Dafür nimmt aber die Zahl der Facharbeiter und der Hausfrauen in Modell 2 gegenüber Modell 1 erheblich zu. Die Daten sind jedoch nicht ausreichend, um daraus Schlußfolgerungen über die Beziehung von Sozialstatus und Motivation zur stationären Therapie ziehen zu können.

Faßt man die *Therapieresultate aller 87* Patienten zusammen, so zeigt sich (*Tabelle 3* siehe Anhang), daß 20,7% nicht gebessert wurden, 33,3% nur mäßige Therapieresultate und insgesamt 46% gute bzw. befriedigende Therapieresultate (Wertungen 3 und 2) aufwiesen. Betrachtet man die *Therapieresultate* jedoch *getrennt nach Modell 1 und 2*, so zeigen sich erhebliche Unterschiede. Die Rate der Patienten ohne Therapieerfolg ist mit 22,6% bzw. 19,6% etwa gleich. Im Modell 1 fanden sich jedoch deutlich mehr Patienten mit mäßigem Therapieergebnis (Wertung 1). Faßt man die guten bzw. befriedigenden Therapieerfolge (Wertung 3 und 2) zusammen, so sind solche Erfolge im Modell 1 bei lediglich 35,5%, dagegen im Modell 2 bei 51,8% der Patienten festzustellen. Dieser Unterschied ist hochsignifikant ($p > 1\%$)*. Die Therapieerfolge in Modell 2 liegen also deutlich höher als in Modell 1.

Bei den *katamnestischen Untersuchungen* konnten in Modell 1 29 von 31 Patienten (93,5%) erreicht werden. Eine Patientin war nach Suizidversuch verstorben (Nr. 4); ein Patient (Nr. 22) hatte die stationäre Therapie abgebrochen, befand sich zum Nachuntersuchungszeitpunkt in einer Suchtbehandlung und wollte nicht zur Nachuntersuchung kommen. Wann nach Therapieende die Katamnese durchgeführt wurde, ist für jeden Patienten in Tabelle 1 angegeben. Die Untersuchungen erstreckten sich über einen Zeitraum bis zu ca. drei Jahren nach Therapieende.

Aus dem Modell 2 konnten bisher 20 Patienten von 56 (35,7%) drei bis fünf Jahre nach der stationären Behandlung untersucht werden. Die Ergebnisse können vorerst nur Tendenzen aufzeigen, da die Auswertungen noch nicht abgeschlossen sind. Diese Tendenzen weisen zusammen mit den Ergebnissen aus Modell 1 darauf hin, wie stabil in den meisten Fällen die erzielten guten bzw. befriedigenden Therapieresultate sind.

Betrachtet man insgesamt die Ergebnisse der Katamnese *(Ta-*

---

* Chi^2-Test für Prozenthäufigkeit

belle 3) von 49 Patienten, so ergaben sich bei 51 % gute bzw. befriedigende Therapieresultate (Wertung 3 und 2). Dies spricht für die Stabilität der einmal therapeutisch erreichten Veränderungen in dem untersuchten Zeitraum. Langfristige Katamnesen müssen berücksichtigen, welche Faktoren aus dem sozialen Umfeld einen Einfluß auf das stationär erreichte Therapieergebnis haben. Bei günstigen sozialen Bedingungen (z. B. gesicherter Arbeitsplatz, finanzielle Unterstützung bei Fortsetzung des Studiums, Möglichkeiten zur weiteren ambulanten Psychotherapie, bereitwillige Hilfe von Angehörigen) fanden sich positive Verschiebungen der Wertung 1 nach 2 oder der Wertung 2 nach 3. Verschiebungen zu ungünstigeren Therapieresultaten hingen nicht selten mit pathologischen Familienkonstellationen, aber auch mit Verlust des Arbeitsplatzes aufgrund von Kündigung zusammen.

4.4.4 Analyse der Ergebnisse

Die bisher vorliegenden Untersuchungen zu Behandlungsergebnissen bei stationärer psychoanalytisch begründeter Psychotherapie habe ich in *Tabelle 1 a* (siehe Anhang) zusammengefaßt. In der Tabelle verweise ich darauf, welche Untersuchungen in den in Kap. 3 beschriebenen Behandlungsmodellen durchgeführt wurden. Eine methodenkritische Bewertung der einzelnen Untersuchungen soll hier nicht vorgenommen werden. Das methodische Spektrum reicht von der einfachen Fragebogenerhebung bis zu aufwendigem Forschungsdesign (Göllner et al. 1978, Kordy et al. 1983). In den letzten Jahren sind die methodischen Ansprüche, die an solche Ergebnisforschung gestellt werden, wesentlich höher (vgl. Kächele 1981).

Werden in den Untersuchungen die Besserungsraten angegeben, so liegen sie zwischen ca. 50 bis 80 %. Je länger die Katamnesedauer war und je aufwendiger und genauer das Untersuchungsinstrumentarium, um so niedriger ist die Besserungsrate. Inwieweit Unterschiede in den Behandlungskonzeptionen oder dem Patientengut verantwortlich für die divergierenden Besserungsraten sind, konnte ich nicht feststellen.

Von unseren 87 Patienten zeigten 46 % gute bzw. befriedigende Therapieresultate. Damit liegt das Ergebnis unter den üblicherweise angegebenen Psychotherapie-Erfolgen von zwei Drittel der behandelten Patienten. Es ist jedoch vergleichbar mit den Ergebnissen anderer Katamnesen (Göllner et al. 1978, Kordy et al. 1983). Sie gaben Besserungen von ca. 50% an. Rechne ich auch die mäßigen Therapieerfolge (z. B. erhebliche Symptombesserung, aber kaum veränderte Konfliktkonstellationen und zwischenmenschliche Beziehungen, brauchbare Scheinlösungen) hinzu, so erhöht sich der Anteil der gebesserten Patienten auf 79,3%. Dieses Ergebnis entspricht den Angaben anderer Untersucher. Ein systematischer Vergleich ist schwierig durchzuführen, weil sehr verschiedene Kriterien zur Beurteilung der Therapieresultate herangezogen wurden. Von Bedeutung für die Beantwortung der Frage, inwieweit die Behandlungskonzeption und die Organisationsformen den stationären therapeutischen Prozeß beeinflussen, ist das Ergebnis, daß gute bzw. befriedigende Therapieresultate im integrativen Therapiemodell (Modell 2) signifikant häufiger waren als im bipolaren Therapiemodell (Modell 1). Meine Hypothese, gewonnen aus der Erfahrung im bipolaren Modell, bestätigte sich: Die volle Nutzung der Charakteristika der stationären Therapie, also die Nutzung des gesamten multipersonalen Beziehungsangebotes als ein therapeutisches Angebot, kann die Effektivität der stationären Therapie, insbesondere für strukturell ichgestörte Patienten, erhöhen.

An anderer Stelle habe ich (Janssen 1980) eingehend die Variablen untersucht, die zu diesen Ergebnissen beigetragen haben:
- Patienten-Variablen: Symptomdauer, Leitsymptome, Alter der Patienten, Therapiemotivation, pathogene Psychodynamik.
- Psychosoziale Variablen: Familiäre Konstellationen und Beziehungsmuster, Partnerschaftsbeziehungen, weiterer sozialer Kontext.
- Behandlungsvariablen: Behandlungskonzept, Übertragungs-Gegenübertragungskonstellation, Behandlungsdauer.

Diese Untersuchungen sollen hier zusammengefaßt wiedergegeben werden: Bei der Untersuchung des Einflusses der Patienten-Variablen auf das Therapieresultat zeigte sich eine Abhängigkeit guter oder befriedigender Ergebnisse von der *Symptomdauer*. Je länger die Symptomdauer war – im Mittel 8,5 Jahre bei ungünstigen Therapieresultaten –, um so eher fanden sich mäßige oder schlechte Therapieresultate. Gute und befriedigende Therapieresultate konnten bei einer mittleren Symptomdauer von 5,8 Jahren erreicht werden. Dieses Ergebnis stimmt mit den prognostischen Kriterien neurotischer Erkrankungen überein, wie sie z. B. Heigl (1972) angibt.

Keinen nennenswerten Einfluß auf das Therapieresultat hatten *Leitsymptome* (psychisch, funktionell, organdestruktiv), *Alter des Patienten* und Therapiemotivation. Zwar zeigten sich Tendenzen – z. B. bessere Therapieergebnisse bei jüngeren Patienten –, jedoch waren die Ergebnisse nicht eindeutig.

Ein häufig genanntes positives Indikationskriterium der ambulanten Psychotherapie ist die *Therapiemotivation.* Sie liegt vor, wenn der Patient bereit ist, über seine inneren Vorgänge zu sprechen und sie zu reflektieren. Für stationäre Behandlungen besteht die Therapiemotivation in erster Linie darin, daß der Patient der stationären Aufnahme zustimmt. So fand ich auch positive therapeutische Prozesse bei Patienten, die zu Beginn nur einen Symptom-Leidensdruck, eine passive Erwartungshaltung zeigten oder distanziert waren. Erst im Laufe des stationären therapeutischen Prozesses konnte sich z. B. aus einem ausschließlich somatischen Angebot seitens des Patienten eine Psychotherapiemotivation entwickeln.

Ich untersuchte auch den *Schweregrad der pathogenen Psychodynamik* und seinen Einfluß auf das Therapieresultat. Dazu wählte ich aus der jeweiligen individuellen, psychodynamischen Konstellation einige spezielle psychodynamische Charakteristika aus und ordnete diese den Therapieergebnissen zu (vgl. *Tabelle 4*). Dabei berücksichtigte ich Struktur- und Entwicklungsaspekte: Der Strukturaspekt findet sich in der Unterscheidung zwischen neurotischen und strukturellen Ichstörungen. Neurotische Ichstörungen sind funktionelle Störungen, wobei die Ichfunktionen, z. B. das Denken oder die Realitätsprüfung, in den Trieb-Abwehr-Konflikt eingebunden sind. Bei strukturellen Ichstörungen dagegen sind bestimmte Ichfunktionen aufgrund eines Ichentwicklungsdefizites nicht disponibel (vgl. Fürstenau 1977 a). Mit der Unterscheidung von ödipalen und präödipalen Störungen soll die jeweilige Fixierung der Triebentwicklungsstufe gekennzeichnet werden, die sich in speziellen Objektbeziehungsmustern niederschlägt. Auch die

Feststellung des Angst- bzw. Abwehrniveaus erlaubt, zwischen psychogenetisch frühen und psychogenetisch späten Störungen zu unterscheiden.

Bei den Patienten in *Modell 1* war die Verteilung von ödipalen und präödipalen Objektbeziehungsmustern etwa gleich. Patienten mit ödipalen Objektbeziehungsmustern waren jedoch in der Therapie eher erfolgreich als Patienten mit präödipalen Objektbeziehungsmustern. Noch deutlicher zeigte sich dieser Unterschied bei der Betrachtung des Ausmaßes der Ichgestörtheit. Überwiegend (24 Patienten = 77,4%) waren die Patienten durch neurotische Ichstörungen charakterisiert. Bei den sieben Patienten mit einer mehr oder weniger ausgeprägten strukturellen Ichstörung waren die Therapieergebnisse deutlich ungünstiger. Diese Tendenz bestätigte sich bei der Untersuchung des Angst- und Abwehrniveaus. Patienten mit Ängsten, die einem niedrigen Entwicklungsniveau zuzuordnen sind (z. B. Angst vor Objekt- oder Liebesverlust), wurden in der Therapie seltener erreicht als Patienten, deren Ängste (Überich-Ängste, Kastrationsängste) aus einem höheren Entwicklungsniveau stammten. Patienten mit Borderline-Abwehr und Vernichtungsängsten (Hinweis auf niedriges Entwicklungsniveau) konnten in der Therapie nicht erreicht werden. Auffällig ist die hohe Zahl der Patienten mit zwanghaft-phobischen Abwehrmechanismen, die gegenüber anderen Abwehrformationen deutlich überwogen. *Insgesamt ergab sich daraus, daß in Modell 1 überwiegend Neurosen mit intaktem Ich und ödipale Konfliktkonstellationen behandelt wurden. Die Therapieresultate verschlechterten sich, je »früher« die Störungen waren.*

Schon aus der Verteilung der Leitsymptomatik und der Länge der Symptomdauer konnte ich bei den Patienten, die in *Modell 2* behandelt wurden, entnehmen, daß gravierende und chronifizierte psychische Störungen vorlagen. Die speziellen psychodynamischen Charakteristika (s. o.) der Patienten in Modell 2 (Tab. 4) verteilten sich folgendermaßen: Unter 56 Patienten waren 38 (67,9%) mit präödipalen Objektbeziehungsmustern. Im Vergleich zu Modell 1 ist also eine deutliche Zunahme präödipal gestörter Patienten festzustellen. Von den 18 Patienten mit ödipalen Objektbeziehungsmustern hatten 13 (72,2%) gute bzw. befriedigende Therapieresultate, von den 38 präödipal gestörten Patienten 16 (42%). Der Therapieerfolg lag hier deutlich höher als im Modell 1, wo die Erfolgsquote bei nur 13,3 % (2 von 15) gelegen hatte.*

Bei den Ichstörungen überwogen auch in Modell 2 die neurotischen Ichstörungen (37 von 56 = 66 %). Diese Patienten hatten auch bessere Therapieresultate als Patienten mit strukturellen Ichstörungen oder erheblicher Ichschwäche. Wenn auch im Modell 2 mehr Patienten mit »Ichdefekten« behandelt wurden (22,6 % in Modell 1 und 34 % in Modell 2), so weichen doch die Therapieresultate hinsichtlich des Faktors »Ichdefekt« in beiden Modellen kaum voneinander ab.

Die Tendenz zu besseren Therapieresultaten im Modell 2 bei präödipal gestörten Patienten wird deutlicher beim Vergleich von Abwehr- oder Angstniveau. Bei insgesamt 17 von 57 (30,4 %) ließ sich eine Borderline-Abwehr nachweisen. Im Modell 1 waren dies nur 2 von 31 (6 %). Eine weitere Verschiebung zeigte sich in der Zunahme der depressiven Abwehr (16 von 56 = 28,6 %) im Vergleich zu den Patienten in Modell 1, bei denen zwanghaft-phobische Abwehrformen überwogen. Zwar weisen Patienten mit Borderline-Abwehr eher mäßige Therapieresultate auf als Patienten mit depressiver oder zwanghaft-phobischer Abwehr, jedoch waren sie in Modell 2 therapeutisch eher zu erreichen als in Modell 1. Ähnliches zeigte sich für das Angstniveau. Bei 32 von 57 Patienten (57 %) in Modell 2 lag Angst vor Objekt- oder Liebesverlust vor. Sie zeigten überwiegend (17 von 22 = 53,1 %) gute bzw. befriedigende Therapieresultate, während in Modell 1 nur 5 von 16 (= 31,2 %) solche Resultate hatten.

Insgesamt konnte ich für den Vergleich der Behandlungsresultate festhalten, daß *in Modell 2 die präödipal gestörten Patienten überwogen und sich dennoch insgesamt eher ein Therapieerfolg einstellte. Folglich konnte das Behandlungskonzept des Modells 2 eher Patienten mit strukturellen Ichstörungen erreichen.*

Die Überlegenheit des integrativen Modells in der Behandlung dieser Störungen läßt noch nicht den Schluß zu, daß die integrative stationäre Psychotherapie für solche Störungen die Therapie der Wahl ist (vgl. Arfsten und Hoffmann 1978, Möhlen und Heising

* Mehrere Jahre nach dieser Untersuchung läßt sich feststellen, daß sich diese Tendenz noch verstärkt hat. Heute beobachtet man in der stationären Psychotherapie nur noch Patienten mit schweren psychischen Störungen.

1980), auch wenn die idealtypischen Indikationskataloge zur stationären Psychotherapie (vgl. Beese 1971, 1978, Heigl 1972, Bräutigam 1974, Janssen 1981 b) dies nahelegen. Denn das integrative Modell zeigte sich zwar in der Behandlung der Patienten mit präödipalen Störungen bzw. strukturellen Ichstörungen dem bipolaren Modell überlegen, jedoch war meiner Ansicht nach die therapeutische Effektivität für solche Patienten immer noch zu gering. Zu ähnlichen Ergebnissen kamen Denford et al. (1983) im Cassel-Hospital. Sie meinen, Patienten z. B. mit Borderline-Syndromen würden in einer depressiven Phase entlassen, in der sie angepaßter erschienen. Der Therapeut solle sich jedoch durch diese Angepaßtheit nicht täuschen lassen. Für solche Patienten sei eine Fortsetzung der stationären Psychotherapie unbedingt erforderlich, um bessere Ergebnisse erzielen zu können. Wir sahen hingegen *keinen* Einfluß der Behandlungsdauer (s. u.), wohl aber anderer Variablen.

Schon bei der unsystematischen, klinischen Betrachtung der *psychosozialen Variablen* war uns aufgefallen, daß sie eine wichtige Variable für den günstigen oder ungünstigen Therapieverlauf sind. Dabei zeigte sich insbesondere die jeweilige *interpersonale* Konfliktverarbeitung als bedeutsamer Faktor. Die systematische Analyse aller 87 Fälle ergab, daß die interpersonalen, neurotischen Arrangements in Familie und Partnerschft (Mentzos 1976), die eine spezielle pathogene Psychodynamik aufrechterhielten, nicht nur der Therapiemotivation entgegenwirkten, sondern auch das Therapieergebnis ungünstig beeinflußten. Denn mäßige und schlechte Therapieresultate zeigten vermehrt Patienten, deren interpersonale Arrangements in Familien oder Partnerschaften der Abwehr oder der Triebbefriedigung dienten. Insbesondere Behandlungsabbrüche hatten häufig in solchen Arrangements ihre Ursache, wie auch Dehe et al. (1979) für die ambulante analytische Psychotherapie nachwiesen. Hingegen zeigten Patienten mit guten und befriedigenden Therapieresultaten deutliche Veränderungen in ihren sozialen Beziehungen, zunehmende Tendenzen zur Individuation, zur autonomen Gestaltung ihres Lebens und lebendigere, affektivere Partnerbeziehungen.

Dieses Ergebnis wirft ein besonderes Licht auf das Indikationskriterium, der Patient solle aus einem pathogenen Milieu herausgenommen werden, damit ein therapeutischer Prozeß überhaupt eingeleitet werden könne (vgl. Heigl 1972, Kind 1972, Bräutigam 1974, Schepank und Studt 1976 u. a.). Die Herausnahme aus einem neurotischen interpersonalen Arrangement kann sowohl die Abwehrformation des Patienten als auch die des jeweiligen Partners in dem Arrangement in Frage stellen. Dadurch kann ein zwar beunruhigender und ängstigender, aber auch fruchtbarer therapeutischer Prozeß in Bewegung kommen. Die Therapeuten müssen also bei der stationären Behandlung im Auge behalten, daß der Patient innerhalb solcher interpersonalen Arrangements nicht nur seine Abwehr stabilisiert oder unbewußte Bedürfnisse befriedigt, sondern in diesem Arrangement, z. B. in der Familie, auch ein systemstabilisierender Faktor liegt. Daher müssen die Therapeuten die Beziehungsmuster innerhalb des therapeutischen Settings, die realen Beziehungen sowie die Auswirkungen der therapeutischen Veränderung des Patienten auf diese beachten. Wahrscheinlich sind in solchen Fällen häufiger Ehe- oder Familien*interventionen* erforderlich, ohne daß damit primär schon eine psychoanalytische Ehe- oder Familien*therapie* indiziert wäre.

An dieser Stelle möchte ich auf das Problem der *Behandlungsabbrüche* eingehen, da »Abbrecher« auch die Grenzen der stationären Psychotherapie deutlich aufzeigen. Über Behandlungsabbrüche wird in der analytischen Psychotherapie selten berichtet (vgl. Graupe 1975). Meines Wissens gibt es keine Arbeiten über Häufigkeit und Gründe der Behandlungsabbrüche in der stationären Psychotherapie.

Bei der Untersuchung der Behandlungsabbrüche unterschied ich zwischen Patienten, die frühzeitig ihre Therapie beendeten, und solchen, die sich an einer bestimmten Stelle des therapeutischen Prozesses der stationären Behandlung entzogen. Zu ersteren gehören Patienten, die sich nach etwa einer Woche stationären Aufenthalts entschieden, das Therapieangebot abzulehnen. Bisher brachen ca. 3 % der Patienten in einem Zeitraum von sieben Jahren die Therapie ab. Bei solchen Patienten war kein therapeutischer Kontakt, kein sogenanntes Arbeitsbündnis zustande gekommen. Die Trennung von pathogenen Objektbeziehungsmustern, die die stationäre Aufnahme mit sich brachte, hatte zu therapeutisch nicht zu überwindenden Ängsten vor dem Einstieg in die stationäre Therapie geführt.

Anders ist die Situation bei der zweiten Gruppe von Patienten, die ein therapeutisches Arbeitsbündnis eingingen und ihre pathogene Psychodynamik auch in den Interaktionsfeldern der stationären Therapie entfalten konnten, jedoch an einem bestimmten Punkt ihrer therapeutischen Entwicklung die Behandlung beendeten, meist durch Fernbleiben von der Klinik. Bis auf eine Patientin nahmen jedoch alle nach kürzerer oder längerer Zeit den Kontakt zum Therapeuten wieder auf und zwar ambulant. Häufig war die Kontaktaufnahme verbunden mit dem Wunsch nach Wiederaufnahme. Andere Patienten drängten – manchmal nach einer gewissen Besserung – entgegen der Intention der Therapeutengruppe darauf, entlassen zu werden. Meist wurde der Kontakt noch begrenzt ambulant aufrechterhalten. Die Patienten gaben also ihr therapeutisches Anliegen nie ganz auf, stellten den therapeutischen Kontakt wieder her oder versuchten, eine ambulante Psychotherapie zu erhalten.

Gründe für die Behandlungsabbrüche lagen in der speziellen Psychodynamik der Patienten oder in den Interaktionen mit Mitpatienten und mit Therapeuten. Einige Patienten konnten aus Angst vor der Nähe eine therapeutische Beziehung nicht aufrechterhalten. Bei anderen lagen eine ausgeprägte Frustrationsintoleranz und ein Agieren destruktiver Tendenzen vor. Ein Patient floh, weil er sich durch die freundliche Annäherung von Mitpatienten (Überreichung eines Geburtstagsgeschenks) bedrängt fühlte. Eine andere Patientin wollte bei Auseinandersetzungen mit den Schwestern wegen einer erforderlichen Verlegung in ein anderes Zimmer ihre »Burg« nicht verlassen und brach lieber die Therapie ab. Gleichzeitig konnte sie damit ihr pathologisches Arrangement mit der Mutter wiederherstellen. Überhaupt schien die »Attraktivität« klinikexterner pathogener interpersonaler Arrangements einer der entscheidenden Gründe für Behandlungsabbrüche zu sein (s. o.).

Dehe et al. (1979) meinen, daß eine wesentliche Ursache des Behandlungsabbruchs darin liege, daß der Patient mit Beginn der Therapie dazu dränge, ein ähnliches interpersonales Arrangement – Mentzos (1976) spricht von psychosozialer Abwehr – herzustellen, wie er es in seinen sozialen Beziehungen verwirklicht habe. Solche interpersonalen Arrangements werden entweder zur neurotischen Abwehr oder zur ersatzweisen kompromißhaften Befriedigung abgewehrter infantiler Bedürfnisse hergestellt. Sie können in Partnerbeziehungen symbiotischer, sadomasochistischer, phallisch-aggressiver Natur sein. Mit Beginn der Therapie versucht der Patient, solche Muster auf den Therapeuten zu übertragen. Erkennt der Therapeut dieses Muster nicht rechtzeitig, so wird er zu dem werden, was der Patient aus ihm machen möchte, z. B. zum strafenden Überich, zum symbiotischen Partner oder zu einem anderen infantilen Objekt. Wenn der Therapeut dieses Arrangement bemerkt und als Übertragung interpretiert, bricht der Patient unter Umständen die Behandlung ab. Der Abbruch ist dann als forcierter Verlust von Befriedigungsmöglichkeiten zu verstehen, die in der Herstellung infantiler interpersonaler Arrangements liegen.

Auch in unseren Behandlungen zeigten sich Therapieabbrüche nach der Aufdeckung unbewußter interpersonaler Arrangements. Dieser Grund lag jedoch seltener vor. Viel eher brachen Patienten Behandlungen ab aufgrund unbewußten Übertragungsagierens von seiten der Therapeutengruppe. Insbesondere bei aggressiv agierenden Patienten führte das unbewußte Gegenübertragungsagieren zur Ausstoßung. Andererseits konnte in dem multipersonalen therapeutischen Beziehungsfeld auch Gegenübertragungsagieren eines der Therapeuten durch andere aus dem Therapeutenteam aufgefangen werden. So blieb meist doch *eine* therapeutische Beziehung erhalten, so daß ein Gegenübertragungsagieren eines Therapeuten nicht zum Abbruch der Behandlung führte. Das multipersonale Therapieangebot stationärer Therapie erlaubte also eher, strukturell ichgestörte Patienten, die häufig zum Gegenübertragungsagieren verleiten, im therapeutischen Prozeß zu halten, trotz zahlreicher Klippen bei der Aufrechterhaltung des therapeutischen Arbeitsbündnisses.

Die Analyse der *Behandlungsvariablen* war für beide Modelle schwierig. Jede stationäre Therapie ist ein komplexes System von Beziehungen und therapeutischen Interaktionen. In diesem System ist nur schwer zu ermitteln, in welchem Interaktionsfeld welche Wirkungen erzielt werden. Die stationäre Psychotherapie steht hier vor noch größeren Schwierigkeiten als die ambulante Psychotherapie (vgl. Kächele 1981). Ein Vergleich des Behandlungsverlaufs in den beiden Modellen unter dem Gesichtspunkt der

Behandlungsdauer und der Entwicklung der Beziehungs- bzw. Übertragungsgestalt konnte weiterhelfen.

Es zeigte sich, daß die *Behandlungsdauer* kaum einen Einfluß auf das Therapieergebnis hatte. Eigentlich sollten Patienten mit einem längeren therapeutischen Prozeß (z. B. durch die Weiterbehandlung in einer ambulanten Gruppentherapie in Modell 1 oder durch längeren stationären Aufenthalt in Modell 2) auch eher Veränderungen zeigen. Dies gaben aber die Ergebnisse nicht her. Weder die Fortsetzung der Gruppentherapie im ambulanten Rahmen im Modell 1 noch eine über die *durchschnittliche Behandlungsdauer von 5,7 Monaten* hinausgehende Behandlung in Modell 2 hatten einen deutlich positiven Einfluß auf das Behandlungsergebnis.

Daraus möchte ich den Schluß ziehen, daß es unter Berücksichtigung des Schweregrades der pathogenen Psychodynamik eine entscheidende Variable für Erfolg oder Mißerfolg ist, ob die Therapeutengruppe die mit *Aufnahme und Therapiebeginn* in Szene gesetzte pathogene Psychodynamik erfassen und aufnehmen kann. Die Therapeutengruppe muß in dem multipersonalen Beziehungsangebot von Beginn an die je verschiedenen »Objektwahlen« des Patienten in dem gegebenen Setting im Auge behalten. Ihre Aufgabe besteht zunächst darin, sich ein möglichst vollständiges Bild der Objektbeziehungsmuster des Patienten in der stationären Situation zu verschaffen und ein Verständnis von den Interaktionen in den verschiedenen therapeutischen Feldern zu gewinnen. Aus der erfaßten in Szene gesetzten pathogenen Psychodynamik leiten sich dann Art, Dosierung und Ort der Interventionen ab.

Als weitere Behandlungsvariable untersuchte ich anhand der Protokolle die in den verschiedenen therapeutischen Interaktionsfeldern sich manifestierenden *Beziehungsmuster und Übertragungs-Gegenübertragungskonstellationen.* Die Analyse der therapeutischen Prozesse der 31 Patienten aus dem *bipolaren Modell* bestätigte, daß unsere Beobachtungen (vgl. Kap. 4.2.) über die Auswirkung der bipolaren Behandlungskonzeption auf die Übertragungsgestalt zutrafen. Die Trennung von Real- und Therapieraum verführte die Therapeuten dazu, sich ganz auf die Gruppentherapie zu konzentrieren und die Beziehungsmuster im Realraum unbeachtet zu lassen. So konnten die Übertragungs- und Gegenübertragungsprozesse in den Aktionen im Realbereich

(z. B. Stationsarzt, Schwestern, Mitpatienten), die nicht innerhalb der Gruppentherapie in Erscheinung traten, gar nicht entdeckt werden. Manchmal erkannten und verstanden wir sie erst in den katamnestischen Untersuchungen. Auf die Auswirkung eines solchen Mangels auf den therapeutischen Prozeß habe ich schon hingewiesen.

Bei der Analyse der Beziehungsmuster im *integrativen Modell* zeigte sich, daß die in dem multipersonalen Beziehungsangebot entwickelten Übertragungen eine spezielle »Gestalt« erkennen ließen. Ich konnte ein Übertragungsmuster beschreiben, das ich als multidimensionales bezeichnete. Die Bezeichnung *»multidimensionale Übertragung«* wählte ich, weil die verschiedenen Dimensionen der pathogenen Psychodynamik des Patienten sich in dieser Gestalt wiederfinden. *In der multidimensionalen Übertragung können die verschiedenen libidinösen bzw. aggressiv besetzten familiären internalisierten Objektbeziehungen (Mutter, Vater, Geschwister usw.) wiederentdeckt werden. Der Patient hat sozusagen in dem multipersonalen Beziehungsangebot der Therapeutengruppe sein Gruppen-Ich (Ohlmeier 1976, 1979) externalisiert.* Die multidimensionale Übertragung ist also die regressive Re-Inszenierung der Familienkonstellation, der strukturbildenden internalisierten Beziehungsmuster in den Interaktionen mit den Therapeuten und auch mit den Patienten. Die verschiedenen Aspekte der intrapsychischen Konfliktkonstellation werden zwar *dispergierend*, d. h. getrennt, aber auch *simultan* auf verschiedene Therapeuten übertragen (vgl. Beispiel S. 188).

Diese für den stationären psychoanalytischen Prozeß charakteristische multidimensionale Übertragung läßt sich mit der multilateralen Übertragung vergleichen, wie sie für ambulante psychoanalytische Gruppentherapie beschrieben wurde (vgl. z. B. Foulkes 1964, 1975). Multidimensionale Übertragungsmuster werden aber auch in der psychoanalytischen Dualbeziehung beschrieben, dann jedoch als *Nebenübertragung* gekennzeichnet.

Neben der multidimensionalen Übertragung konnte ich eine Übertragungsgestalt beschreiben, die ich nach Kernberg (1975 a) und Volkan (1976) als *Übertragungsspaltung* bezeichnete. Bei der Übertragungsspaltung werden nicht-integrierbare »gute« und »böse« Objektrepräsentanzen auf verschiedene Therapeuten projiziert. Aus der Sicht der Therapeutengruppe haben sie multidimensionalen Charakter, aus der Sicht des Patienten dualen bzw. unidimensionalen Charakter, da die guten und bösen Aspekte für ihn unvereinbar nebeneinanderstehen. Übertragungsspaltungen waren charakteristisch für Borderline-Patienten (vgl. Beispiel S. 193).

Manche Patienten zeigten besonders in regressiven Phasen *duale bzw. unidimensionale* Übertragungsmuster. Die Patienten besetzten dann ausschließlich ein Beziehungsfeld, z. B. den Einzeltherapeuten als überidealisiertes mütterliches Objekt. Auch die Übertragung auf die Klinik oder die Behandlergruppe als diffuses ganzheitliches Objekt, z. B. im Sinne einer oral-spendenden Mutterübertragung (vgl. van Eck 1972), ist ein solches duales Übertragungsmuster, das ich insbesondere bei psychosomatisch erkrankten Patienten bemerkte. Den Fortschritt im therapeutischen Prozeß konnte ich an der Entwicklung multidimensionaler Übertragungsmuster feststellen.

Wie ich weiterhin bei Patienten mit guten und befriedigenden Therapieresultaten beobachten konnte, mußten auch tiefreichende Regressionen nicht in allen Fällen in maligner Weise entarten. So zeigten sich günstige therapeutische Prozesse bei Patienten mit stark symbiotischer, idealisierender, gespaltener oder negativer Übertragung. Die multiplen Objektwahlen in den verschiedenen Therapiefeldern ermöglichten es, ein je spezifisches Übertragungsmuster zu entfalten. Bei den reaktivierten negativen und destruktiven Übertragungsreaktionen konnte gleichzeitig eine positive therapeutische Beziehung als Basis und damit auch das Arbeitsbündnis aufrechterhalten werden. Aus diesem Grunde hatten wohl auch agierte Re-Inszenierungen der Konflikte, mit Versuchen, das mütterlich-haltende Setting zu zerstören, oder auch ein Gegenagieren der Therapeutengruppe bei negativen Übertragungsreaktionen, letztlich nicht immer einen negativen Einfluß auf den therapeutischen Prozeß. Auch Nebenübertragungen auf Patienten, die in den therapeutischen Prozeß einbezogen werden konnten, wurden zum dynamischen Kristallisationskern beginnender Veränderungen.

Zusammenfassend kann ich festhalten: Die besseren therapeutischen Resultate mit dem integrativen Modell im Vergleich zum bipolaren Modell sind insbesondere für strukturell ichgestörte Patienten relevant. Die besseren Behandlungsergebnisse gründen meiner Ansicht nach darin, daß multidimensionale Übertragungsprozesse und Übertragungsspaltungen sowie agierte Re-Inszenierungen pathologischer Objektbeziehungsmuster sich entfalten können und für die Therapeutengruppe wahrnehmbar und bearbeitbar werden. Darin liegt die grundsätzliche Chance für eine stationäre psychoanalytische Therapie, die Strukturveränderung anstrebt.

Diese Ergebnisse halfen uns auch, unsere Behandlungskonzeption und unseren therapeutischen Umgang zu verbessern. Wie der fortgeschriebene Stand unserer Konzeptualisierung ist, möchte ich deswegen in einem letzten Kapitel ausführlich darlegen.

5 Versuch einer Praxeologie integrativer psychoanalytischer Krankenhausbehandlung

Ich will nun den Versuch unternehmen, eine Theorie der Praxis im Sinne der Praxeologie (Fürstenau 1977b) stationärer psychoanalytischer Therapie zu entwerfen. Dabei hoffe ich, die in der Einleitung gestellte Frage beantworten zu können, wie das sowohl im Hinblick auf das Setting als auch auf das Personal äußerst komplexe Behandlungssystem in einem Krankenhaus psychoanalytisch begründete Praxis sein kann. Psychoanalytisch begründete Praxis muß zum Ziel haben, unbewußte, infantile, konflikthafte Beziehungsmuster in der Übertragung zu reaktivieren, dem Patienten Einsicht in sein Erleben und Verhalten sowie in seine innere Objektwelt zu ermöglichen und ihm in der analytischen Beziehung neue Erfahrungen zu eröffnen (vgl. Kap. 2).

Dieses Ziel ist auch in der Krankenhaus-Situation zu verwirklichen, wenn es gelingt, die vielfältigen Interaktionen der verschiedenen Berufsgruppen mit dem Patienten in ein Setting einzubinden und an den psychoanalytischen Essentials auszurichten. Unter *psychoanalytischen Essentials* verstehe ich die Wahrung folgender Bedingungen;

- definierte, konstante, grenzensetzende und haltende Rahmenbedingungen;
- ein konstantes Angebot therapeutischer Arbeitsbeziehungen;
- ein spezielles Verständnis der Prozesse in den therapeutischen Beziehungen unter dem Gesichtspunkt von Übertragung und Gegenübertragung;
- ein deutend-konfrontierender Umgang mit dem Patienten und
- die Eröffnung neuer Objekt-Erfahrungen in den therapeutischen Beziehungen.

Es ist bereits deutlich geworden, daß die Rahmenbedingungen des Krankenhauses wie auch die Art der therapeutischen Beziehungen Parameter sind, die die stationäre von der ambulanten psychoanalytischen Therapie unterscheiden. Die Rahmenbedingungen hängen auch ab von spezifischen nicht-therapeutischen Belangen des Krankenhauses (Wirtschaftlichkeit, Verwaltungsstruktur, Aufnahmemodalitäten, Forschung u. a.), auf die der einzelne Therapeut nur einen geringen Einfluß hat. Wenn stationäre psychoanalytische Therapie nicht Pseudo-Behandlung sein will, müssen die therapeutischen Essentials ebenso wie die nicht-therapeutischen Bedingungen in ein von allen getragenes Konzept integriert werden (vgl. Novotny 1973). Manche Psychoanalytiker halten psychoanalytische Therapie für unvereinbar mit nach wirtschaftlichen und anderen nicht-analytischen Gesichtspunkten ausgerichteter Krankenhausbehandlung, da die Übertragungs- und Gegenübertragungsprozesse im stationären Setting sich nicht frei entfalten könnten. Ich plädiere mit diesem Entwurf einer Praxeologie im Sinne der psychoanalytischen Erfahrungswissenschaften dafür, sich auf das Krankenhaus als einen möglichen Ort psychoanalytischer Praxis einzulassen.

Ein psychoanalytisches Behandlungskonzept im Krankenhaus durchzuführen, hängt zum einen von der konzeptuellen Kreativität und Flexibilität der Psychoanalytiker ab, die dies verantwortlich verwirklichen wollen; sie müssen zur Zusammenarbeit mit verschiedenen Berufsgruppen fähig sein und diese auch positiv besetzen können. Zum andern steht und fällt ein solches psychoanalytisches Behandlungskonzept damit, ob die jeweils beteiligten Therapeuten aus anderen Berufsgruppen einen Therapieraum für sich finden und sich zugleich mit dem psychoanalytischen Gesamtkonzept ein Stück weit identifizieren können. Ich habe erfahren, daß dies gelingen kann.

5.1 Die organisatorischen Grundstrukturen des Therapieraumes

Der Einfluß der institutionellen und personellen Besonderheiten auf die psychoanalytische Behandlung in der Klinik soll zunächst noch einmal am Vergleich mit dem Setting der ambulanten psychoanalytischen Therapie verdeutlicht werden. Hier gilt ja das »Primat der persönlichen Beziehung« (Fürstenau 1974). Da sich alle Informationen und affektiven Prozesse des Patienten auf einen Therapeuten richten, der seinerseits ein ausschließlich auf den Patienten bezogenes Angebot macht, rückt in der ambulanten psychoanalytischen Therapie vor allem das auf den Therapeuten gerichtete Übertragungsgeschehen in den Mittelpunkt. Anders dagegen werden im stationären Setting multipersonale Beziehungen in Form verschiedener therapeutischer Interaktionsmöglichkeiten angeboten. Die isolierte Betrachtung der dualen Übertragung auf einen Therapeuten erfaßt demnach nur einen Aspekt des gesamten interaktionellen Geschehens (Enke 1968, Wittich 1975, 1977, Danckwardt 1976, Ermann 1979).

Ambulante Psychoanalyse nach dem Standardverfahren ist charakterisiert durch die Unsichtbarkeit des Analytikers. Nur in Modifikation des Standardverfahrens, wie z. B. in der psychoanalytischen Psychotherapie im Sitzen oder in der Gruppenanalyse, stellt sich die körperliche Realität des Analytikers durch die face-to-face-Situation dar (Nerenz 1977). Diese face-to-face-Situation ist in der stationären Psychotherapie üblich. Darüber hinaus sind Position und Rolle des Therapeuten in der Institution, also seine soziale Realität in der jeweiligen therapeutischen Interaktion, dem Patienten gegenwärtig. Er erlebt seinen Therapeuten in einem Beziehungsfeld und nicht isoliert im Behandlungszimmer der Privatpraxis. Diese Bedingungen sollten nicht einfach ausgeblendet werden.

Aus diesen Gründen fasse ich integrierte stationäre psychoanalytische Therapie als *psychoanalytische Behandlung im Team* auf. Es ist die Behandlung eines erkrankten Menschen innerhalb einer Patientengruppe durch eine Gruppe von Therapeuten, die miteinander in Beziehung stehen. Die mehr oder weniger flexiblen institutionellen Bedingungen stellen den Rahmen dieser Behandlung dar.

Die Analyse der verschiedenen stationären Therapiekonzeptionen (Kap. 3) ergab, daß institutionelle Bedingungen und analytisch-therapeutische Grundpositionen die Auffassung über die Organisationsform des therapeutischen Raumes prägen. Integrierte Konzepte setzten sich nur langsam durch. Zunächst wurde nach dem Vorbild der ambulanten psychoanalytischen Praxis ausschließlich die Dualbeziehung analytisch-therapeutisch definiert. Der stationäre Raum wurde allenfalls zur Strukturierung der Lebensumstände des Patienten genutzt oder zum Schutz vor Tendenzen zum Agieren. Andere Konzeptionen verstanden die initiale Krankenhausbehandlung z. B. in der Gruppentherapie als intensive Einleitung einer ambulanten Behandlung in der gleichen Gruppe. Von großer Bedeutung für die Praxeologie stationärer analytischer Psychotherapie sind die sog. bipolaren und integrativen Modelle, da sie bei der Konzeptualisierung des Settings explizit den gesamten stationären Raum einbeziehen. Diese Vorstellungen möchte ich hier noch einmal kurz zusammenfassen (vgl. Janssen 1985, 1986).

Das Grundmerkmal bipolarer Modelle ist die Trennung eines analytisch-therapeutischen Raumes von einem soziotherapeutischen Raum (vgl. *Abb. 3*, Seite 58). Im analytisch-therapeutischen Raum finden Einzeltherapien und/oder Gruppentherapien statt, und im soziotherapeutischen Bereich, auch »Realraum« genannt, sollen in verschiedenen sozialpsychologisch begründeten Settings soziale Lernprozesse und emotionelle Neuerfahrungen ermöglicht werden. Ergänzt wird dieser Raum durch den gestaltungs- und bewegungstherapeutischen, der mit dem soziotherapeutischen Raum in einem methodischen Zusammenhang gesehen wird. Auch Abteilungen oder Stationen, die nach den Prinzipien der therapeutischen Gemeinschaften arbeiten und in denen gleichzeitig analytisch-psychotherapeutisch behandelt wird, folgen einem bipolaren Konzept. Der Umgang mit dem sozialen Geschehen auf der Station wird dem Pflegepersonal überlassen, so daß die analytischen Psychotherapeuten, von diesen sozialen Bereichen getrennt, im Therapieraum interpretativ arbeiten können. Die Kommunikation zwischen den Bereichen hat ihre Grenze an der Regel der generellen Diskretion des analytischen Psychotherapeuten gegenüber dem soziotherapeutischen Team.

Mit den bipolaren Konzeptionen wird die Absicht verfolgt, die Übertragungsprozesse im therapeutischen Raum zu zentrieren und den Realitätsraum bei den ichschwächenden Regressionen und den Übertragungsspaltungen als Übungsfeld für realitätsbezogenes Verhalten aufrechtzuerhalten. Eigene Erfahrungen in einem bipolaren Modell, die Analyse der Teamprozesse und der katamnestischen Untersuchungen (vgl. Kap. 4) zeigen jedoch, daß die Übertragungsprozesse im therapeutischen Raum nicht zentriert, sondern Übertragungen auf die Personen des Realraumes abgespalten werden. Ich sehe darin einen Grund für ungünstige Therapieverläufe insbesondere bei strukturell ichgestörten Patienten mit primitiven Übertragungsmustern. Abspaltungen von

Übertragungen führen zwischen Patienten und dem Personal des Realraumes zu Übertragungs-Gegenübertragungs*bindungen*, die sich meist einer therapeutischen Bearbeitung entziehen.

Solche »Spaltungsübertragungen« werden immer wieder beobachtet und gehören offensichtlich zum Wesen stationärer Behandlungen (Main 1957, Plojé 1977, Danckwardt 1976, Janssen und Quint 1977, Becker und Lüdeke 1978, Ermann 1979, 1982, Heising und Möhlen 1980, James 1984). Sie erklären sich daraus, daß der Patient mit der Aufnahme sowohl von der Gruppe seiner Mitpatienten als auch von den Therapeuten auf der Station beeinflußt wird. Seine »signifikanten Objekte« wählt er weiterhin nach den bisherigen Beziehungsmustern, wobei die Beziehung zu dem analytischen Einzel- oder Gruppentherapeuten in seinen Augen nur ein Spezialfall der Beziehungen in der Gruppensituation ist. Das vollständige Übertragungsmuster kann daher m. E. nur sichtbar und therapeutisch fruchtbar gemacht werden, wenn das *gesamte* multipersonale Beziehungsangebot in der Klinik auch unter den Aspekten der Re-Inszenierung infantiler Beziehungsmuster betrachtet wird.

Die integrativen Konzeptionen tragen diesem Gesichtspunkt insofern mehr oder weniger Rechnung (vgl. Kap. 3.5), als die stationäre psychoanalytische Behandlung zur gemeinsamen Aufgabe aller Berufsgruppen wird. Das Charakteristikum konsequenter integrativer Konzepte ist, daß jeder in seinem Interaktionsfeld eine therapeutische Aufgabe übernimmt und das multipersonale Beziehungsangebot nicht polarisiert wird in Vertreter des Realraumes und Vertreter des therapeutischen Raumes. Integrativ ist nach meinem Verständnis eine stationäre Behandlungskonzeption dann, wenn die nicht-therapeutischen und die therapeutischen Belange aller Berufsgruppen in eine von allen getragene Konzeption eingehen, jedes Beziehungsfeld in seiner jeweiligen spezifischen Ausprägung einen eigenständigen, psychoanalytisch geförderten therapeutischen Umgang mit den Patienten entwickeln kann und offen ist für die Analyse von Übertragungs- und Gegenübertragungsprozessen.

Das von mir entwickelte integrative Behandlungsmodell *(Essener Modell)*, das ich in seinen Grundannahmen, Settingstrukturen und der Teamstruktur schon in Kap. 4.3 vorgestellt habe, versucht den Anforderungen sowohl der klinischen Situation als auch denen der psychoanalytischen Behandlungsprinzipien zu entsprechen. Die Graphik (*Abbildung 7*) soll verdeutlichen, daß die Gesamtgruppe der Patienten in das Beziehungsangebot der Therapeutengruppe, differenziert nach einzelnen Therapiefeldern, eingebettet ist. Beide müssen mit den realen Rahmenbedingungen umgehen wie auch mit den Übertragungs- und Gegenübertragungsprozessen. Prinzipiell ereignet sich also der therapeutische Prozeß jedes einzelnen Patienten im wechselseitigen Gruppenprozeß zwischen Patienten- und Therapeutengruppe.

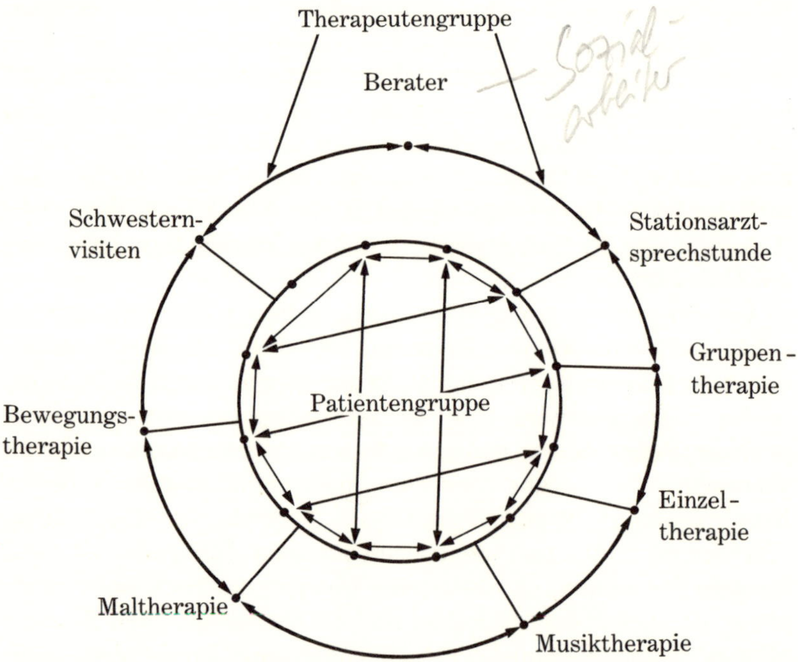

Grundannahmen:
- Der Umgang mit den stationären Rahmenbedingungen ist Aufgabe in jeder therapeutischen Beziehung,
- die multipersonalen Beziehungen sind ein multipersonales Übertragungsangebot,
- der therapeutische Prozeß ist ein wechselseitiger Gruppenprozeß zwischen Patientengruppe und Therapeutengruppe

Abb. 7: Grundkonzeption des integrativen Modells (Essener Modell)

In unserem Organisationsmodell wird die Großgruppe der 30 Patienten in vier Kleingruppen eingeteilt und jeder dieser Gruppen ein Behandlungsteam zugeordnet. Damit ist die Gesamtgruppe der Therapeuten – d. h. aller Mitarbeiter der Klinik, die therapeutischen Kontakt haben – ebenfalls in vier Behandlungsteams eingeteilt. Den organisatorischen Rahmen für die Patienten- wie für die Therapeutengruppe bilden die therapeutischen und nicht-therapeutischen Bedingungen der Krankenhausbehandlung. Dies sind: Aufnahme- und Entlassungsmodalitäten, Stationsordnung, Essenszeiten, Freizeiten, Nachtzeiten, Wochenendbeurlaubungen, die Arbeitszeiten der Therapeuten, z. B. Tagdienst der Therapeuten und Schwestern, der Nachtdienst der Schwestern und die Rufbereitschaft der Ärzte und andere arbeitsrechtliche Regelungen. Innerhalb dieses organisatorischen Rahmens liegen die Zeiten für die therapeutischen Angebote, z. B. Gruppentherapie, Einzeltherapie, Schwesternvisite, Stationsarzt-Sprechstunde Über die Dauer der Behandlung wird von Fall zu Fall je nach Verlauf des Behandlungsprozesses entschieden. Manchmal muß sie in dem triangulären Feld »Patient – Therapeuten – Kostenträger« ausgehandelt werden.

Der organisatorische Rahmen mit all seinen gewissermaßen »realen«, nicht-therapeutischen Bedingungen wird nun nicht von einem gesetzten therapeutischen Rahmen unterschieden, sondern er ist insgesamt das Setting für den Großgruppenprozeß. Wie Therapeuten und Patienten mit diesen Rahmenbedingungen umgehen, reflektieren wir regelmäßig in der einzelnen Behandlergruppe, aber auch in der gesamten Therapeutengruppe (Gesamtteamkonferenz). Die Patienten werden in den verschiedenen Therapiefeldern, z. B. in der Gruppentherapie, Einzeltherapie und insbesondere in der Schwesternvisite, auf ihren Umgang mit den Rahmenbedingungen angesprochen. Über die Entlassung und die Anfragen der Kostenträger z. B. wird weitgehend im einzeltherapeutischen Setting beraten; die Wahrnehmung der Essenszeiten, das Überziehen der Freizeiten (von 18.00 bis 22.00 Uhr) oder Wochenendbesuche werden überwiegend zunächst bei den Schwesternvisiten geklärt. Da die Rahmenbedingungen für uns nicht »schlichte« Realität sind, sondern ein haltendes und grenzensetzendes Setting, wird die Analyse des Umgangs – seitens der Patienten wie der Therapeuten – mit diesen Bedingungen zu einem wesentlichen Faktor im therapeutischen Prozeß. An dieser Stelle möchte ich dies an der Wochenendbeurlaubung zeigen, später am Alkoholverbot auf der Station (Fallbeispiel 3, Seite 193 ff.).

Ein typisches Beispiel für das trianguläre Konfliktfeld zwischen Belangen der Therapie, den Bedürfnissen des Teams und den Regelungen der Kostenträger bietet die Wochenendregelung. Die Kostenträger tolerieren eine Wochenendbeurlaubung nur innerhalb der 36-Stunden-Regelung, d. h. die Patienten können von Samstagvormittag nach einer gemeinsam von einem Psychotherapeuten und einer Schwester durchgeführten Visite Wochenendurlaub nehmen, müssen jedoch am Sonntagabend wieder in der Klinik sein. Aus therapeutischer Sicht unterstützen wir es, wenn die Patienten am Wochenende Kontakt zur Familie, zu Freunden oder Bekannten aufnehmen. Wir sehen darin eine Möglichkeit zur Steuerung der Regression und eine Förderung der kontinuierlichen Rückkoppelung von stationärer psychoanalytischer Behandlung und sozialer Beziehungssituation (vgl. Kap. 5.4.2). Des weiteren kann für den Patienten das Erleben und Ertragen der Abwesenheit vom Therapeuten – auch wenn grundsätzlich ein Therapeut telefonisch über die Klinik erreichbar ist – ichstabilisierend wirken (Green 1975). Für den Patienten, der sich mit der Klinik oder dem Therapeuten symbiotisch verbunden fühlt, ist dessen Abwesenheit eine Herausforderung an autonomere Tendenzen in ihm. Die Haltung der Therapeuten, ihm ein Wochenende ohne sie zuzumuten, wird ihn z. B. in Wut über die Abwesenheit des ersehnten, bedürfnisbefriedigenden, mütterlichen Objektes bringen. Er kann die Gefühle zum Gegenstand der therapeutischen Gespräche machen und dadurch sich selbst besser verstehen lernen, und er kann sich in einem fortschreitenden therapeutischen Prozeß mit dem »Nein-Sagen« der Therapeuten identifizieren und dadurch autonomere Tendenzen in sich fördern (E. und R. Blanck 1974, 1979).

Eine Patientin zeigte schon im Laufe der Woche stärker regressive Tendenzen. Sie versäumte die Gruppentherapie und zog sich ins Bett zurück. Der Stationsarzt konnte keine Erkrankung feststellen. Die Patientin bat die Schwestern um Gespräche an ihrem Bett und um eine Wärmeflasche, die ihr auch gewährt wurde. Die Schwestern sprachen ihre Bedürftigkeit nach Pflege an. Sie konnten aber keinen Grund für diesen Verhaltenswechsel finden. Vor dem Wochenende äußerte die Patientin den

Wunsch, sich in der Klinik weiter pflegen zu lassen, da sie sich zu Hause doch nur in ihr Bett verkriechen würde. Die Schwestern brachten ihren Wunsch in die Konferenz ein. Vom Einzeltherapeuten erfuhren wir, daß aufgrund einer Anfrage der Krankenkasse mit der Patientin über die Begrenzung der stationären Behandlung gesprochen worden war. Sie zeigte sich enttäuscht und wütend darüber und beschuldigte den Therapeuten, sich nicht genügend für sie eingesetzt zu haben. Das Team verstand nun ihren Wunsch, sich am Wochenende bemuttern zu lassen, als regressive Bewältigung ihrer Angst vor Trennung. In einem Gespräch konnte diese Tendenz mit ihr durchgearbeitet werden. Sie erlaubte sich nun, wütend darüber zu sein, daß die Therapeuten sie allein lassen wollten. Danach fand sie für sich ohne unser Zutun die Lösung, ihr Wochenende aktiv mit einer Bekannten zu gestalten.

Durch seine therapeutische Haltung im Umgang mit der Wochenendbeurlaubung zeigt das Team dem Patienten: Wir verstehen den Wunsch nach Bemutterung und die Angst vor dem Alleinsein. Wir glauben, Sie können sie ertragen. Wir können uns von ihnen trennen, ohne Angst und Sorge, was mit Ihnen am Wochenende wird. – Die Motive für den Wunsch von Patienten, am Wochenende in der Klinik zu bleiben, sind verschieden. Das Motiv der beschriebenen Patientin ist eines der häufigsten. Andere wollen z. B. bleiben, weil sie Schutz suchen vor bedrohlichen Objekten außerhalb der Klinik. Erst die Analyse der jeweils individuellen Gründe kann therapeutisch weiterhelfen, unabhängig davon, ob die Patienten in der Klinik bleiben oder ins Wochenende fahren.

Selbstverständlich hat auch das Team ein Interesse daran, möglichst ein freies Wochenende zu haben. Besonders die Schwesterngruppe ist hier betroffen, während die Ärzte zu Hause in Rufbereitschaft bleiben können. Daher müssen manchmal auch die Motive des Teams untersucht werden.

Manche Patienten verleugnen ihre symbiotischen Wünsche oder somatisieren ihre Enttäuschungen und Wutzustände, z. B. psychosomatisch erkrankte Patienten, Anorexie-Patienten oder depressiv-suizidale Patienten. Teilweise aus pseudo-autonomen Haltungen, teilweise aus Schuldgefühlen können sie Sorge, Pflege und Beziehungsangebot der Therapeuten nicht in Anspruch nehmen. Kommt für diese Patienten von seiten des Teams das Angebot, doch in der Klinik zu bleiben, so erleben wir, daß sie ihre Abwehr des Sich-Aufrechthaltens und des Verleugnens von Bedürfnissen aufgeben können. – Andere Patienten wiederum brauchen bei der Gefahr von Ichdesintegration, z. B. in Form von süchtigem oder perversem Agieren, am Wochenende den Schutz der Klinik.

Wiederum andere Konflikte ergeben sich an diesem Punkt bei Patienten, die die Klinik schon am Freitag verlassen oder erst am Montag zurückkommen, also die Wochenendbeurlaubung entgegen der Vereinbarung überschreiten. Einem solchen Verhalten können verschiedene Motive zugrunde liegen, z. B. Flucht vor den als gefährlich erlebten Objekten in der Klinik oder Kampf auf der Verhaltensebene mit den enttäuschenden Therapeuten. Häufig manifestiert sich auch an diesem Verhalten ein Widerstand gegen die therapeutische Bearbeitung der unbewußten neurotischen Beziehungsmuster in Familie oder Partnerschaft.

Eine junge Patientin wurde wegen beidseitiger psychogener Beinlähmung als Rollstuhlfahrerin in der Klinik behandelt. Sie lebte in einer unbewußten, ödipalen Verwicklung mit ihrem krebskranken, erwerbsunfähigen Vater. Die Eltern waren nur unwillig auf die stationäre Behandlung eingegangen, wollten schon zu Beginn die Kontrolle über die Patientin und die Behandlung sowie das Behandlerteam ausdehnen. Der Vater holte die Patientin stets schon am Freitag aus der Klinik ab. Jeder Versuch, mit dem Vater und der Patientin darüber in ein Gespräch zu kommen, scheiterte. Das Behandlungsteam zögerte zu lange, klarere Verhältnisse zu schaffen, da die Patientin sich in den sonstigen therapeutischen Beziehungen kooperativ gab. Eine Klärung der Vater-Tochter-Beziehung, die sich mit der Wochenendfrage verband, gelang – zumindest während der stationären Behandlung – nicht. Retrospektiv gesehen könnte die mangelnde Konsequenz im Umgang mit der Wochenendregelung ein entscheidender Grund dafür gewesen sein, daß die der Lähmung zugrunde liegenden familialen Konflikte nicht hinreichend therapeutisch bearbeitet werden konnten.

Am Beispiel einer konkreten Rahmenbedingung, der Wochenendbeurlaubung, wollte ich zeigen, daß jede Settingsgrenze therapeutisch genutzt werden kann. Solche Grenzen können zu wichtigen Kristallisationspunkten der therapeutischen Prozesse werden.

5.2 Struktur und Arbeitsweise des psychoanalytischen Teams

Das Herzstück unseres therapeutischen Angebotes ist die Patient-Therapeutengruppe-Beziehung, also die Beziehung des Patienten zu einem Behandlungsteam, das gemeinsam die therapeutischen Aufgaben wahrnimmt. Die Integration aller Berufsgruppen in ein Team, in dem jeder therapeutische Funktionen hat, ergab sich aus den schon erwähnten therapeutischen Erfahrungen in dem bipolaren Modell und aus der Erwägung, daß die stationäre Psychotherapie für den Patienten ein Angebot sein soll, das ihn in einer fördernden Umwelt (Winnicott 1965) und einer verläßlich haltenden Atmosphäre (Balint 1968, Loch 1974, Fürstenau 1977b) zur Re-Inszenierung seiner infantilen Szene in den therapeutischen Beziehungen anregen soll. Voraussetzung für eine solche therapeutische Atmosphäre sind meiner Ansicht nach Beziehungsstrukturen im Gesamtteam, die die personale und berufliche Identität jedes einzelnen erhalten und narzißtische Konflikte und Identitätsstörungen, d. h. Probleme der Wertigkeit des Tuns, vermeiden.

Es ist wenig dienlich, sich dabei allein auf den »guten Willen« aller Beteiligter zu verlassen. Die Teamstruktur und die Leitung des Teams müssen so ausgerichtet sein, daß davon für jeden einzelnen und jede Berufsgruppe eine identitätserhaltende Wirkung ausgeht. Viele Anregungen fand ich bei der Konzeptualisierung der Teamstruktur und der Leitung des Teams in den psychoanalytischen (Erikson 1956/57, Levita 1971) und den soziologischen Identitätstheorien (Goffman 1967, Krappmann 1969). Letztere haben sich besonders mit dem Handeln um Identität in sozialen Situationen befaßt (Janssen 1979). Bei späteren Vergleichen stellte ich fest, daß Main (1946) bei der Konzeptualisierung der »therapeutischen Gemeinschaft«, die besser »psychotherapeutische Gemeinschaft« (Wilson 1984) genannt wird, ähnliche Ideen vertrat.

Mit Hilfe dieser Theorien konnte ich das therapeutische Handeln des einzelnen im Team nach der Idee von der »balancierenden Ich-Identität« (Krappmann 1969) verstehen: In der sozialen Situation »Krankenhaus« muß es jedem einzelnen aus der Therapeutengruppe möglich sein, um seine berufliche und persönliche Identität zu handeln. Seine personale und berufliche Identität repräsentiert sich in der jeweiligen therapeutischen Interaktion mit dem Patienten und in den Interaktionen im Team. In der Zusammenarbeit im Team sind sowohl die therapeutischen Interaktionen der Psychoanalytiker (Ärzte und Psychologen) geprägt von der beruflichen und persönlichen Identität, von Empathie und Gegenübertragung sowie von Theorieverständnis und Ausbildungsstand (Thomä 1977) als auch die Handlungen der anderen Berufsgruppen (Schwestern, Musik-, Mal-, Bewegungstherapeutinnen). Jede dieser Handlungen eines Mitglieds der Therapeutengruppe ist konsequenterweise stets auch ein Handeln um Identität.

Entsprechend dieser Grundidee mußte es in dem Team für jeden möglich sein, seine personale und berufliche Identität zu erhalten. Für unsere Arbeit folgte daraus, jedem in der Gruppe zu ermöglichen, alles das einzubringen, was er im Bereich seiner beruflichen und persönlichen Möglichkeiten und entsprechend seiner Einblicke in die Interaktionen versteht. In Hinblick auf die Teamstruktur und Leitung des Teams bedeutete dies, daß die Äußerungen, Einfälle und Interpretationen der Experten (analytischer Gruppen- oder Einzeltherapeut) nicht höher bewertet werden konnten als die der Nicht-Experten, z. B. Schwestern, oder auch umgekehrt. Es mußte jedem nach und nach deutlich werden, daß er nicht den anderen zu interpretieren hatte, sondern nur für einen Teilbereich des gesamten Beziehungsfeldes sprach. Nach meiner Erfahrung mit aufgabenbezogener Teamarbeit führt eine solche identitätserhaltende Interaktion auch zur Identifikation aller mit der therapeutischen Aufgabe.

Ein Team, in dem persönliche und subjektive Erfahrungen aus den Interaktionen durchgearbeitet werden, befindet sich in einem kontinuierlichen gruppendynamischen Prozeß, der sowohl von der patienteninduzierten wie auch der teameigenen Dynamik gespeist wird: Übertragungen, Aufnahmeszenen, Trennung von Patienten, Aktionen der Patienten, reaktivierte individuelle Konflikte in der Gegenübertragung, Gruppenkonflikte usw. Nur vermöge einer geregelten Beratung durch einen Psychoanalytiker, der mehr Abstand von den therapeutischen Beziehungen zu den Patienten hat, kann diese Gruppendynamik für den therapeutischen Prozeß des Patienten genutzt werden. Der Psychoanalytiker muß dafür sorgen, daß das Team seine »primäre Aufgabe« (Rice 1965), die therapeutischen Prozesse des Patienten zu fördern, aufrechterhalten kann.

In der Auseinandersetzung mit diesen Teamprozessen kam ich zu einem klinikinternen psychoanalytischen Beratungskonzept für die verschiedenen Konferenzen (vgl. Kap. 4.3). Eine wertvolle Orientierung dazu bietet das systemtheoretische und ichpsychologische Organisationskonzept Rices (1965, 1969, de Board 1978). Auf die Bedeutung dieses Konzeptes für die Organisation stationärer Psychotherapie hat auch Kernberg (1976 b) aufmerksam gemacht (vgl. Kap. 3.2). Es sei hier noch einmal kurz erläutert: Jedes Individuum, jede Gruppe und jede Organisation hat eine »primäre Aufgabe«, die darin liegt, reale konkrete Aufgaben zu bewältigen und diese mit den inneren Bedürfnissen abzustimmen. Nach dem Strukturmodell der Psychoanalyse ist beim Individuum das Ich diese vermittelnde Instanz (Wälder 1930). Gelingt dem Individuum die Bewältigung der primären Aufgaben nicht hinreichend, so sind therapeutische Interventionen erforderlich, die in einer therapeutischen Institution oder in der Gruppe der Leiter wahrnimmt.

Nach meinem Verständnis übernimmt der psychoanalytische Berater in diesem Sinne kontrollierende, realitätsorientierende Ichaufgaben für die Organisation wie für das jeweilige Team. Zugleich ist er ein verstehendes, tolerierendes, entängstigendes Übertragungsobjekt für das Team oder den einzelnen (Whiteley 1978). Er wird sowohl die »primäre Aufgabe« der Institution und des Teams, die Therapie des Patienten zu fördern, im Auge behalten müssen als auch die jeweils vorherrschenden gruppendynamischen Prozesse in der Therapeutengruppe.

Die gruppendynamischen Prozesse im Team sind vielfältig. In den Beispielen über den Umgang mit der Wochenendbeurlaubung wurden sie schon angedeutet, und an zahlreichen späteren Stellen müssen sie noch aufgezeigt werden. Hier möchte ich an einigen kurzen Szenen und dazugehörigen Anmerkungen den wechselseitigen Prozeß zwischen Patienten- und Therapeutengruppe sowie den Umgang des Beraters mit patienteninduzierten oder teameigenen Prozessen erläutern.

> Eine Patientengruppe verweigert sich, schweigt, trotzt, ist hilflos und unfähig. In ihren Phantasien fühlen sie sich der Macht der Therapeuten ausgeliefert, die »willkürlich« Termine verlegen, Urlaub machen und sie nicht ernst nehmen. Sie können ihre Enttäuschung und Wut über die Therapeuten, die ihre

Wünsche nicht erfüllen können, die sie mit Begrenzungen, Trennungen konfrontieren, nicht äußern. Es entwickelt sich eine »Gegenabhängigkeitsphase«, wie Bion (1961) dies nennt. Der Berater begegnet wiederum in der Therapeutengruppe einem ähnlichen Phänomen. Die Therapeuten verhalten sich retentiv, abwartend, hilflos, unfähig und können über ihre Erfahrungen und Erlebnisse im Umgang mit dem Patienten kaum berichten. Manchmal greifen sie den Berater direkt an, thematisieren ihre Gefühle der Abhängigkeit von ihm oder versuchen, die Leitung der Gruppe zu übernehmen. Der Berater kann die Reaktion auf ihn auch auf die Gefühle der Patienten beziehen, die sich von der phantasierten Macht der Therapeuten abhängig fühlen. Verhalten sich die Therapeuten retentiv und hilflos, dann hilft die Interpretation, daß die Therapeuten die »Erlösung« von dem Berater erwarteten, nicht weiter. Greift er zu früh das wenige mitgeteilte Material auf, so setzt er die Therapeutengruppe zusätzlich unter Druck. Seine Interventionen wirken dann wie Normen, Reglementierungen. Er verstärkt die Abhängigkeit der Therapeutengruppe und ihre Unfähigkeitsgefühle. Die Patienten möchten es den Therapeuten und die Therapeuten dem Berater recht machen, um akzeptiert zu werden. Besteht der Berater auf seiner interpretativen Kompetenz, so führt dies zur Lähmung der Gruppe und zur Unterbewertung der eigenen Möglichkeiten in der Therapeutengruppe oder auch zu Machtkämpfen um das »richtige« Verständnis der Prozesse.

Eine Nutzung solcher induzierten Phänomene, die sich hilfreich für den weiteren therapeutischen Prozeß der Patienten auswirkt, liegt darin, daß der Berater nicht interpretiert, sondern seine Erfahrungen und Beobachtungen mitteilt, jeden ermuntert, über Eindrücke zu berichten, und bei einem zögernden Verhalten der Therapeutengruppe interessiert nachfragt. Erst ein längerer Prozeß der Entfaltung des Materials ermöglicht jedem, sich zu beteiligen. Erst wenn die Therapeutengruppe wieder ihre eigenen therapeutischen Kompetenzen wahrnimmt, kann sie damit beginnen, die in der Patientengruppe und der Therapeutengruppe ablaufenden Prozesse, z. B. hinsichtlich Abhängigkeitsgefühlen und Gegenabhängigkeits-Bewegungen, zusammenhängend zu interpretieren.

Solche retentiven, gruppendynamischen Prozesse können ihre Ursache auch in teameigenen Konflikten haben und nicht Spiegel der Patientengruppe sein. Die Arbeitsfähigkeit des Teams kann blokkiert werden durch persönliche Konflikte im Team, die nicht ausgetragen werden, neue Mitglieder im Team, Abwesenheit von vertrauten Mitgliedern, Nebenkonferenzen einiger Mitglieder entgegen den festgelegten Konferenzen, Angst vor den Übergriffen von andern im Team oder von dem Berater, rivalisierende Abgrenzungsprozesse usw. Die Aufgabe des Beraters liegt im wesentlichen nicht darin, die Konflikte, soweit er sie erkennt, auf der gruppendynamischen Ebene anzusprechen, sondern Spielraum für die Diskussion über das Verständnis der psychoanalytischen Arbeit im Team zu geben. Eine solche Diskussion anhand konkreter Beispiele über Abgrenzungsversuche, eigenwillige Positionen, Verwischung von Aufgaben der verschiedenen Bereiche und insbesondere über Anordnungen, die einen »besseren« therapeutischen Umgang mit den Patienten bewirken sollen, kann den Grundkonsens und die Kohäsion der Therapeutengruppe wiederherstellen.

Einer intensiven Arbeit an der integrativen Kapazität des Teams bedarf es insbesondere, wenn die Kontrolle der Impulsivität oder der Aggressivität in der Patienten- oder Therapeutengruppe zusammenzubrechen droht oder zusammenbricht. An dem folgenden Beispiel eines Gruppenprozesses, der sich über Wochen hinzog, möchte ich dies verdeutlichen:

> In der gesamten Patientengruppe hatte sich eine starke aggressive Spannung entwickelt. Einige Patienten redeten wie »Maschinengewehre« auf die Therapeuten ein und projizierten alles Böse auf sie. Ein zwangsneurotischer Patient drohte mit seinem aggressiven Verhalten die Gruppe zu sprengen. Die Klinik kam unter Beschuß. Ein Therapeut hatte die Phantasie, ein »Bösewicht« werde ihn mit seiner Pistole bedrohen. Andere aus dem Team versuchten, sich gegenüber aggressiv-impulsiven Patienten dadurch zur Wehr zu setzen, daß sie von deren Entlassung sprachen. In der Therapeutengruppe übernahmen eine Schwester und der Gruppentherapeut die aggressive Spannung und trugen sie in Angriffen auf Berater oder Abteilungsschwester aus. In der Bewegungstherapie glaubte die Therapeutin die impulsiven Spiele der Patienten nicht mehr steuern zu können. Dort entlud sich dann auch die Spannung im motorischen Be-

reich. Eine Patientin stieß eines Tages bei einem hektischen Ballspiel mit einem jungen Mann zusammen und brach sich den Oberschenkel. Die Patienten gerieten in Panik. Sie suchte einen Zuständigen, der sofort den Schaden wiedergutmachen könnte. Andere verleugneten den Ernst der Verletzung der Patientin und wollten sie wieder auf die Beine stellen. Der Bewegungstherapeutin gelang die Hinzuziehung eines Arztes. Die Patienten warfen jedoch den Therapeuten vor, sie würden sich zuwenig bemühen, sie hätten den Unfall verhindern können. Ob dieser Angriffe entwickelte das Team Schuldgefühle: Was haben wir nicht gesehen, warum haben wir nicht mehr Kontrolle und Reglementierungen übernommen? Ohne strenge, steuernde Hand gerät eben alles aus den Fugen. – Meine beratende Arbeit im Team bestand nun darin, das Team wieder an eine differenzierende, analytische Arbeit heranzuführen, und nicht in der Ausübung dienstlicher Kontrollfunktion, die das Team in der Übertragung auf mich erwartete. Zunächst wurden alle Beobachtungen, die sich auf diesen »Unfall« bezogen, zusammengetragen. Es wurde deutlich, daß die Patientin, die den Unfall hatte, eigene individuelle Konflikte oder deren pathologische Lösung in der Gruppe wiederholte. Diese Lösung bestand darin, daß sie per Aktion vorführte, wie Impulsivität zu Verletzung, Beschädigung oder auch Mord führen kann. Sie hatte als junge Frau mit ihrem damaligen Freund in einem Zelt geschlafen und war von zwei Männern überfallen, vergewaltigt und beschossen worden. Sie hatte hierbei eine schwere Oberschenkeltrümmerfraktur erlitten, war lange im Krankenhaus behandelt worden und erkrankte an einem Morbus Crohn. Psychisch reagierte sie auf diese Traumatisierung mit einem autistischen Zustand. Sie konnte keinerlei Annäherung ertragen. Im Laufe der Behandlung hatte sie sich zunehmend geöffnet, wurde impulsiver, angeregt von dem oben skizzierten Gruppenprozeß. Sie sprach auf Veranlassung des Gruppentherapeuten erstmals über ihren »Unfall«, wie sie und ihr Mann den Vorfall im Zelt bezeichneten. Damit brach sie die Vereinbarung mit ihrem Mann, nie mehr darüber zu sprechen. Nur kurz war etwas von ihrer Wut auf die Männer aufgetaucht, bis sich der »Unfall«, die Wiederholung der traumatischen Situation, in der Bewegungstherapie ereignete. – Die Therapeutengruppe konnte nun den

»Unfall« in Zusammenhang mit der Impulsivität der Patientengruppe und dem individuellen Lebensschicksal der Patientin verstehen. Die Schuldgefühle in der Therapeutengruppe, die aktionistischen Gegenbewegungen nach mehr Reglementierung und Kontrolle erhielten einen neuen Stellenwert in der Rekonstruktion der Gesamtszene: Wir wollten durch mehr Kontrolle die Impulsivität und die Traumatisierungen der Patienten sowie deren Wiederholung in unserem Arrangement unterbinden, da wir Angst vor der Impulsivität der Patienten wie auch vor unserer eigenen hatten.

Aus der oben diskutierten Theorie über identitätserhaltende Interaktionen in der Teamarbeit und den praktischen Erfahrungen mit den Teamprozessen entwickelte ich *Leitideen für die Teamarbeit*, die in *Abbildung 8* zusammengefaßt sind. Grundregel des Teams sollte der kontinuierliche, offene Austausch über Beobachtungen und Erfahrungen in den Interaktionen mit den Patienten sein. Nur über einen solchen offenen Austausch in den regelmäßigen Konferenzen können die sich entwickelnden Beziehungsmuster in den einzelnen Therapiefeldern erkannt und in das Gesamtteam integriert werden.

1. In den verschiedenen Therapiefeldern übernehmen die einzelnen Teammitglieder gegenüber den Patienten sozusagen »primäre Aufgaben«. In den Besprechungen übernimmt diese der beratende Psychoanalytiker, der keinen therapeutischen Kontakt zu den Patienten hat. Er stellt sich als Psychoanalytiker sowohl mit seiner empathisch-verstehenden und interpretativen Kompetenz wie auch mit seinen realitätskontrollierenden Ichfunktionen und seinen Kenntnissen über organisatorische und administrative Zusammenhänge zur Verfügung. Seine empathisch-verstehende und interpretative Aufgabe im Sinne der Supervision ist, die Teammitglieder zur Bearbeitung der szenischen Darstellungen oder verbalen Mitteilungen des Patienten anzuhalten und die unterschiedlichen Beziehungsaspekte aus den einzelnen Feldern zusammenzuführen. Das Team arbeitet mit seiner Hilfe daran, die »Übertragungsgestalt« des Patienten zu verstehen, bisher Unverbundenes zu verbinden und therapeutische Umgangsweisen und Interpretationen zu erarbeiten.

Im Hinblick auf die Realitätsorientierung vertritt er die Erhaltung des Institutionsrahmens (z. B. Regelungen mit Verwaltung

1. Psychoanalytische Beratung:	Kontinuierliche patientenbezogene Beratung mit Aspekten der Strukturierung, Erhaltung des Institutions-, Besprechungs-Rahmens, der therapeutischen Rahmenbedingungen. Arbeitsmotivation des Teams. Fokussierung von Konflikten. Interpretation der Szene und Herstellung von Verbindungen zwischen therapeutischen Feldern.
2. Kontinuität der Besprechungen:	Regelmäßige Teambesprechungen mit Präsenzpflicht für jeden, der an dem therapeutischen Prozeß beteiligt ist. Kein Beobachterstatus.
3. Authentizität und Subjektivität der Darstellung der Teammitglieder:	Offener Austausch der Beobachtungen, Aktionen, Erfahrungen, Erwartungen, Einfälle, Träume, Gefühle der Patienten und der Therapeuten. Diskretionsregel gilt nur nach außen.
4. Patientenbezogene Interpretationen der Gegenübertragungsreaktionen:	Grenzen zwischen Patienten- und Therapeutengruppe und therapeutische Identität von jedem im Team aufrechterhalten.
5. Therapeutische Identität jeder Berufsgruppe im Team:	Gleichwertigkeit jedes Beziehungsfeldes, Erhaltung des therapeutischen Raumes für jedes Feld.

Abb. 8: Leitideen für die Übernahme der »primären Aufgaben« des Teams

und Kostenträger) und des Besprechungsrahmens (z. B. Zeit und Ort der Besprechung und Anwesenheit der Therapeuten). Dies bedeutet auch, daß er bei Konflikten und regressiven Tendenzen die Arbeitsebene der Therapeutengruppe aufrechterhält. Er kann solche Teamkonflikte nutzen für das Verständnis der Prozesse in der Patientengruppe. Können sich die einzelnen Teammitglieder mit seiner Haltung identifizieren, so wirkt sie modellhaft für den therapeutischen Umgang mit den Patienten.

Zu der interpretativen Funktion des beratenden Psychoanalytikers habe ich schon Beispiele genannt und werde noch weitere aufführen. An dieser Stelle möchte ich auf einige Beispiele eingehen, die die Funktion des Beraters bei der Aufrechterhaltung des Institutionsrahmens, des Besprechungsrahmens und der Arbeitsebene betreffen.

Da die Behandlungsdauer nicht festgelegt ist – sie liegt im Durchschnitt bei ca. sechs Monaten, kann auch darüber hinausgehen –, erhalten wir immer wieder Anfragen der Kostenträger nach Begründungen über die Notwendigkeit der stationären Weiterbehandlung. Die Beantwortung dieser Anfragen liegt in der Hand des Einzeltherapeuten. Nun ergeben sich Übertragungs-Gegenübertragungskonstellationen, in denen der Patient und der Therapeut die Anfragen des Dritten (Kostenträger) als »Störung« für ihr Beziehungsgefüge erleben. So kann z. B. der Therapeut eine symbiotische Anklammerung des Patienten an ihn als einen wichtigen Schritt im therapeutischen Prozeß verstehen. Kommt in diesem Stadium eine Anfrage des Kostenträgers, der eine Begrenzung vorschlägt, ist der Therapeut zu Recht irritiert. Manche Therapeuten reflektieren nun nicht hinreichend ihre Beziehungssituation, sondern beschuldigen den unverständigen »Dritten«, den Kostenträger. Sie reagieren unwillig, und entsprechend abweisend klingen ihre Formulierungen gegenüber den ärztlichen Gutachten der Kostenträger, die daraufhin nun wieder verärgert reagieren. Ich bestehe darauf, daß diese Anfragen und Formulierungen gegenüber den Kostenträgern in den Konferenzen oder außerhalb beraten werden. Dies hat zum einen den Vorteil, daß der »störende Dritte« ins Team geholt wird und nicht als bedrohliches Objekt von außen eindringt und daß die jeweilige Beziehungskonstellation zum Einzeltherapeuten analysiert werden kann.

Zum andern sind wir gezwungen, uns über den Stand der Behandlung Gedanken zu machen, eine wirklich informative Formulierung für den begutachtenden Arzt zu finden und möglicherweise rechtzeitig mit dem Patienten die Begrenzung der Behandlung zu besprechen. Es ist eine wesentliche Aufgabe des Beraters, den Therapeuten zu helfen, nicht den Phantasien der Patienten vom Paradies zu erliegen, die Begrenzung der Behandlung auch akzeptieren zu können und rechtzeitig mit dem Patienten die Arbeit an der Loslösung von der Klinik zu beginnen.

Wie notwendig die Figur des Beraters ist, zeigt insbesondere die Arbeit mit süchtig agierenden oder somatisch dekompensierenden Patienten. Ein Patient mit einer Borderline-Persönlichkeitsstruktur reagierte nach anfänglicher Idealisierung der Behandlung, insbesondere aber der Einzeltherapeutin, auf eine erste Begrenzung hin mit verstärktem Alkoholkonsum. Er betrank sich demonstrativ, erschien betrunken vor den Schwestern oder brachte provokativ Alkohol auf die Station. Dies war gegen den Kontrakt. Er wurde mehrfach auf seine Verstöße angesprochen, was jedoch ohne Wirkung blieb. Das Problem wurde vor die Konferenz gebracht. Dabei schwang in der Therapeutengruppe mit, der Berater solle nun entscheiden, daß der Patient behandlungsunfähig sei. Er solle eingreifen und die Verlegung des Patienten empfehlen. Ich untersuchte zunächst mit dem Team, was die Ursachen des süchtigen Agierens sein könnten. Wir fanden, daß er sich tief enttäuscht von der anfänglich idealisierten Einzeltherapeutin fühlte. Die Frage der Behandelbarkeit schien mir aber noch nicht ausgeschöpft. Es bot sich an, mit dem Patienten zu einem Vertrag zu kommen: Er dürfe die Station nicht verlassen, weil er sonst seine Möglichkeit der Behandlung selbst zerstöre. Der Patient konnte auf diesen Vertrag eingehen. Diese strukturierende Maßnahme hielten wir nur am Wochenende nicht ein. Über eine längere Zeit konnte er sich bei Anwachsen starker Ängste an diese Vereinbarung halten. Die Einzeltherapeutin stand ihm für Einzelgespräche zur Verfügung und konnte seine chaotischen Erlebnisse und Erfahrungen ertragen: Er träumte von Schlangen, die ihn annagten und erwürgten. Er fühlte sich wie im Kerker, zwei Gestalten in seinem Kopf würden miteinander kämpfen.

Er phantasierte von einem kleinen Kind im Schoß einer dicken schwarzen Mama im Urwald. Diese Bilder machten deutlich, wie heftig er mit den negativen Affekten aus seiner Mutterbeziehung rang. Er wollte sich davon befreien und träumte davon, als Vertreter zu reisen. Entfremdungs- und Depersonalisationsphänomene tauchten auf. Er wurde geräuschempfindlich und am Wochenende in einer Auseinandersetzung mit seiner Mutter auch fast tätlich. Schließlich blieb er doch am »Vatertag« aus der Klinik weg und betrank sich. Er kam erst zwei Tage später wieder zurück. Ihm war klar, daß er sich damit selber entlassen hatte. Auch in einer solchen Situation blieben wir weiter mit ihm im Gespräch z. B. über andere Behandlungsmöglichkeiten, aber konsequent in der Einhaltung der Vereinbarungen mit ihm sowie in der Aufrechterhaltung der analytisch-therapeutischen Arbeitsweise. Nur dadurch kann das Team sich nach und nach mit ihr identifizieren.

Auch bei psychosomatisch erkrankten Patienten gab es Situationen, die erhebliche Probleme bei der Aufrechterhaltung der analytisch-therapeutischen Arbeitsebene mit sich brachten. So konnte die Gewichtsabnahme von Anorexie-Patienten zu Todesängsten und Todesphantasien bei den Teammitgliedern führen und den Stationsarzt zu früh zur Durchführung einer künstlichen Ernährung veranlsssen, während der Einzeltherapeut den Zustand eher zu übersehen schien. Das drängende Verlangen nach medizinischen Maßnahmen, z. B. auch Verlegung in eine internistische Klinik, entsprach manchmal eher den in der Therapeutengruppe aufkommenden Todesängsten als dem wirklichen somatischen Zustand der Patienten. Es gab auch umgekehrte Situationen. So war z. B. bei einem drohenden Kot-Ileus einer Anorexie-Patientin die Angst vor der medizinisch notwendigen Maßnahme (Einläufe), die die Schwestern durchführen mußten, so hemmend, daß ich sie mit den Schwestern durcharbeiten mußte.

Der beratende Psychoanalytiker ist nicht zuletzt für die Therapeutengruppe oder für einzelne aus der Therapeutengruppe auch ein Übertragungsobjekt, manchmal auch der Dritte in der Beziehung zwischen Therapeut und Patient. Er ist in manchen Situationen mit dem präödipalen Vater (Rotmann 1978) vergleichbar, der »störend« für die symbiotische Mutter-Kind-Dyade ist. Zugleich ist er aber ein Objekt, das dem Kind (Patient) und der Mutter (Therapeuten) ermöglicht, sich aus der symbiotischen Beziehung zu lösen, und Abwesenheit wie ihre affektiven Folgen zu tolerieren hilft, d. h. ein Objekt, das Hilfestellung für eine progressive Entwicklung gibt.

2. Die weiteren Leitideen für den Berater und für die Teamarbeit ergaben sich aus der Gesamtkonzeption der stationären psychoanalytischen Therapie. Da ist zunächst die Aufrechterhaltung der *Kontinuität der Besprechungen*, an denen das jeweilige Behandlerteam teilnehmen muß. Hingegen werden in den meisten Konferenzen keine Beobachter aus anderen Behandlerteams aufgenommen. Lediglich in der Gesamtteamkonferenz findet die Begegnung der verschiedenen Behandlerteams statt. Die Kontinuität der Besprechung gewährleistet zugleich eine regelmäßige Beschäftigung mit dem therapeutischen Prozeß des Patienten. Ein Nachlassen des Interesses am Patienten wird als Gegenübertragungsproblem verstanden.

3. Eine weitere Leitidee ist, eine Atmosphäre zu schaffen, in der die *Authentizität* und *Subjektivität* der Mitteilungen der Therapeuten erhalten bleiben können. Nur über den offenen Austausch von Beobachtungen, angenehmen und unangenehmen Erfahrungen mit den Patienten, Erwartungen, Fragen, Einfällen, Träumen der Patienten und der Therapeuten, Aktionen, positiven wie negativen Gefühlen gegenüber den Patienten, eigenen Interventionen u. a., nur durch die Arbeit an den darin sichtbaren Übertragungs- und Gegenübertragungsprozessen ist ein kontinuierlicher therapeutischer Prozeß möglich. Eine Diskretionsregel nach innen konnte es daher nicht geben. Alle sollen am therapeutischen Geschehen, z. B. über Gruppenbeobachtungen hinter dem Einwegspiegel, teilnehmen können. Selbstverständlich müssen die Patienten über diese Regelungen informiert werden.

4. Aus dieser Leitidee ergab sich eine weitere. Insbesondere der Berater soll darauf achten, daß die *Interpretation von Gegenübertragungsgefühlen und -aktionen patientenbezogen bleiben.* Die Besprechungen sollen keine Selbsterfahrungsgruppe sein. Mit dieser Regel ist es möglich, die Grenzen zwischen Patienten- und Therapeutengruppe und damit auch die therapeutische Identität eines jeden im Team aufrechtzuerhalten. Nur so läßt sich m. E. erreichen, daß authentische Mitteilungen über positive oder nega-

tive Gegenübertragungsgefühle, Träume über den Patienten und auch affektive Verwicklungen mit ihm geäußert werden. Diese Position möchte ich an kurzen Beispielen erläutern, denn die Art und Weise des Umgangs mit Gegenübertragungsreaktionen, insbesondere den meist tabuisierten aggressiven, ist für die therapeutische Arbeit von erheblicher Bedeutung.

Eine Patientin wurde wegen kachektischen Zustandes bei Morbus Crohn und schwerer depressiver Verstimmung stationär behandelt. Sie konnte über Wochen hinweg ihren abgekapselten Zustand nicht aufgeben. Nur mit Mühe gelang es einer Schwester, sie zu bewegen, einen besonders für sie zubereiteten Brei zu sich zu nehmen. Über diese positive Erfahrung entwickelte sich eine intensive Beziehung zu dieser Schwester. Die Patientin suchte auch außerhalb der Visiten immer wieder den Kontakt mit dieser Schwester, ließ sie in den Gesprächen nicht mehr los, bot ihr auch eine persönliche Beziehung an, die über die stationäre Behandlungszeit hinaus bestehen sollte. Die Schwester fühlte sich von der Patientin »total vereinnahmt« und bekam Angst um ihre Autonomie. Sie träumte von einer Qualle, die sie nicht mehr loslassen würde. Offensichtlich spürte sie voller Angst, daß das frühe Mutterproblem auch in ihr wiedererweckt wurde und sie sich unlösbar verwickeln könnte. Nur durch ein distanzierendes bis aggressives Gegenreagieren gelang es ihr, die Beziehung zu der Patientin in für sie tolerablen Grenzen zu halten. In der Besprechung brachte sie ihren Traum, ihre Angst und ihr Gegenreagieren ein. Sie löste in dem Team Betroffenheit und Schweigen aus. Aus meiner Sicht war dieser symbiotische Modus der Objektwahl, den ich nach Kohut auch als Selbst-Objekt-Wahl verstehen konnte, ein wichtiger Schritt in der therapeutischen Entwicklung der Patientin. Ich konnte aber auch die Angst der Schwester in einer solchen intensiven Beziehung und ihre aggressive Abgrenzungsreaktion als Schutzbedürfnis verstehen. Ich dachte, daß in dieser Situation die Arbeit an der individuellen Übertragungs-Gegenübertragungskonstellation in der Schwester-Patient-Beziehung kaum weiterhelfen würde, sondern nur die Bereitschaft des Teams, die Schwester in dieser schwierigen Beziehungskonstellation zu unterstützen. Ich sprach deswegen die Angst der Schwester in einer solchen intensiven Beziehung an und zeigte mein Verständnis für ihr Schutzbedürfnis. Das Team war erleichtert, denn es hatte offensichtlich Kritik von mir erwartet. Es konnte sich nun mit der besonderen Beziehungskonstellation befassen, eigene Reaktionen in solchen Beziehungssituationen mitteilen und im weiteren Prozeß auch Enttäuschungsreaktionen der Patientin besser verstehen und mit ihr durcharbeiten.

In anderen Situationen hielt ich es für angezeigt, die eigenen Anteile offener anzusprechen:

Eine neue, im psychotherapeutischen Umgang noch unsichere Schwester, begegnete den Patienten auf der Station eher lustig und burschikos. Eine der Patientinnen war enttäuscht über den Weggang einer Schwester, über die mangelnde Präsenz und die geringe Akzeptanz. Sie wählte sich diese neue Schwester als Objekt, machte ihr Vorwürfe wegen ihres Verhaltens und sagte ihr, daß sie sich dadurch nicht ernstgenommen fühle. Die Schwester setzte sich zur Wehr, wodurch es zu einer aggressiven Auseinandersetzung mit der Patientin kam. In der darauffolgenden Visite tadelte eine ältere Schwester diese Patientin wegen ihres aggressiven Verhaltens. Diese ältere Schwester fürchtete, die neue Schwester könne das Team wieder verlassen, wenn sie nicht freundlicher aufgenomen würde. Die Patientin fühlte sich, zu Recht, gemaßregelt und wandte sich mit ihrem Problem an den Gruppentherapeuten. Der wiederum war verwirrt, da er nicht wußte, was er von den Schwestern halten sollte. Ich als Berater intervenierte hier sinngemäß: Es seien auch eigene Anteile in der Interaktion mit den Patienten, ob wir es wollten oder nicht. Die Patienten könnten uns auch den Spiegel vorhalten. Sie hätten das Recht dazu. Wir wünschten sogar, daß sie alle ihre Affekte in die therapeutischen Beziehungen einbringen, ob diese uns nun angenehm seien oder nicht. Diese Intervention löste bei den Schwestern Bestürzung aus, denn sie fühlten sich nicht in Schutz genommen. Meine Intervention führte aber zu einer deutlichen Einstellungsänderung gegenüber der Patientin, was deren therapeutischen Prozeß positiv beeinflußte.

Die Aufrechterhaltung von Authentizität und Subjektivität dient aber nicht nur dem therapeutischen Prozeß des Patienten, sondern fördert auch die therapeutische Identität jedes einzelnen. Wegen der prinzipiellen Gleichwertigkeit jedes Beziehungsfeldes in den

Besprechungen wird auch jeder eher bereit sein, seine subjektiven Erfahrungen in seinem spezifischen Interaktionsfeld, das er entsprechend seiner Vorstellung gestaltet, einzubringen. Die immer wieder auftauchenden Tendenzen, bestimmte Vorstellungen oder therapeutische Meinungen durchzusetzen, verhindern es, Übertragungs-Gegenübertragungsprozesse offen einzubringen. Anordnungen (wie zum Beispiel: die Schwestern sollen dieses oder das besprechen oder die Bewegungstherapeutin diese oder jene Übung machen) sind wenig förderlich für die Entwicklung einer therapeutischen Identität im eigenen Beziehungsfeld wie auch in den Konferenzen.

Auch bei aller individuellen Spielbreite im therapeutischen Umgang bleibt über die kontinuierliche Auseinandersetzung um Grundannahmen, Rahmenbedingungen, um therapeutisches Arbeitsbündnis und Verständnis der Prozesse ein Zusammenhalt der Auffassungen bestehen. Die Sicherung der therapeutischen Identität schafft eine therapeutische Atmosphäre, in der der Patient sich gehalten fühlt. Besonders eine Analyse der destruktiven Aktionen frühgestörter Patienten gegen den haltenden Rahmen ermöglicht es, eine Einsicht in die Tragik des Patienten zu gewinnen, die ihn zu solch heftigen aggressiven Aktionen veranlaßt.

Können gravierende Probleme bei heftig agierenden Patienten in einem Behandlungsteam, aus welchen Gründen auch immer, nicht ausreichend diskutiert werden, so erscheinen solche zumeist in der Gesamtteambesprechung. Hier können nun andere Behandlungsteams ein wichtiges Feedback für den Gruppenprozeß geben. So kann nicht nur der beratende Psychoanalytiker eine realitätsorientierende, integrierende Ichfunktion für die Behandlergruppe haben, sondern zugleich die Gesamtgruppe diese übernehmen oder ergänzen.

Das Durcharbeiten der Re-Inszenierungen der infantilen Objektbeziehungsmuster im Team ist nicht an sich sinnvoll, sondern nur dann, wenn es für den therapeutischen Prozeß des Patienten förderlich ist. Nach unserer Erfahrung beeinflußt dieses Durcharbeiten die darauffolgenden Interaktionen mit den Patienten. Insofern erweitert sich durch die Arbeit in den Konferenzen für jeden Therapeuten das Verstehen des Gesamtprozesses. Dadurch kann er *seinen* therapeutischen Umgang mit den Patienten immer wieder an der *Gesamtszene* orientieren.

Die Musiktherapeutin trug mit einem männlichen Patienten einen Machtkampf aus. Er erlebte das Angebot der Musiktherapie als Anordnung und verweigerte sich. Die Musiktherapeutin versuchte, ihn über Vorspielen zu motivieren. Zögernd griff er das Angebot auf und ließ sich sogar auf eine musikalische Interaktion mit der Musiktherapeutin ein. Danach wollte er gelobt werden, er habe es besonders gut gemacht. Er wollte die Stunde überziehen. Die Musiktherapeutin fühlte sich bedrängt und reagierte mit der Bemerkung: Lassen wir es für heute gut sein. Der Patient fühlte sich gekränkt, wurde wütend und kam nicht mehr in die Musiktherapie. – Als die Musiktherapeutin dieses Problem in der Besprechung vorbrachte, schien es zunächst ein singuläres Problem ihrer Beziehung zu sein. Dann wurde durch die Einfälle der Therapeutengruppe deutlich, daß das Abwehrverhalten des Patienten, sein Kampf gegen Anordnungen, als zwanghaftes Bemühen um Autonomie zu verstehen war. Besonders eindrucksvoll war die Mitteilung einer Schwester. Er lag auch mit ihr in einem Machtkampf. Er fürchtete ihre Dominanz. Als sie ihn auf seine Mutter ansprach, begann er zu weinen und meinte, er habe sich eine gute Beziehung zu ihr gewünscht. Die Schwester war beeindruckt von dem Wechsel des Affektes. Dem Team wurde nun deutlich: Er fürchtete, daß in der Musiktherapie sein übergroßes Bedürfnis nach Nähe und Verbundenheit, das heißt seine schmerzliche Muttererfahrung, wiederbelebt würde. Darum bemühte er sich zwanghaft um Autonomie und wehrte sich gegen aufkommende Wünsche. – Im Verlauf der Besprechung konnte die Musiktherapeutin die Angst des Patienten, aber auch seine Bereitschaft, sich ganz fallen zu lassen (Überziehen der Musiktherapie-Stunde) verstehen. In ihrem Interaktionsfeld hatte sie aus Gründen, die in ihrer Gegenübertragung lagen – er hatte sie mit dem Kampf um seine Autonomie verärgert –, keinen Zugang gefunden. Ich sprach sie nicht direkt auf ihre Gegenübertragung an, aber sie erfuhr sie indirekt über die Äußerungen der anderen Therapeuten. In der nächsten therapeutischen Begegnung mit dem Patienten änderte sie ihre Haltung. Sie ging nicht mehr auf den Machtkampf ein, sondern bot ihm eine Möglichkeit, sich ihr musikalisch positiv zu nähern, auch war sie fähig zu tolerieren, daß es ihm Schwierigkeiten machte, die Stunde zu beenden.

Bei der Beratung von Gruppenprozessen ergaben sich ähnliche Strategien. Nach einer hinter dem Einwegspiegel beobachteten Gruppensitzung drehte sich in der Gruppe der Therapeuten die Diskussion um die Frage der therapeutischen Erreichbarkeit von zwei männlichen Patienten. Beide Männer rangelten in der Gruppensitzung miteinander und erlaubten sich wechselseitig kaum, daß Stille oder auch Gefühle aufkommen konnten. Zwei Frauen der Gruppe waren unwesentlich daran beteiligt, zwei andere saßen stumm und deutlich depressiv in der Gruppe. Die Gruppentherapeutin war verärgert und intervenierte, die beiden Männer wollten wohl offensichtlich in der Therapie nicht mitarbeiten, sondern sich durch ihre Burschikosität und ihren oberflächlichen Streit heraushalten. Diese Auffassung bestimmte auch zunächst die Diskussion der Therapeutengruppe um den Gruppenprozeß. Die Schwestern saßen bei dieser Diskussion stumm dabei und konnten kaum einen Beitrag von ihren Erfahrungen auf der Station liefern, da sie den Ärger der Therapeutin nicht zu teilen vermochten. Erst als ich als Berater auf der Besprechung der Ereignisse auf der Station bestand, erfuhren wir, daß einer der beiden Männer auf der Station sich hilflos und regressiv verhalten hatte. Er war am Wochenende in die Klinik zurückgekommen und hatte gegenüber der Schwester geäußert, er fühle sich unwohl, er habe auch erbrochen. Er bekam Tee und legte sich ins Bett. Am Montag nahm er nicht an der Gruppe teil, er vergaß die Sitzung. Er war ganz auf die Schwesternvisite hin orientiert. Auf die Schwestern wirkte er wie abwesend. Er kam erst aus diesem Zutand heraus, als eine Schwester ihn aufforderte, doch in die Gruppe zu gehen. Über diese Mitteilungen von der Station erfuhren nun auch die anderen Therapeuten, daß dieses streitende Sich-Aufrechthalten der beiden Männer während der Gruppensitzung eine Abwehr depressiver Leere- und Unlustgefühle war, die zum Teil auch somatisiert wurden (Erbrechen). Das Erfassen der Stations- wie der Gruppenprozesse veränderte die Auffassung der Gruppentherapeutin vom Gruppenprozeß. Sie verstand das Bemühen der beiden Männer als Delegation ihrer depressiven Grundstimmung an die beiden Patientinnen, die geschwiegen hatten.

An beiden Beispielen wird noch einmal deutlich, daß die Arbeit des Therapeutenteams an der Gesamtszene das Verständnis für die Prozesse in den einzelnen Feldern entscheidend fördert, verändert und verbessert. Die Aufgabe des beratenden Psychoanalytikers besteht also nicht *allein* darin, einzelne Interaktionsfelder hinsichtlich der Übertragungs- und Gegenübertragungsprozesse zu untersuchen, sondern die gesamte Therapeutengruppe dazu zu bewegen, daß sie Beobachtungen und Erfahrungen aus ihren Feldern einbringt. Insofern unterscheidet sich auch die Beratung von der im ambulanten Bereich üblichen Supervision.

Auf dem oben beschriebenen Wege können direkt und indirekt die Übertragungs-Gegenübertragungsprozesse in dem jeweiligen Interaktionsfeld für den betroffenen Therapeuten deutlich werden. Er nähert sich dem Patienten nun mit einem neuen Verständnis. Insofern ergibt sich ein *zirkulärer Prozeß von Durcharbeiten* in der Therapeutengruppe, Rückkoppelung zu dem Patienten in Form eines veränderten therapeutischen Verhaltens, erneute Reflexion und Durcharbeiten in der Therapeutengruppe usw.

5.3 Die Differenzierung der analytisch-therapeutischen Aufgaben im Team

Die Funktionen, die das Team bei der Förderung des therapeutischen Prozesses des Patienten zu erfüllen hat, können folgendermaßen zusammengefaßt werden:

- Gestaltung und Aufrechterhaltung der Rahmenbedingungen (Setting), eine grenzensetzende und haltende Funktion.
- Förderung der therapeutischen Arbeitsbeziehung und der Realitätsbeziehung während des therapeutischen Prozesses.
- Förderung von mütterlich-haltenden und diatrophischen Beziehungen bei Regressionsstadien mit Reaktivierung primitiver Übertragungsmuster und Ichdekompensation sowie die Möglichkeit der körperlichen Pflege und Behandlung bei somatisch Erkrankten.
- Interpretation und Durcharbeitung der re-inszenierten Konflikte.

In der integrativ arbeitenden Therapeutengruppe sind nun nicht die Aufgaben über Rollenzuweisungen festgeschrieben (z. B. die einen pflegen, und die andern interpretieren), sondern jeder therapeutische Umgang mit dem Patienten wird individuell je nach Art und Weise der Re-Inszenierung der Konflikte im klinischen Feld für jedes Beziehungsfeld besprochen. Im Umgang mit therapeutischen Aufgaben bilden sich aus Erfahrungen und theoretischen Überlegungen Schwerpunkte im therapeutischen Handeln heraus. Sie erlauben eine Differenzierung der jeweiligen therapeutischen Aufgaben. Zusammenfassend sind sie in *Abbildung 5* (Seite 100) wiedergegeben. Auch wenn sich Differenzierungen im therapeutischen Handeln ergaben, die sich aus den Unterschieden in den therapeutischen Arrangements (Gruppe, Einzeltherapie, Station, Mal-, Musik-, Bewegungstherapie) erklären, blieb doch jeder Bereich methodisch an einem psychoanalytischen Verständnis orientiert.

Vom Grundsatz des integrativen Modells her soll sich die Re-Inszenierung der Konflikte in der Patienten-Therapeutengruppen-Beziehung entwickeln. Dazu sind sowohl duale wie auch gruppale Beziehungsfelder vorhanden. Eine reine Gruppentherapie in der Klinik, wie sie z. B. von Bräutigam (1974), von Rad und Rüppell (1975), Arfsten und Hoffmann (1978) vorgeschlagen wurde, erwies sich als problematisch, insbesondere im Hinblick auf die Behandlung narzißtisch gestörter und Borderline-Patienten. Eine Kombinationsbehandlung (vgl. auch Kordy et al. 1983) schien uns eher der Pathologie strukturell ichgestörter Patienten zu entsprechen. Neben der Patienten-Therapeutengruppen-Beziehung mußten wir aber auch das Feld der Patienten-Patienten-Beziehung, die Kultur und Atmosphäre der Peer-Gruppe unter therapeutischen Gesichtspunkten betrachten.

So lassen sich drei Ebenen der stationären psychoanalytischen Therapie in dem integrativen Modell unterscheiden:

- Der konfrontativ-interpretative Bereich (Gruppen- u. Einzeltherapie)
- Der extraverbale, kreative Zwischenbereich (Mal-, Musik-, Bewegungstherapie)
- Der haltende, tragende und pflegerisch-ärztlich versorgende Bereich (Schwestern, Stationsarzt).

Je nach der Erkrankung und Psychodynamik des Patienten oder der Patientengruppe werden diese Bereiche auch unterschiedlich zum Tragen kommen.

5.3.1 Psychoanalytische Gruppentherapie und Einzeltherapie

Auch wenn unser gesamtes Arrangement eine Verschränkung von dualen und gruppalen Beziehungsfeldern darstellt, soll der Schwerpunkt der interpretativ-konfrontativen Arbeit in der Gruppentherapie liegen. Die Erfahrungen mit psychoanalytischer Therapie in Kleingruppen haben gezeigt, daß die Patienten verinnerlichte Interaktionserfahrungen mit den Eltern in personifizierten, interpersonalen Auseinandersetzungen in der Gruppe wiederholen (Foulkes 1964, Heigl-Evers und Heigl 1973 b). Heising et al. (1982) sehen in dieser »interaktiven Wiederholungssituation frühkindlicher Objektbeziehungen« eine spezifische Interaktionsstruktur der Gruppe.

Wie schon erwähnt, verstehen wir die Klinik mit Patienten und Teammitgliedern als strukturierte Großgruppe. Nach der psychoanalytischen Großgruppenforschung, z. B. in therapeutischen Gemeinschaften (Kreeger 1975), unterscheiden sich Prozesse in Großgruppen von denen in Kleingruppen oder in Zweierbeziehungen. In der Großgruppe sollen eher präödipale bzw. Prä-Individuationskonflikte, z. B. auf einem Borderline-Niveau, reaktiviert werden als in der Kleingruppe oder in der Dualbeziehung. Großgruppenprozesse führen zu verstärkt regressiven Prozessen auf frühe Entwicklungsstufen mit Auflösung von Selbst- und Ich-Grenzen und Austausch von Selbst-Aspekten unter den Mitgliedern der Gruppe (Bion 1961, Pines 1975, Kernberg 1976 b). In der Großgruppensituation der Klinik kommt es also zur *interaktionellen Re-Inszenierung primitiver Objektbeziehungsmuster*.

In der viermal wöchentlich stattfindenden Therapie in der Kleingruppe können nun die im gesamten multipersonalen Beziehungsfeld reaktivierten Objektbeziehungsmuster und die damit verbundenen Abwehroperationen im »Hier und Jetzt« therapeutisch durchgearbeitet werden. In der Gruppentherapie werden also nicht nur Gruppenkonflikte aus der Kleingruppe bearbeitet, sondern auch Konflikte, die sich im weiteren Umfeld dieser Gruppe ergeben haben. Die Wahrnehmung des Gruppentherapeuten und der Gruppenschwester ist daher nicht nur auf die aktuelle Gruppensituation gerichtet, sondern darüber hinaus auf die gesamten Beziehungsfelder innerhalb und auch außerhalb der Klinik, also auch auf die Beziehungen zu anderen Therapeuten. Letztere erfährt und erlebt er, wie vorher dargelegt, über die Konferenzen, und er wird auch diese seine dort gewonnenen Einsichten für den Gruppenprozeß nutzen.

Das Zusammenspiel von stationären Ereignissen und Gruppenprozessen soll an einem weiteren Beispiel verdeutlicht werden:

> Die Patienten hatten sich in der Gruppentherapie intensiv mit den strengen, verbietenden Müttern auseinandergesetzt. Am Nikolaustag hatten die Patienten nun Schuhe herausgestellt und erwarteten von den Schwestern wie selbstverständlich, daß ihnen Süßigkeiten in die Schuhe gelegt würden. Die Schwestern waren verwirrt. Einem ersten Gefühl folgend, wollten sie den Patienten diese Freude machen, taten es dann aber doch nicht. Die Schwestern erlebten sich dabei wie schlechte, frustrierende Mütter. In der Gruppe setzten sich die Patienten nun mit den bösen und frustrierenden Schwestern auseinander. Die infantilen Konflikte mit frustrierenden Müttern hatten sich also in der Schwesternbeziehung reaktiviert. Danach richtete sich die Suche nach einer spendenden, befriedigenden Mutter auf den Gruppentherapeuten. Dies wurde durch folgendes Ereignis eingeleitet: Der Gruppentherapeut kam mit einer vollen Tüte im Arm auf die Station, er suchte die Schwestern auf. Die Patienten teilten in der Gruppe ihre Phantasien über dieses Ereignis mit. Sie hatten gehofft, der Gruppentherapeut habe die volle Tüte für sie mitgebracht. Sie zeigten sich enttäuscht, daß auch er – wie schon vorher die Schwestern – nicht die Rolle der spendenden Mutter übernahm.

Besonders die *Beziehungen der Patienten untereinander* in ihrem Gruppenleben auf der Station sind Gegenstand der Analyse in der Kleingruppe. Dabei muß der Gruppentherapeut beachten, daß die Beziehungen sowohl durch das Zusammenleben in der Gruppe wie auch von der Intensität und Art der jeweils reaktualisierten infantilen Beziehungsmuster geprägt sind. Das Zusammenleben kann förderlich für die Realitätsorientierung sein, denn die Patienten müssen aufgrund der Bedingungen des Zusammenlebens zu sozialen Übereinkünften kommen. So gibt es z. B. von den Patienten initiierte Versammlungen zur Frage der Nutzung des Fernsehens, es gibt Abstimmungen, wenn ein Zimmerwechsel notwendig ist, usw. Die Therapeutengruppe achtet bei solchen Aktionen der Patienten nur darauf, daß die Rahmenbedingungen eingehalten werden. Einen direkten Einfluß nimmt sie nicht.

Die Patienten verbünden sich aber auch untereinander gegen die Therapeuten (vgl. Fallbeispiel Seite 193), sie rivalisieren wie Geschwister, bilden rivalisierende, stationsübergreifende Subgruppierungen oder gehen Paarbeziehungen ein. Aber sie können sich auch wechselseitig unterstützen und sich Hilfestellung bei Dekompensationen geben. Die Prozesse in der Patientengruppe sind also vielfältig. Eine besondere Bedeutung für die Therapie haben Patient-Patient-Beziehungen, in denen infantile Objektbeziehungsmuster re-inszeniert werden. Den Therapeuten erscheinen sie als negative oder positive Paarbeziehungen. Sie sind wertvolles Material für die therapeutische Arbeit (siehe auch Kap. 5.4). Hier sei als Beispiel auf eine Mutter-Tochter-Konstellation eingegangen, eine der möglichen Formen der Paarbeziehung:

> Es kam eine neue Patientin (47 J.) auf die Station. Sie hatte als Krankenschwester aufopferungsvoll Patienten gepflegt und war in der letzten Zeit zunehmend depressiv, hilflos und schwach geworden. Sie hatte sich von ihrem Mann getrennt. Mit ihrer großen Tochter soll sie ein herzliches Verhältnis gehabt haben. Die Tochter meinte, die Mutter sei jetzt so schwach und hilflos geworden, daß sie sie nicht wiedererkenne. In der Klinik war nun von ihrer Schwäche wenig zu spüren. Die Patientin kehrte sehr bald die starke, strenge, dominierende, aber auch um die Mitpatienten bemühte Mutter hervor. Wir verstanden ihr inneres Problem als reaktiviertes Verlustsyndrom: Die Patientin hatte im 4. Lebensjahr ihre Mutter durch Krankheit verloren und war zu strengen Pflegeeltern gekommen. Um sich die Liebe dieser neuen Eltern zu erhalten, durfte sie für sich nichts in Anspruch nehmen. Zugleich bestanden aber weiterhin die Wünsche nach oraler Versorgung, die sie zum Teil in die Pflege von Patienten als Krankenschwester lenkte. Wir hatten bald gespürt, wie heftig ihre oral-narzißtischen Ansprüche waren, z. B. wenn es um Aufmerksamkeit seitens der Schwestern, um Essensverteilung oder anderes ging. Sie war auf ein Zimmer zu einer jungen, magersüchtigen, bulimischen Patientin gekommen, die dieses Zimmer ganz für sich in Anspruch nehmen wollte. Diese besitzergreifende Patientin, die in einem permanenten Kampf mit der bösen, begrenzenden und verweigern-

den, versagenden Mutter lag, fühlte sich von der neuen Patientin dominiert. Sie projizierte die bösen Mutterintrojekte ganz auf diese, sagte, sie wolle ihr den Raum nehmen, wolle ihr etwas aufdrängen. Die ältere Patientin ihrerseits führte sich gegenüber dieser Patientin wie eine verbietende Mutter auf. Konkret wurde der Besitzkampf an Gegenständen im gemeinsamen Zimmer ausgetragen, insbesondere an der Benutzung eines Regals, das für beide vorgesehen war. Der Streit, der bei mancher Schwesternvisite Gesprächsthema war, entbrannte stets daran, wieviel Raum die eine oder andere in dem Regal für ihre Sachen beanspruchen durfte. Eine solche Paarkonstellation konnte sowohl bei der Schwesternvisite als auch in der Gruppe durchgearbeitet werden, zum Nutzen beider Patientinnen.

Die gruppalen Prozesse werden von einer *psychoanalytischen Einzeltherapie begleitet.* Wir halten sie für erforderlich, da in manchen Fällen über die duale Beziehung das Arbeitsbündnis eher aufrechterhalten und eine positive Identifikation mit der therapeutischen Arbeit eher erreicht werden kann. Schon bei der Einleitung der Behandlung – sie geschieht in den ambulanten Vorgesprächen – wird die empathische Beziehung des Einzeltherapeuten zum Patienten mitentscheidend für die Therapiemotivation sein. Die Aufrechterhaltung dieser dualen Beziehung während der stationären Behandlung fördert die Konstanz des therapeutischen Arbeitsbündnisses. So werden die einzeltherapeutischen Sitzungen als fakultativ angesehen, das heißt, sowohl der Einzeltherapeut als auch der Patient haben die Möglichkeit, je nach dynamischem Prozeß, eine Sitzung zu vereinbaren. Meist entwickelt sich jedoch im Laufe der stationären Behandlung ein regelmäßiger wöchentlicher einzeltherapeutischer Kontakt in einer spezifischen Übertragungskonstellation (vgl. Fallbeispiele Kap. 5.4.3). Sowohl Vermeidung einzeltherapeutischer Sitzungen wie häufiges Drängen danach werden in den Konferenzen dynamisch auf ihre Bedeutung hin untersucht.

Eine therapieerhaltende Bedeutung bekommen die dualen therapeutischen Beziehungen bei regressiven Zusammenbrüchen, heftigem Agieren und auch bei psychosomatischen Dekompensationen. Der Einzeltherapeut ist eher in der Lage, dem Patienten Hilfs-Ich-Angebote zu machen und stellvertretend Ichfunktionen für ihn zu übernehmen. So wird er zu einem therapiebegleitenden, schutzbietenden, koordinierenden, positiv besetzten, die Therapiemotivation erhaltenden, manchmal auch strukturierenden und einsichtfördernden Objekt werden können.

Verständlich machen möchte ich dies an der verkürzten Darstellung des Behandlungsverlaufs bei einem 35jährigen Patienten mit einer Borderline-Persönlichkeitsstruktur mit zahlreichen neurotischen und psychosomatischen Beschwerden sowie kurzen psychotischen Episoden. Er projizierte seine starken aggressiven inneren Spannungen auf äußere Objekte und erlebte sie als mächtig, gewaltig, ihn vernichten wollend, böse. Dies geschah bis zur paranoiden Realitätsverkennung oder Übertragungspsychose. Diese projektiv-identifikatorische Abwehr zeigte sich besonders in der Gruppentherapie und in der Schwesterngruppe, aber auch später in der Musiktherapie (vgl. Beispiel Seite 168): Er behauptete, die Schwestern verfolgten ihn mit ihren Hinweisen auf Einhaltung der Therapie- und Essenszeiten. Die Schwestern wiederum erlebten ihn wie ein wütendes, schreiendes, willkürlich forderndes Kind, »in das man einen Eisenbahnwaggon hineinstecken könnte«. Bei ihrem Nein-Sagen oder Hinweis auf Grenzen brüllte und tobte er und bedrohte die Schwestern, er werde ihnen den Hals umdrehen. In der Gruppe terrorisierte er die Gruppenmitglieder und den Gruppentherapeuten, er rannte hinaus, wann es ihm paßte, und explodierte, wenn man ihn ansprach. Er wäre nicht therapeutisch erreichbar gewesen, wenn er nicht zu der Einzeltherapeutin eine positive, bindende Übertragung entwickelt hätte (zur Spaltungsübertragung vgl. Kap. 5.4.3). Er idealisierte sie, verhielt sich bei ihr wie ein kleiner Junge, der lieb sein will. Er wünschte sich, daß sie ganz für ihn da sei. Diese Beziehung konnte auch Spannungen ertragen, z. B. den Urlaub der Therapeutin. Die Einzeltherapeutin wurde für ihn zum reparativen Objekt oder Selbst-Objekt, bei dem er Zuflucht suchen konnte, wenn er in den andern Bereichen in Krisen geriet. – Der Fall soll in Kap. 5.4.4 noch einmal aufgegriffen werden.

Eine wesentliche Aufgabe des Einzeltherapeuten besteht darin, den Patienten bei der *Durcharbeitung der Trennung* von der Klinik behilflich zu sein. Da die Dauer des Aufenthaltes nicht vorher festgelegt ist, wird von einem bestimmten, von Patient zu Patient verschiedenen Zeitpunkt an, entweder durch die Intervention des

Therapeuten, manchmal aufgrund der Anfragen der Kostenträger oder auch auf Wunsch des Patienten, der Prozeß der Trennung eingeleitet. Wie der Patient sich löst, z. B. mit Trennungsängsten, Verlustängsten, mit Entwertung der therapeutischen Beziehungen, mit einer reiferen Trauerreaktion usw., ist jeweils ein pathognomonisches Zeichen für den Stand seiner therapeutischen Entwicklung (Trimborn et al. 1981, Denford et al. 1983). Je nach Fall sind für den Trennungsprozeß ab Terminierung bis zu zwei Monate erforderlich. Gelingt es dem Patienten am Ende der stationären Therapie oder poststationär in den fünf Nachgesprächen, die aufzugebenden bzw. aufgegebenen Objektbeziehungen zu internalisieren, das positiv besetzte haltende Objekt innerlich zu verankern, so ist ein wesentlicher Schritt in der Therapie getan (Stephanos 1978 a). Die Prozesse scheinen lange über die Gesamtbehandlungszeit hinaus zu gehen. Dies zeigte sich in den Katamnesen und auch in vereinzelten Beobachtungen, denen zufolge manche ehemalige Patienten sich wieder annähern, Wünsche nach Weiterbehandlung äußern oder einfach nur den Kontakt mit uns suchen. Für das gesamte Therapeutenteam ist das Durcharbeiten der affektiven Trennungsreaktionen, aber auch die Verleugnung der zeitlichen Begrenzung stationärer Therapie ein dynamischer Schwerpunkt im therapeutischen Umgang mit dem Patienten.

5.3.2 Maltherapie und Musiktherapie

Diese therapeutischen Beziehungsfelder sind im psychoanalytischen Sinn ein »Zwischenbereich« (Winnicott 1971). Die Maltherapie und die Musiktherapie bieten dem Patienten die Möglichkeit, bei der Re-Inszenierung seiner Konflikte im klinischen Feld auf »extraverbale« Ausdrucksformen zurückzugreifen.

Ausgehend von der psychoanalytischen Kreativitätsforschung wurden diese meist rein pragmatischen und übenden Therapieformen zu psychoanalytisch orientierten weiterentwickelt (Janssen 1982, Janssen und Hekele 1986). Der Leitgedanke bei dem mal- und musiktherapeutischen Angebot ist, dem Patienten in der durch die klinische Behandlung verursachten regressiven Labilisierung ein Medium zur Verfügung zu stellen, in dem er kreative Ichaktivitäten zur »symbolischen Vergegenständlichung« (Müller-Braunschweig 1974, 1977) oder zur »symbolichen Kommunikation« (Naumburg 1966, Kramer 1971) entwickeln kann.

Der musik- und maltherapeutische Bereich regt kreative Ichfunktionen an, so daß im »Produkt« symbolisch Konflikte der Persönlichkeit dargestellt werden können (Müller-Braunschweig 1974, 1977). Dabei geschieht ein Wechsel von der sprachlichen Symbolik zur musikalischen und bildnerischen Symbolik. Musik und Bild sind Symbolsysteme, die sich dadurch von der Sprache unterscheiden, daß sie eine Ordnung präsentativer Symbole sind, während die Sprache eine diskursive Symbolordnung hat (Langer 1965). Das diskursive Symbolsystem ist durch ein Nacheinander von Symbolen, d. h. Worten, gekennzeichnet, während das präsentative Symbolsystem Verschiedenes und auch Konträres gleichzeitig darstellen kann. Ein solches präsentatives Symbolsystem stellen sowohl Musikwerke (Klausmeier 1976) als auch Bilder (Kramer 1971) dar. Aus diesem Grunde wählte ich für die gestalterischen Verfahren die Bezeichnung »extraverbal«, d. h. außerhalb der unmittelbaren sprachlichen Erfassung liegend, anstelle von non-, a- und präverbal. Die Bezeichnung »extraverbal« verdeutlicht, daß die musikalischen und bildnerischen Symbole bei der sprachlichen Beschreibung verändert werden, da ihr präsentativer Charakter in der Sprache nicht vermittelt wird und sie nur diskursiv sprachlich erfaßt werden können.

Dies ist nur eine Besonderheit des »Zwischenbereiches« Mal- und Musiktherapie. Aus psychogenetischer Sicht sind diese kreativen Prozesse geprägt von den Erfahrungen, die das Kind während der Ablösung von der Mutter macht. Sie ist charakterisiert durch den Umgang des Kindes mit seinem »Übergangsobjekt« (Winnicott 1953). Das Spiel mit Übergangsobjekten (z. B. einem Stück Stoff, einer Puppe) erleichtert dem Kind die Trennung von der Mutter. In ihnen werden innere und äußere Erfahrungen, subjektive und objektive Erfahrungen miteinander verbunden. In diesem Sinne ist das bildnerische oder musikalische Produkt ein »Übergangsobjekt«, ein »subjektives Objekt« (Winnicott 1971). Sie sind nicht wirklich dritte Objekte oder auch »Ersatzobjekte«, wie Müller-Braunschweig (1974, 1977) meint, sondern sie stehen wie die Übergangsobjekte der frühen Kindheit in einer engen Beziehung zur produzierenden Person und sind als »subjektive Objekte« Partner eines intensiven Gefühlsaustausches.

Die »subjektive Objektivierung« in Bild und Ton ermöglicht es besonders den psychosomatisch erkrankten und strukturell ichgestörten Patienten mit emotioneller Sprachunfähigkeit (Bräutigam 1978 a), sich in größerer Angstfreiheit ihrem Selbst-Erleben zuzuwenden und ihren Phantasiebereich wiederzuentdecken.

Musiktherapie und Maltherapie sind unterschiedliche Erfahrungsbereiche. Die Musiktherapie kann eher der Angst- und Spannungsbefreiung dienen (Kohut 1957, Kohut und Levarie 1950, Willms 1975). Die Spannungslösung durch Musik-Erleben wird nach Kohut durch die »regressive Erfahrung eines primitiven narzißtischen Gleichgewichtes« bewirkt. Im Bild hingegen können unbewußte Ichanteile »gleichsinnig« mit dranghaften Es-Tendenzen wirken. Im Gestalten, verändert durch den Filter unbewußter Ichanteile, organisieren sich diese unbewußten Strebungen im Produkt. Die »Vergegenständlichung« im Produkt »Bild« ist eine Form symbolischer Vermittlung intrapsychischer Prozesse (Müller-Braunschweig 1974). Im Bild können als gefährlich erlebte Impulse probehandelnd umgesetzt werden. »Die Ordnung des Bildes und die Rückmeldung des fertigen Produktes« erleichtern es dem Ich, diese gefährlichen Impulse zu kontrollieren und sie auch zu reintegrieren (Müller-Braunschweig und Möhlen 1980). Das Bild bietet also ichgerechtere Formen des Ausdrucks an. Sie können eine organisierende und strukturierende und damit auch ichstützende therapeutische Bedeutung haben.

Eine 19jährige Patientin war wegen ihrer Kontrollzwänge, panikartigen Angstanfälle, Wein- und Schreianfälle, Suizidversuche und zwanghaften Selbstbeschädigungstendenzen bei uns in Behandlung. In der Maltherapie blieb sie lange distanziert und malte selbstentwertende Bilder. Die Szene in der Maltherapie, die zu einer Veränderung führte, begann damit, daß die Patientin über Bauchschmerzen, Verstopfung klagte und unter Zwängen litt. Die Maltherapeutin hatte den Eindruck, daß die Patientin beunruhigt war und etwas nicht mitteilen konnte. Sie forderte die Patientin auf, doch das in ihr Auftauchende zu malen. Die Patientin begann zu weinen, überlegte und malte stumm und intensiv ein Viereck, von dem Pfeile ausgingen. Rings um das Viereck malte sie eindrucksvolle, beobachtende Augen. Beim Betrachten des Bildes erlebte sie wieder ihre Angst und ihre Beunruhigung, die sie befallen hatten, als sie von anderen hörte, daß eine Mitpatientin onaniert habe. Die reaktualisierten Ängste beschrieb sie folgendermaßen: Es sei so, als müsse sie nackt durch die Stadt rennen, alle Augen würden sie nackt sehen, der Vater würde sie für zu weiblich und zu dick halten, ein Tier könne unter ihren Rock kriechen. Die Augen auf dem Bild wurden in ihrem Erleben zu bestrafenden, strengen und kritischen Personen. – In psychodynamischer Sicht hatte die Patientin über das Bild ihre Es-Ängste und ihre Schuldgefühle erkannt und sprachlich ausgedrückt, was ihr bis zu diesem Zeitpunkt noch nicht gelungen war. Die präsentative Symbolik des Bildes hatte ihr eine unmittelbare evidente Wahrnehmung eines inneren Vorganges ermöglicht und dadurch die Erinnerungs- und Verbalisierungsfähigkeit angestoßen. Es entwickelte sich nun ein wechselnder Prozeß zwischen Verbalisierung in der Gruppentherapie und Gestalten in der Maltherapie; so malte sie z. B. die sie beunruhigenden sexuellen Wünsche als verzehrende Feuerkreise.

Solche Bilder und ähnliche über Übertragungsszenen, affektive Zustände wie Wut, Verzweiflung, depressive Leeregefühle, Einsamkeit, aber auch Objekt- oder Selbstbilder erlauben eine *ichgerechte, kreative Selbst-Aktualisierung*. Hinzu kommen bei der Betrachtung des Bildes die Einfälle zu der Darstellung und die Verbalisierungen (vgl. Naumburg 1966, Jakab 1968). Der Patient kann nach und nach über Bild und Einfälle die Bedeutung der inneren Vorgänge entdecken. Dabei begleitet ihn die Maltherapeutin nicht interpretierend und deutend, sondern die Selbst-Entdeckung anregend. Nur wenn der Patient die spontane Bildnerei als Möglichkeit zur Selbst-Entdeckung akzeptiert und die präsentativen Symbole als Mittel zur Kommunikation mit den Therapeuten verstehen kann, behält er auch die Freude und Lust am Gestalten und wird schließlich im Bild den Spiegel seines Selbst erkennen und das Bild zur Konfrontation mit sich selbst nutzen. Die Interventionen der Maltherapeutin haben im wesentlichen eine klärende und ichstützende Funktion. Durch ihre Förderung des Gestaltens und der Selbst-Entdeckung ist sie ein narzißtisch begleitendes Objekt. Wird sie in das Übertragungsgeschehen des Patienten integriert, so ist dies im kreativen Gestalten erkennbar.

Die zentralen Elemente unserer *Musiktherapie* sind die musikalische Produktion und Kommunikation. Die produktive Musiktherapie ist die Kommunikation mit sich selbst in Form der Selbst-Darstellung, der Selbst-Aktualisierung und des Selbst-Erlebens durch tonales Gestalten. Die kommunikative Musiktherapie ist die Begegnung mit dem musikalisch antwortenden Objekt »Musiktherapeutin«. Die kommunikative Musik-Therapie ist erst nach der Annäherung an die Musiktherapeutin und das Übergangsobjekt »Ton« bzw. »Tongestaltung« möglich.

Die *produktive Musiktherapie* ist die musikalische Gestaltung von Erlebnissen, Erfahrungen, Stimmungen, aktuellen Szenen usw. So werden z. B. Szenen aus der übrigen Therapie in der Musiktherapie durchgearbeitet und wiederum auf eine affekt- und erlebnisnahe sprachliche Ebene in der Reflexion über die musikalische Gestaltung gebracht.

Die *kommunikative Musiktherapie* ist die Begegnung mit dem musikalisch anderen Objekt. Wie oben dargelegt, kann man unter psychoanalytischen Gesichtspunkten die Musik als Übergangsobjekt verstehen. Das wirkliche Objekt ist die Musiktherapeutin. Sie regt zu Beginn der Musiktherapie an, das Übergangsobjekt Musik zu nutzen, ist daher mehr fördernd, vorspielend, ermunternd. Im Laufe der Therapie wird sie zu einem zuhörenden und schließlich zu einem musikalisch antwortenden Objekt. Schon im Einzelton-Spiel, später im Mehrton-Spiel, wird mit der musikalischen Antwort der Musiktherapeutin das Wahrnehmungsspektrum des Patienten, das primär bezogen ist auf das subjektive Objekt »Musik«, um das objektive Objekt »Musiktherapeutin« erweitert. Insofern ist der therapeutische Prozeß einerseits charakterisiert durch den Umgang mit dem Übergangsobjekt »Ton« bzw. »Tongestaltung« in der produktiven Musiktherapie, andererseits zielt die therapeutische Strategie darauf ab, im Sinne der Förderung der Individuation das objektive Objekt »Musiktherapeutin« als musikalisch eigenständiges wahrzunehmen und anzuerkennen.

Viele Patienten haben erhebliche Schwierigkeiten, den musikalisch anderen wahrzunehmen. Ton, Rhythmus, Lautstärke werden eingesetzt, um sich dem anderen gegenüber zu behaupten. Manche regredierten Patienten wollen in einer Homophonie eine Verschmelzung mit dem musikalisch sich anders äußernden Objekt herstellen. Manche wollen das getrennt erlebte Objekt über Musik manipulieren oder es zerstören (z. B. Borderline-Patienten). Zwanghafte Patienten neigen dazu, ihm ihr Ordnungsgefüge aufzuzwingen, um es unter Kontrolle zu halten. Diese musikalischen Beziehungsmodalitäten sind, entsprechend der Übertragung in der psychoanalytischen Therapie, spezifisch für die Entwicklung der Objektbeziehungsmuster in der Musiktherapie. Diese objektale Dimension in der Musiktherapie will ich an einem Beispiel verdeutlichen:

Bei dem Patienten lag eine Borderline-Pathologie auf niedrigem Entwicklungsniveau vor. Ich bin schon kurz auf ihn eingegangen (vgl. Beispiel S. 162). Er befand sich schon bei der stationären Aufnahme in einem stark regressiven Zustand. In der Musiktherapie suchte er eine homophone Einheit mit der Musiktherapeutin. In einer Art Hellsichtigkeit spürte er in der Musiktherapie jeden Ton, jede Äußerung der Musiktherapeutin im voraus. Er liebte die sanften, weichen, miteinander verbundenen und fließenden Töne auf dem Metallophon und agierte mit diesem seinen Verschmelzungswunsch aus. Die Therapeutin fühlte sich als Medium, seinem besitzergreifendem Spiel ausgeliefert. Er lehnte jede verbale Reflexion und Distanzierung von seinem Spiel ab. In der Selbst-Darstellung wechselte er zwischen zwei Ichzuständen. Entweder war er aggressiv drohend oder lieb und freundlich. Beide Zustände konnten abrupt ineinander übergehen. Die über Musik hergestellte Einheit mit der Musiktherapeutin dehnte sich in der Folgezeit immer mehr aus. Er bemächtigte sich des Objekts, bedrängte die Therapeutin, seine Wünsche zu erfüllen, z. B. mit ihm Kaffee zu trinken oder schwimmen zu gehen. Wegen ihrer Abgrenzungsversuche geriet er in massive Wutzustände, die er auf die Therapeutin und auf die Musik projizierte. Nun konnte er Musik nicht mehr ertragen, erlebte sie als bedrängend und bedrohlich. Er fühlte sich von Musik verfolgt und konnte nicht mehr an der Musiktherapie teilnehmen.

Offensichtlich hatte sich wegen seines drängenden Verschmelzungswunsches und der Abgrenzungsversuche der Musiktherapeutin eine massive destruktive Wut entwickelt. Die Abwehr dieser Wut geschah in Form der projektiven Identifikation wie bei den Übertragungspsychosen der Borderline-Patienten. Er mußte das bedrohliche und verfolgende Objekt zerstören oder vor ihm fliehen.

Das Beispiel zeigt unter anderem, wie wesentlich die *objektale*

Dimension in der Musiktherapie ist. Zum einen ist das Gestalten in Tönen ein affektiver Prozeß, der das Selbst-Erleben und die Selbst-Aktualisierung fördert. Selbst-Erleben und Selbst-Aktualisierung können dabei über die Aussagekraft der präsentativen Symbolik der Tongestaltung, unterstützt durch die sprachlichen Klärungen der Therapeutin, zu Selbst-Wahrnehmungen führen. Zum andern konstituieren die Anwesenheit und die musikalische Antwort der Musiktherapeutin in der musikalischen Interaktion das objektive Objekt, das der Patient entsprechend seiner unbewußten Beziehungsdynamik benutzen will. Die musikalischen Beziehungsmuster können in ihrer Dynamik erkannt und beschrieben werden, z. B. ein zwanghaftes Kontrollieren des Objekts. Sie können auch von der Musiktherapeutin ertragen werden, z. B. bei symbiotischen Beziehungsmustern in homophoner Musikgestaltung. Das Ertragen solcher musikalischen Symbiosen ist für den Patienten eine positive Erfahrung. Schreitet der therapeutische Prozeß fort, so kann er nach und nach die musikalische Verschmelzung aufgeben und das musikalisch andere Objekt als objektives Objekt anerkennen. In diesem Sinne kann die Musiktherapie den Prozeß der Individuation und damit die Selbst- und Objektdifferenzierung fördern (Mahler et al. 1975).

Erst wenn der Patient das musikalisch andere Objekt als getrenntes tolerieren kann, ist ihm in der musikalischen Kommunikation mit dem Partner »Musiktherapeutin« eine reifere, musikalisch-symbolische Interaktion möglich. Solche Patienten können sich dem Spiel der Annäherung und Abgrenzung, der Zuwendung und Abwendung, der Nähe und Distanz in der musikalischen Kommunikation überlassen. Folgen und führen, sich führen lassen, sich ansprechen lassen, sich dem Rhythmus des anderen überlassen und wieder einen eigenen Rhythmus herstellen – das sind Spiele, die ohne Angst und Verschmelzungswünsche ablaufen können. Solche musikalischen Interaktionen sind z. B. für frühgestörte Patienten eine ständige Übung der Selbst-Behauptung und stabilisieren die Individuation des Patienten.

Aus der Vielfalt individueller unbewußter Beziehungsdynamik ergibt sich demnach ein breites Spektrum der Anwendung dieser musikalischen Kommunikation. Sie ist in ihrer reifen Form ein interindividueller Austausch musikalischer Symbole, eine wechselseitige Partizipation, in der das Selbst beständig bleibt und der andere in seiner Verschiedenheit und Identität wahrgenommen und anerkannt wird. Ihre Besonderheit gegenüber der verbalen Kommunikation liegt zum einen in dem repräsentativen Charakter der Symbole, zum anderen in der starken Affektivität des musikalischen Ausdrucks.

An einem weiteren Beispiel möchte ich verdeutlichen, wie dieser Prozeß der Individuation in der musikalischen Interaktion abläuft und welche Interventionstechniken wir dazu abweichend von psychoanalytischen entwickelten:

> Eine 25jährige Patientin war wegen Angstanfällen, Erstickungsangst und Schluckbeschwerden in stationärer Behandlung. Sie konnte nur Babykost oder Pralinen essen. In ihren musikalischen Interaktionen zeigte die Patientin zunächst einen zwanghaften Perfektionismus. Lange konnte sie diese Perfektheit in der musikalischen Gestaltung jedoch nicht aufrechterhalten. In ihrem Spiel tauchten Bedürfnisse nach Anlehnung auf. Sie wurde traurig und bedrückt, schuf sich einen wiegenden Rhythmus und eine entspannte Atmosphäre. Sie verstand, daß sie über die Kinderlieder und Wiegenlieder ihren Wunsch nach Nähe ausdrückte. In den Improvisationen mit der Musiktherapeutin wurden ihre Anlehnungsbedürfnisse deutlich.
>
> Es kam zu einem ständigen Wechsel in der musikalischen Interaktion. Einmal war sie von provozierender Selbständigkeit, setzte nur ihren eigenen Willen durch, lehnte Angebote der Musiktherapeutin ab und übernahm stets die Führung. In den Improvisationen konnte sie sich in solchen Phasen nicht einfügen, sondern blieb schroff und ablehnend. In anderen Stunden war sie sehr anklammernd, eng verbunden in einer homophonen Musikgestalt mit der Musiktherapeutin. In ihren Einfällen zum Musik-Erleben äußerte sie die Angst, keine Gemeinsamkeiten zu finden, obwohl sie diese suchte. Sie erlebte in der musikalischen Interaktion ihren Wunsch nach Selbständigkeit und Besonderheit in Kontrast zu ihren Abhängigkeitswünschen. Auf der musikalischen Ebene konnte sie sich ihren Abhängigkeitswünschen nähern und sich wiederum trotzend mit der Musiktherapeutin auseinandersetzen.
>
> Da dieser Wechsel von trotziger Selbständigkeit und Anlehnungswunsch anhielt, wurde in einer Besprechung nach familientherapeutischem Muster eine Intervention erarbeitet: Ihr

Nein-Sagen sollte ihr als positive Möglichkeit verschrieben werden. So wurde ihr vorgeschlagen, immer das Gegenteil von dem zu spielen, was die Musiktherapeutin anschlug. Ihre symbiotischen Tendenzen und ihre Abhängigkeitswünsche wurden ihr desgleichen als positive Möglichkeiten verschrieben; auf diese Weise konnte sie ihre Angst vor diesen Wünschen verlieren und sie als erlaubte erfahren. Die Musiktherapeutin konnte z. B. sagen: Wir ruhen uns jetzt aus und spielen gemeinsam homophon.

Durch diese therapeutische Strategie wurden die beiden widerstrebenden Tendenzen zu erlaubten und geförderten Spielregeln in der musikalischen Gestaltung. Daraufhin wurde die Patientin fähig, ihre inkorporativen, oral-gierigen Tendenzen ohne Schuldgefühle in die musikalische Interaktion einzubringen. Sie holte sich bei der Musiktherapeutin ständig neue Befriedigung im Spiel. Sie nahm sich, was sie kriegen konnte, kannte kein Maß und kein Zeitgefühl, ließ nicht locker und wollte die Musiktherapeutin nur noch für sich haben, was sich u. a. darin ausdrückte, daß sie ständig zusätzliche Termine haben wollte.

Die Musiktherapeutin konnte diesen Vorgang ertragen, auch wenn sie sich erschöpft und ihrer Selbständigkeit in der musikalischen Interaktion beraubt fühlte. Es kamen musikalische Interaktionen am Klavier von bis zu einer Stunde zustande. Das Ertragen dieser inkorporativen Tendenzen führte dazu, daß die Patientin nach und nach das musikalisch andere Objekt als eigenständiges bestehen lassen konnte. Sie konnte neu beginnen, ihre Interaktionen musikalisch und verbal zu gestalten. In musikalischen Improvisationen spielte sie frei und phantasievoll, nicht mehr gebunden an die Interaktionen der anderen und deutlich selbständiger, jedoch ohne analen Trotz.

Insgesamt gesehen konnte die anfängliche, zwanghaft perfektionistische Abwehr innerhalb der Musiktherapie über das Spiel gelockert werden. Daraufhin setzte eine Regression auf oral-aggressive Triebziele ein. Die Toleranz der Musiktherapeutin, für sie ein positiv besetztes musikalisch anderes Objekt, ermöglichte ihr, sich aus dieser Regression zu lösen und die Beziehung partnerschaftlicher und autonomer fortzusetzen.

5.3.3 Bewegungstherapie

Über die Bewegungstherapie im Rahmen unseres integrativen Modells liegen bisher nur begrenzte Erfahrungen vor, da sie spät eingeführt wurde. Andere Kliniken haben hier lange und umfassende Erfahrungen und diese auch theoretisch durchgearbeitet (vgl. Becker 1981). Die konzentrative Bewegungstherapie wird dort als präverbale phasenspezifische Psychotherapie verstanden. Im konkreten leib-seelischen Handeln soll der Patient, insbesondere der psychosomatische Patient, den Zugang zu seiner Körperlichkeit, zu primärprozeßhaftem Denken und Fühlen gewinnen und Symptomfixierungen und ichsyntone Abwehrhaltungen aufgeben können. Ein Blick auf die eben besprochene Mal- und Musiktherapie verdeutlicht, daß körperorientierte Therapieverfahren wie die Bewegungstherapie keinesfalls die Symbolisierungsfähigkeit des Ichs des Patienten unterstützt, sondern daß die Übungen eher regressive Erfahrungen fördern.

Wir haben zunächst den Gruppenaspekt der Bewegungstherapie betont (vgl. auch Becker 1981) und in einzelnen Fällen mit spezifischer Zielsetzung Einzeltherapien eingerichtet (s. u.). Jeder Patient nimmt zwei- bis dreimal pro Woche an einer Gruppen-Bewegungstherapie teil; wahlweise bestehen spezielle Gruppen, z. B. für konzentrative Entspannung, wo es darum geht, den Körper differenziert wahrzunehmen (Muskelanspannung, Atmung, Herzschlag) und eine psychophysische Gelöstheit zu erreichen. Im allgemeinen sollen die Übungen der Gruppen-Bewegungstherapie bei den Patienten zur Verbesserung der Körperwahrnehmung und der motorischen Möglichkeiten beitragen. So gibt es Übungen, die die Körperhaltung, den Gleichgewichtssinn, die motorische Geschicklichkeit, Beweglichkeit, Kraft und Ausdauer verbessern oder die Fähigkeit der Wahrnehmung optischer, taktiler oder akustischer Reize steigern.

Ein sich mehr und mehr abzeichnender Aspekt der Bewegungstherapie ist ein kommunikativer Ansatz. Bestimmte Spiele, z. B. Führen und Geführtwerden, Sich-Anpassen, sich einen Raum gestalten und sich jemanden aus der Gruppe einladen, Ball-Dialoge und ähnliches, ergeben manchmal ein unmittelbares Abbild der gruppendynamischen Prozesse, die in der psychoanalytischen Gruppentherapie oder bei bestimmten Paarkonstellationen ablaufen.

So schufen sich stark regressive Gruppen in der Bewegungstherapie mit Decken und durch Verdunkeln einen »Uterus«. – Durch Übungen wie Sich-an-den-Händen-Fassen und Sich-Nähern wurden Verschmelzungswünsche agiert, auf die anorektische Patienten mit heftiger Angst reagierten. – Im Ball-Dialog kam zum Ausdruck, daß der Mitpatient als gefährlich erlebt wurde und durch heftige Ballattacken vertrieben oder zerstört werden sollte.

Nach unserer Erfahrung wird über den strukturierenden und übenden Charakter der bewegungstherapeutischen Gruppen ein Abgleiten in rein agierte Interaktionen verhindert, so daß die körpernahen Erfahrungen aus der Bewegungstherapie häufig zum Thema der psychoanalytischen Gruppentherapie werden. Insofern kann sich ein Nebeneinander von übender Bewegungstherapie-Gruppe und psychoanalytischer Gruppentherapie zumindest nicht störend auswirken, sondern kann therapeutisch sinnvoll und fruchtbar sein.

Eine größere Nähe zum therapeutischen Prozeß erreichten wir aber, wenn wir – wie in einigen Fällen geschehen – die Bewegungstherapie speziell auf einen Patienten ausrichteten. Mir scheint, daß in solchen einzeltherapeutischen Übungen, die sich an der Dynamik des Patienten orientieren, eine besondere Chance liegt.

Die 40jährige Patientin hatte vor drei Jahren ein Kopfzucken und motorische Unruhe des Kopfes, besonders in der Nacht, entwickelt. Das hyperkinetische Syndrom zeigte sich zum Teil wie ein linksdrehender Schiefhals. Die motorische Unruhe des Kopfes sei, so klagte die Patientin, besonders nachts sehr stark. Sie klagte auch über Verspannungen im Nacken und in der Brustmuskulatur. Schon elf Jahre zuvor hatte sie kurzzeitig einen Torticollis spasticus und eine Depression entwickelt. Wir verstanden die Diffusität der motorischen Störung als Ausdruck eines frühen Trennungs- und Individuationskonfliktes im ersten Lebensjahr. Das hypermotorische Syndrom war symptomatischer Ausdruck eines Versuchs der Abgrenzung von einer überstimulierenden Mutter. Wut und Aggressivität wurden in diese unkoordinierte motorische Bewegung geleitet. In der Bewegungstherapie wurde nun ein Mit- und Gegeneinander von Entspannungsübungen und Anspannungsübungen (Muskelübungen) eingesetzt. In den Entspannungsübungen konnte die Patientin total schlaff sein, die motorische Unruhe war weg, sie genoß die Stimme der Bewegungstherapeutin. Die Anspannungsübungen sollten nun koordiniert solche Entspannungsübungen aufheben. Zielsetzung dabei war, eine koordinierte Ausdrucksform aggressiver Momente in der Muskulatur zu erreichen. Mit Hilfe der übrigen aufdeckenden Therapie und der Bewegungstherapie gelang dieser Prozeß, so daß die hypermotorischen Bewegungsstörungen weitgehend nachließen.

5.3.4 Therapiefeld der Schwestern und des Stationsarztes

Die therapeutischen Bereiche der Schwestern und des Stationsarztes sind die tragenden und sorgenden Bereiche des stationären Settings. Mit Winnicott (1965) sprechen wir von dem »facilitating environment« der stationären psychoanalytischen Therapie. Diese Bereiche können jedoch nur dann eine haltende, diatrophische und tragende Funktion ausüben, wenn sie von dem gesamten Team mitgetragen werden. Die Aufrechterhaltung des klinischen Rahmens als Setting ist zwar die Aufgabe der *gesamten* Therapeutengruppe, aber für die Schwestern auf der Station liegt hierin eine besondere Aufgabe. Vor allem bei strukturell ichgestörten Patienten und Borderline-Patienten finden sich, wie an den Beispielen schon deutlich wurde, im Laufe des therapeutischen Prozesses negative Übertragungsreaktionen aufgrund regressiver Wiederbelebung früher Mutter-Kind-Beziehungen. Sie äußern sich in Mißtrauen und destruktiv-aggressiven Aktionen insbesondere gegen die tragenden Säulen des stationären Settings oder in somatischen wie auch psychosomatischen Krisen.

Die Schwestern erleben meist am unmittelbarsten diese am Setting ausgetragenen Konflikte (z. B. Nichteinhalten der Essens- oder Therapiezeiten, Verstöße gegen das Alkoholverbot, vorzeitiges Verlassen der Klinik für Wochenendbesuche). Dabei können sie den Patienten zunächst einmal zum Nachdenken über seinen Umgang mit dem Setting anhalten. In diesem Thema des Umgangs mit dem haltenden Rahmen liegen zahlreiche Probleme für die Therapeuten- wie für die Patientengruppe: beide Gruppen pendeln zwischen zwanghafter Ordentlichkeit und willkürlichem, süchtigem, aggressivem, negativem Agieren hin und her. Insbesondere die Analyse der jeweiligen unbewußten Gründe für die Aktionen gegen das Setting und nicht der Kampf auf der Realitätsebene ist ein wichtiger therapeutischer Faktor. Wenn die Therapeuten auf einer zwanghaften Einhaltung der Regeln bestanden, oder wenn man eine strikte Einteilung in Ordnungsvertreter und interpretierende Therapeuten vornahm, wie in den bipolaren Konzepten (z. B. Heigl und Nerenz 1975), dann mußten erstere mit Geboten und Sanktionen arbeiten und letztere mit Interpretationen. Diese Aufteilung ist aber der therapeutischen Bearbeitung der Ichstörungen, vor allem der Spaltung in gute und böse Objekte, hinderlich. In dem integrativen Konzept haben die Aufmerksamkeit der Schwestern, ihre Identifikation mit dem stationären Setting sowie die Vertretung dieses Settings gegenüber den Patienten eine haltende Hilfs-Ich-Funktion. Außerdem können sie beim Patienten eine therapeutische Ichspaltung fördern, wenn sie diese anhalten, über ihr Verhalten nachzudenken.

Die therapeutische Aufgabe konnte an den verschiedenen Beispielen (Kap. 5.1, 5.2) schon deutlich gemacht werden. Primär hat das Beziehungsangebot der Schwestern, wie ich es bei der Darstellung des integrativen Modells beschrieben habe (vgl. Kap. 4.3), einen versorgenden, mütterlichen Aspekt im Sinne einer diatrophischen Beziehung (Spitz 1954, 1956/57). Der Patient kann alles, was ihn beschäftigt, mit den Schwestern besprechen. Sie wenden sich ihm zu, versorgen ihn auf der Station, stehen ihm auch außerhalb der Visiten zur Verfügung. Bei ihren Visiten nehmen sie die Klagen, Sorgen, Konflikte, Träume, beunruhigenden Affekte auf, hören zu, fördern Verbalisation und Reflexion des Patienten. Weitgehend stellen sie sich dem Patienten als »aufnehmende und annehmende Objekte« zur Verfügung. Des weiteren klären sie Situationen und Beziehungen, sprechen Vermeidungen an (z. B. den Einzeltherapeuten aufzusuchen), und manchmal deuten sie auch. Die Deutung entspricht dabei ihrem persönlichen, in der Besprechung gewonnenen Einblick in die Interaktionen (s. u.). Meistens beziehen sich ihre Interventionen auf manifestes Verhalten, oder sie regen fragend den Patienten zur Reflexion an. Sie deuten weniger die unbewußten Beziehungsmuster, die der Patient wiederherstellen möchte.

Die Schwestern sind, wie jeder im Therapeutenteam, in die Übertragungsprozesse miteinbezogen. Je nach pathogener Psychodynamik des Patienten und regressivem Zustand werden sie mit heftigen Affekten und starken Wünschen aus den infantilen Beziehungen konfrontiert. Ihr Umgang damit ist einmal geprägt durch ein tolerantes Ertragen der jeweiligen Beziehungskonstellation, aber auch durch Interpretationen, die sich unmittelbar auf das »Hier und Jetzt« beziehen. Diese Interpretationen werden in der Regel in den Konferenzen oder in der regelmäßig stattfindenden sog. Schwestern-Balint-Gruppe erarbeitet.

In einer Konferenz brachte eine jüngere Schwester, die erst seit kurzem in der Klinik arbeitete, das Problem ein, wie sie mit der ablehnenden Haltung einer ca. 40jährigen Patientin ihr gegenüber umgehen sollte. Wir arbeiteten aufgrund der Einfälle der übrigen Schwestern und Therapeuten und aufgrund der biographischen Mitteilung der Patientin heraus, daß in der Schwesternbeziehung eine negative Tochter-Übertragung reaktiviert worden war, die aus einer negativen Mutter-Beziehung stammte. Die Patientin hatte ihre negativen Affekte gegen das »neue Kind« der Therapeutengruppe gewandt. Die junge Schwester wehrte sich gegen dieses Abgelehntwerden. Nach ausführlicher Darstellung der Beziehungsdynamik empfahl die Gruppe der Schwester, in einer Deutung bei der nächsten Visite diese Ablehnung als negative Einstellung zur Tochter zu interpretieren. Die Interpretation hatte die Wirkung, daß die Patientin sehr betroffen ihre Probleme mit der Schwester in die Gruppentherapie einbrachte. In der Gruppentherapie konnte daraufhin auch die negative Mutter-Beziehung erhellt und besprochen werden. Die Patientin konnte nun mit der jungen Schwester entspannter umgehen.

Mit diesem Beispiel möchte ich zeigen, daß die Schwestern die Möglichkeit haben müssen, ihre jeweiligen subjektiven Erfahrungen in der Interaktion mit den Patienten in die Konferenzen einzubringen. Über die Arbeit im Team gewinnen sie ein zunehmendes Verständnis für die unbewußte Bedeutung ihrer Interaktionen mit den Patienten. Sie können sich dadurch in ihrem therapeutischen Selbstverständnis und in ihrer therapeutischen Identität getragen fühlen. Zugleich wird durch die regelmäßigen Konferenzen die Gefahr unreflektierten Gegenübertragungsagierens begrenzt, obwohl manchmal erst Agieren eine Einsicht in die Re-Inszenierung des Patienten eröffnet.

Die Schwesterngruppe hat sicher insgesamt eine zentrale therapeutische Bedeutung für die positive Entwicklung insbesondere strukturell ichgestörter Patienten. Wie ihre Aufgabe aus der Sicht des Psychoanalytikers zu beschreiben und zu verstehen ist, ist an mehreren Stellen dargelegt. Wie die Schwestern dies selber sehen, möchte ich anhand eines authentischen Berichts einer Schwester (Koch 1982) über den Verlauf einer Behandlungsphase darlegen:

»Die Nachtschwester berichtet, daß Herr X. abends betrunken in die Klinik zurückgekommen ist. Er hatte sogar noch eine Flasche Wein mitgebracht und diese zusammen mit anderen Patienten im Tagesraum leergetrunken. Die Nachtschwester hat ihn nicht daran gehindert, obwohl sie sich sehr über ihn geärgert hat und sein Verhalten unmöglich fand. Diese Szene löste bei uns Tagschwestern ganz spontane Reaktionen aus:
Frau A.: Das ist doch der Gipfel und geht doch wirklich zu weit. Ich finde das ganz schön provokativ und frage mich, ob und warum Herr X. uns damit ärgern will. Auch tagsüber ärgere ich mich oft über sein lautes und großspuriges Auftreten, so als ob er hier der ›King‹ der Station wäre. Man müßte ihm mal klar und deutlich sagen, was hier Sache ist. Hoffentlich spricht ihn jetzt auch sein Therapeut auf sein Verhalten an.
Frau B. (beschwichtigt): Reg dich doch nicht so auf. Wir wissen doch noch gar nicht, warum er sich so verhalten hat. Er wird schon seine Gründe gehabt haben. Ich glaube außerdem, daß es ihm zur Zeit gar nicht gut geht und er irgendwelche Schwierigkeiten wegspülen mußte. Irgendwie tut er mir sogar leid, ich sehe ihn gar nicht so großspurig wie du.
Frau A.: Aber in unserer Therapie sollen Spannungen doch anders gelöst werden, und Alkohol ist nun mal nicht erlaubt. Ich finde, daß Herr X. die Therapie und uns nicht ernst nimmt.
Frau D.: Klar ist Alkohol hier nicht erlaubt. Aber soviel ich sehe, kann Herr X. nicht so schnell sein gewohntes Verhalten ändern. Ich finde das Trinken auch wenig sinnvoll, doch muß er erst andere Möglichkeiten finden. Wenn er bis jetzt nicht über seine Spannungen reden kann, wird er eben trinken müssen.
Frau A.: Ich verstehe nicht, daß ihr ihn schützen wollt, ich bin

anscheinend die einzige, die hier auf die Einhaltung unserer Regeln achtet. Ich werde gleich bei ihm die Visite machen und ihn fragen, was los war. Mal sehen, was er zu sagen hat.
Nach der Visite treffen alle wieder im Dienstzimmer zusammen.
Frau A.: Ich bin sauer und finde Herrn X. unmöglich. Frech hat er mich ausgelacht und gemeint, er brauche ab und zu ein Besäufnis. Als ich ihm erklären wollte, daß das bei uns nicht geht, baute er sich immer noch mehr auf, bis ich schließlich nichts mehr sagen konnte, sonst wäre ich explodiert.
Frau B.: Da bist du ja schon ganz schön in einen Streit mit ihm verwickelt und solltest das mal in eine Besprechung bringen.
Diese Szene und das Erleben der Schwestern werden in der folgenden Stationsbesprechung berichtet.
Der Einzeltherapeut fügt seine Erkenntnisse aus der Vergangenheit von Herrn X. hinzu. Anscheinend hatte der Patient eine sehr chaotische Kindheit erlebt, war früh von seinen Eltern getrennt worden, kurze Zeit in einem Kinderheim und dann wieder bei seiner Großmutter gewesen. Die Pflegeeltern, bei denen er danach aufwuchs, drohten ihm ständig damit, ihn wieder ins Kinderheim zu bringen.
Sein weiterer Lebensweg war dann sehr unbeständig verlaufen. Beruflich war er als Angestellter tätig gewesen, wegen seiner häufigen Erkrankungen frühzeitig arbeitsunfähig geworden und hatte dann verschiedene Hilfsarbeiterposten gehabt. Häufig war er in aggressive Auseinandersetzungen und Schlägereien verwickelt, hatte im betrunkenen Zustand öfter seine Frau verprügelt, machte sich dann aber heftige Vorwürfe deswegen.
Der Gruppentherapeut sieht Herrn X. in der Gruppe eher ängstlich und unsicher. Das Gruppenthema bewege und beunruhige ihn, denn es ginge z. Z. um Trennungsprobleme und er habe erzählt, wie er damals als kleiner Junge seine richtige Mutter gesucht habe. Der beratende Oberarzt versteht das Bedürfnis als Appell an uns, auf Herrn X. aufmerksam zu werden, uns um ihn zu kümmern, da er sich hilflos und bedroht fühle.
Herr X. wiederholte in den folgenden Wochen ähnliche Situationen. Er brachte die Schwestern dadurch immer wieder in die schwierige Situation, einerseits unsere Stationsordnung und

Regelung zu vertreten und nicht aggressiv und bestrafend zu agieren, andererseits auch seine Aktionen als Ausdruck seiner Hilflosigkeit zu verstehen. Frau A. ärgert sich aber weiter maßlos über sein unverschämtes Verhalten und versucht, diesen Ärger in der Schwestern-Balint-Gruppe zu verstehen. Hier schildert sie ihre Visitengespräche, in denen Herr X. sehr abfällig und beleidigend über seine Frau gesprochen hat. Sie selbst spürt auch seine starke Wut, wenn sie ihn auf unsere Regeln hinweist, bekommt sogar Angst, er könnte handgreiflich werden. Für sie ist er ein typischer Vertreter von gewalttätigen Männern, die Frauen ins Frauenhaus treiben.
Frau B. berichtet ihre Sichtweise. Sie erlebte Herrn X. wie einen kleinen zornigen Jungen, der wild um sich schlägt und sich gegen die mächtigen Frauen wehrt. Sie will ihn schützen.
In dieser Balint-Gruppe zeigte sich deutlich, wie wenig eigene Steuerungsmöglichkeiten Herr X. hatte, Spannungen überhaupt nicht aushalten konnte und sie sofort in irgendeine Handlung umsetzen mußte. Er hatte uns Schwestern diese äußere Steuerungsfunktion und -kontrolle übergeben, wehrte sich aber gleichzeitig dagegen, fühlte sich eingeschränkt, wurde großspurig und unzugänglich. Dadurch fühlte er sich selbst stark, machte den anderen ohnmächtig und deswegen auch ärgerlich. Als Frau A. diesen Mechanismus verstand, legte sich ihr Ärger und die Spannung. Je besser sie sein Verhalten ertragen konnte, auch mit ihm darüber spricht, desto weniger brauchte sich Herr X. künstlich aufbauen. Bei ausbleibender Strafe und Vorwürfe konnte er langsam Vertrauen entwickeln, sein Gefühlsleben deutlicher spüren und aussprechen.
Im weiteren Verlauf zeigt sich folgendes: Als er unter sehr heftigen und für ihn sehr quälenden diffusen Bauchschmerzen leidet, nimmt Frau B. diese ernst, sorgt und kümmert sich um ihn, kann ihn beruhigen, als er sich schon ›unter dem Messer sieht‹ und befürchtet, der Bauch müßte aufgeschnitten werden. Er kann die Sorge von Frau B. annehmen und sich mit einer Wärmflasche ins Bett zurückziehen. Auch ein heißer Tee tut ihm sehr gut.
Da Frau B. seine großen Ängste und seine Wünsche nach Geborgenheit verstehen konnte, wird sie für ihn eine gute und haltende Bezugsperson. Nach einiger Zeit findet er wieder neue

Sicherheit und arbeitet in den Gesprächen mit seinem Einzeltherapeuten immer mehr seine Erinnerungen, seine Gefühle und sein Verhalten durch. Er lernt, nicht immer nur blind zu agieren, sondern sein Erleben mitzuteilen, Spannungen auszuhalten und zu besprechen. Dadurch wird es ihm möglich zu sehen, daß Frau A. gar nicht nur böse und kontrollierend ist, wie damals seine Pflegemutter. Er kann jetzt ihre Hinweise auf die Stationsregeln besser verstehen und mit ihr darüber reden. Auch mit Frau B. macht er weiter wichtige Erfahrungen, ist ärgerlich und enttäuscht, fühlt sich von ihr im Stich gelassen, weil sie nicht ständig für ihn da ist. Schließlich lernt er auch verstehen, daß er ohne ihren Schutz selbständiger und freier werden kann. Es gelingt ihm mehr und besser, uns als reale Personen wahrzunehmen, für die er auch unterschiedliche Gefühle entwickelt.«

Der *Stationsarzt*, der nur auf einer Station ärztlich tätig ist, hingegen auf einer anderen auch einzeltherapeutisch tätig sein kann, begrenzt sich gegenüber dem Patienten auf seine organmedizinischen Aufgaben. Er teilt jedoch seine psychodynamische Auffassung über die Interaktion mit dem Patienten mit. Auf diese Weise trägt er dazu bei, die Übertragungsprozesse des Patienten besser zu verstehen.

Die *begrenzende Funktion des Stationsarztes* ist für die meisten strukturell ichgestörten Patienten von erheblicher therapeutischer Bedeutung. So fordern sie z. B. bei negativen Übertragungsreaktionen *Konsiliaruntersuchungen* in anderen Kliniken oder drängen auf Medikamente. Die Ausweitung des Interaktionsfeldes über die Klinik hinaus in Nachbarkliniken kann erhebliche therapeutische Probleme mit sich bringen. Der Patient kann z. B. gegenüber dem »Somatiker« auf erneuten invasiven, somatischen Untersuchungen oder sogar auf einer Operation bestehen. Es hängt im wesentlichen vom Stationsarzt und der Bereitwilligkeit des Konsiliararztes ab, sich auf dynamische Betrachtungen einzulassen, wenn es trotz Agierens des Patienten zu einer Übereinkunft im Sinne seiner Psychotherapie kommt.

Andererseits darf der Stationsarzt das *somatische Angebot* des Patienten nicht nur unter Übertragungsaspekten sehen, sondern er muß auch die *medizinische Behandlungsbedürftigkeit* oder *Pfle-*

gebedürftigkeit klären. So kann der Umgang des Stationsarztes mit den somatischen Krisen der Patienten, z. B. bei Gewichtsabnahme von Anorexie-Patientinnen, für den pflegerischen Umgang der Schwesterngruppe prägend sein. In solchen Fällen, in denen Todesängste und Todesphantasien aufkommen, wirkt die Zuverlässigkeit des ärztlichen Tuns haltend. In diesem Sinne übernehmen Stationsarzt und Schwestern eine *physische* »holding-function« für Patienten.

Von besonderer Bedeutung ist auch die Delegation aller Fragen der *Medikation* an den Stationsarzt. Dieses Vorgehen muß ich näher begründen, da es im Rahmen des integrativen Konzeptes eher als nicht-integrativ verstanden werden könnte. Die meisten Patienten kommen mit medikamentösen Einstellungen, insbesondere mit Psychopharmaka, zur stationären Psychotherapie. Häufig liegen Medikamentenabhängigkeiten vor. Bei internistisch erkrankten Patienten, z. B. solche mit Colitis ulcerosa, Asthma bronchiale, wird die Pharmakotherapie unter internistischer Beratung des Konsiliararztes oder des vorbehandelnden Arztes, weitergeführt. Das Hauptproblem liegt bei der Gruppe von Patienten, die wegen funktioneller oder psychischer Beschwerden manchmal hochdosiert mit Psychopharmaka oder Analgetika behandelt wurden und dies auch in der stationären Psychotherapie erwarten. Leitlinie im Umgang mit Medikamenten ist, die Medikation nach und nach zu reduzieren, solange keine psychische oder somatische Dekompensation auftritt (z. B. akute Angsteinbrüche, Suizidalität, psychotische Episoden, psycho-somatische Krisen). Nach unseren Erfahrungen muß es das wichtigste Ziel der Therapeutengruppe bleiben, die Patienten in einem therapeutischen Prozeß zu halten. Dazu sind auch manchmal medikamentöse Behandlungen, z. B. mit Psychopharmaka, erforderlich (vgl. Fürstenau et al. 1970, Zauner 1974, Dankwardt 1979). Eine »Verteufelung« der Medikamente ist nach unserem dynamischen Verständnis wenig fruchtbar, da damit Patient wie Therapeut u. a. vermeiden, der unbewußten Bedeutung der Einnahme von Medikamenten nachzugehen.

Die Delegation der medizinischen und medikamentösen »holding-function« an den Stationsarzt, der diese Aufgabe für das Team gegenüber dem Patienten vertritt, hat eine längere Geschichte. Wir sahen, daß die Psychopharmakotherapie in den Händen des Einzeltherapeuten die therapeutische Beziehung erheblich verkomplizierte und die Einzeltherapeuten teilweise überfordert waren. Nach psychoanalytischem Verständnis sind Medikamente für den Patienten wie »Objekte«. An diesen »Ersatzobjekten« hält sich der Patient fest, um Verlustängste abzuwehren. Diese psychodynamische Bedeutung der Medikamente gilt insbesondere für die Gruppe der strukturell ichgestörten Patienten. Sie brauchen über die Etablierung eines Arbeitsbündnisses hinaus eine sichere, vertrauensvolle anaklitisch-diatrophische therapeutische Beziehung. Der handelnde Umgang mit Medikamenten führt zu einem Ersatz dieser Therapeut-Patient-Beziehung durch die Patient-Medikament-Beziehung. Über das Medikament wird der Patient eher an der »nur guten« Beziehung zum Therapeuten festhalten. Dadurch werden die negativen Übertragungsaspekte aus dem therapeutischen Prozeß herausgehalten. Eine unbearbeitete negative Übertragung erhält aber die pathogene Psychodynamik des Patienten aufrecht und macht ihn abhängig von den »nur guten« Objekten oder Ersatzobjekten (Dankwardt 1978, 1979). Der Umgang mit den Medikamenten sollte deswegen in der Hand eines Therapeuten liegen, der gegenüber dem Patienten keine interpretative Funktion wahrnimmt. Die dadurch entstehende Übertragungsspaltung kann im Team bearbeitet werden. Dies ist um so eher der Fall, als die Interaktionen mit dem Stationsarzt nicht, wie bei einer reinen konsiliarischen Tätigkeit durch andere Ärzte, abgespalten werden, sondern in ihrer beziehungsdynamischen Bedeutung innerhalb der Besprechungen geklärt werden können.

Bei aller notwendigen Differenzierung in den therapeutischen Aufgaben liegt doch die entscheidende therapeutische Wirkung in der *integrativen Kapazität* des Behandlungsteams. Es nimmt die unterschiedlichen Übertragungsformen und Stadien der Regression auf. Jeder wird sich den reaktivierten infantilen Objektbeziehungen stellen und in seinem Feld eine therapeutische Haltung dazu finden müssen. Dabei muß ihm das gesamte Team zur Verfügung stehen, denn nur dort können die divergierenden Beziehungsmuster wieder integriert werden.

5.4 Der individuelle therapeutische Prozeß

5.4.1 Zum Verständnis von Übertragung

Zu Beginn dieses Kapitels hatte ich von den psychoanalytischen Essentials gesprochen, zu denen insbesondere eine Auffassung vom therapeutischen Prozeß unter dem Gesichtspunkt von Übertragung und Gegenübertragung gehört. Unter psychoanalytischen Gesichtspunkten ist es auch für das stationäre Setting eine zentrale Frage, wie die Übertragungsprozesse verstanden und genutzt werden können. An verschiedenen Stellen wurde schon von »Übertragung« gesprochen, ohne auf das Verständnis des Übertragungsbegriffes, wie er sich mir als fruchtbar erwies, einzugehen.

Nach der Freudschen Theorie werden in der Übertragung die Trieb-Abwehr-Konflikte mit den Eltern reaktualisiert und können auf diese Weise gedeutet und durchgearbeitet werden (vgl. Kap. 2). Auf diesem Hintergrund ist die psychoanalytische Therapie definiert als Herstellung eines therapeutischen Settings, das eine regressive Übertragungsneurose fördert. Übertragungen sind »die illusionäre Apperzeption einer anderen Person« (Sandler et al. 1973), auf die Person des Analytikers gerichtete Vorstellungen, Gefühle, Wünsche, die eine Wiederholung der Vergangenheit in der Gegenwart darstellen (Greenson 1967). Zur Übertragung gehören aber auch die »oft subtilen Versuche, Situationen mit anderen herbeizuführen oder zu manipulieren, die eine verhüllte Wiederholung früherer Erlebnisse und Beziehungen sind« (Sandler et al. 1973). Statt »Wiederholung« sollte es hier besser »Wiederherstellung« heißen. In dieser interaktionellen Definition der Übertragung wird ihr besonderer Charakter als Objektbeziehung angesprochen, der für die stationäre Behandlung bedeutsam wird.

Explizit wird dieser Gesichtpunkt von den Psychoanalytikern vertreten, die ihre Behandlungskonzeptionen auf die Objektbeziehungstheorie gründen (z. B. Balint 1968, Winnicott 1965, 1971, Loch 1974, Kernberg 1975 a, 1976 a, 1981). Die Objektbeziehungstheorie befaßt sich mit dem Schicksal der internalisierten Objektbeziehungen von der frühesten Stufe der infantilen Entwicklung an. Jede Entwicklungsstufe hat ihre eigenen spezifischen Objektbeziehungsmuster, die internalisiert werden. Kernberg (1981) hebt mit Hinweis auf Glover hervor, »daß die Analyse der Übertragung sowohl Analyse der Triebregungen und deren Abwehr als auch zugleich eine besondere Objektbeziehung ist, innerhalb der sich die Trieb- und Abwehrvorgänge abspielen«. Die Übertragung spiegelt nach diesem Verständnis immer eine Objektbeziehung unter dem Einfluß eines bestimmten Triebabkömmlings wider. Dies gilt besonders für die primitiven internalisierten Einheiten der Selbst-Objekt-Bilder. Durch die Externalisierung primitiver Objektbeziehungen erhält die Übertragung bestimmte Eigenschaften, die Niederschläge früherer Objektbeziehungen sind, obwohl sie im Verlaufe der weiteren infantilen Entwicklung Veränderungen unterliegen.

Nach diesen Überlegungen meine ich, daß man Übertragung in der stationären Psychotherapie als *Manifestation infantiler Objektbeziehungsmuster im multipersonalen Beziehungsfeld der klinischen Situation* definieren kann. Dabei werden auch die bei frühgestörten Patienten in den Interaktionen sich wiederholenden primitiven, infantilen Objektbeziehungsmuster als Übertragungen bezeichnet, wie z. B. symbiotische, fusionäre, oral-aggressive, inkorporative Tendenzen und deren Abwehr. Diese Position bringt zum Ausdruck, daß es bei ein und demselben Individuum ein Spektrum von primitiven, unreifen bis reifen Beziehungsmustern geben kann, die partiell die infantile Situation widerspiegeln und die dann pathogen sind, wenn ein Ungleichgewicht eingetreten ist, z. B. per Regression, oder wenn traumatische Erfahrungen in bestimmten infantilen Objektbeziehungsstadien vorliegen oder wenn ein infantiles Beziehungsmuster fortbesteht.

5.4.2 Die Aufnahme in die Klinik

Bei der Aufnahme in die Großgruppensituation der Klinik kann der Patient unterschiedliche Erfahrungen machen. Er kann z. B. beruhigt sein über die schützende und versorgende Atmosphäre, er kann verängstigt und irritiert sein, und er kann verärgert sein über die zeitlich und räumlich grenzensetzende Situation. Zwar hat er sich für die stationäre Aufnahme entschieden, die die Therapeuten ihm angeboten haben, jedoch besteht ein psychotherapeutisches Arbeitsbündnis allenfalls mit dem Einzeltherapeuten, aber noch nicht mit dem Team. Er kann sich aus den verschiedensten Gründen, z. B. Bedürfnis nach Versorgung, Trost usw., für die stationäre Behandlung entschieden haben. Das psychotherapeutische Arbeitsbündnis, d. h. die Bereitschaft des Patienten, sich auf einen klärenden Prozeß mit sich selbst einzulassen, entwickelt sich meist erst im Laufe der ersten Phase der Behandlung.

Das *In-Empfang-Nehmen* des Patienten und das Vertrautmachen mit der neuen Situation übernehmen die Schwestern. Sie erklären ihm das Therapiearrangement, die stationäre Ordnung, händigen ihm einen Zeitplan und einen sog. Patientenbrief aus, in dem die Rahmenbedingungen erläutert sind. Sie helfen dem Patienten, seine anfänglichen Unsicherheiten, seine Ängste und seine Orientierungsprobleme, die sich aus dem Verlassen der realen Lebenssituation ergeben, zu überwinden. Sie versuchen, in ihm die Hoffnung zu wecken, daß er mit seinen Beschwerden, somatischen Erkrankungen und psychischen Konflikten akzeptiert wird.

Von der ersten Behandlungswoche an nimmt der Patient an der psychoanalytischen Gruppentherapie teil. Er kann Gespräche mit dem Einzeltherapeuten haben, er hat Schwesternvisiten, und er nimmt an der Bewegungstherapie teil. Er kann auch schon die Erstkontakte mit der Mal- oder Musiktherapeutin herstellen. Durch den Kontakt mit allen an seiner Therapie Beteiligten ist er nach etwa ein bis zwei Wochen Patient des Therapeutenteams geworden. Etwa nach zehn Tagen bespricht das Team die *Aufnahmeszene* unter Berücksichtigung der ambulant ermittelten psychodynamischen Diagnose und diskutiert den therapeutischen Umgang mit dem Patienten für jeden Bereich. Dabei sind wir bemüht, uns nicht vorzeitig festzulegen, sondern offen zu bleiben für die Entwicklung des therapeutischen Prozesses.

Die Aufnahme in die Klinik ist für den Patienten eine wesentliche Reduzierung seines Bezugs zum sozialen Umfeld, zu den gelebten Beziehungen. Dadurch entstehen bei der stationären Aufnahme intensive regressive Prozesse mit dem darin liegenden therapeutischen Vor- und Nachteil (vgl. Tarachow 1963, Zauner 1978, Ziese 1978). Der Vorteil liegt in der relativ schnellen und umfassenden Ausbreitung infantiler, d. h. einer therapeutischen Bearbeitung bedürftiger Beziehungsmuster, der Nachteil in der Gefahr des Verlustes des Realitätsbezugs. Dadurch kann die Bearbeitung der Regressionszustände aus dem Blickfeld schwinden. Diese Gefahr läßt sich meist reduzieren, wenn der Patient veranlaßt wird, durch regelmäßige Wochenendurlaube den Kontakt zu seinem sozialen Umfeld aufrechtzuerhalten (vgl. Kap. 5.1). Für die meisten Patienten hat sich diese Regelung bewährt. Jedoch gibt es Patienten, denen die Beziehungsmuster außerhalb der Klinik so viel Befriedigungsmöglichkeiten bieten, daß die Wiederherstellung der Kontakte am Wochenende zum therapeutischen Problem wird.

> Bei einem jungen zwangsneurotischen Patienten beobachteten wir schon bei der Aufnahme eine erhebliche Triebfixierung, die er nur zu Beginn und nur vorübergehend auf eine Schwester übertrug. Er hatte seine Mutter vollständig in seine zwanghaften Toiletten- und Sauberkeitsrituale integriert. Er weckte sie mitten in der Nacht je nach Belieben und ließ sie Getränke oder Essen auf der Toilette servieren. Er hatte »Sitzungen« von 24 bis 36 Stunden. Sie war sein Liebesobjekt und er ihres. Trotz der Hilfe ihres Mannes und der anderen Kinder fand sie keinen Abstand. Sie war vielmehr sogar bereit, sich von ihrem Mann zu trennen, um ihrem Sohn zu helfen. Durch die Wochenendbesuche wurde diese Beziehung stets wiederhergestellt, so daß die triebmotivierte Beziehung zur Mutter nie in Frage gestellt werden konnte.

In den meisten Fällen bringt die Herausnahme aus den üblichen Lebensbedingungen und das Eintauchen in die Großgruppensituation der Klinik eine *Labilisierung unbewußter interpersoneller Arrangements in Familie und/oder Partnerschaft* mit sich. Solche Arrangements können entweder der neurotischen Abwehr oder der ersatzweisen kompromißhaften Befriedigung abgewehrter infantiler Bedürfnisse dienen. Sie stabilisieren als infantile Objektbeziehungsmuster in sozialen Interaktionen die spezielle Psychodynamik des Patienten (Richter 1967, 1970, Mentzos 1976). Die Herausnahme aus diesen interpersonalen Arrangements labilisiert sowohl die Abwehrformation des Patienten als auch das Interaktionssystem in der Familie oder Partnerschaft und kann auch Interventionen in Partnerschaft oder Familie erforderlich machen. Jedoch bleibt eine stationäre Psychotherapie stets die Behandlung des Individuums. Sie kann meiner Meinung nach nicht Behandlung der Familien- oder Paarbeziehungen werden.

5.4.3 Die Manifestationsformen der Übertragung

Bevor ich auf die Manifestationsformen der Übertragung eingehen kann, muß ich noch einmal ausdrücklich auf eine der Grundannahmen hinweisen: Die Klinik ist eine durch die organisatorischen Rahmenbedingungen und die verschiedenen therapeutischen Felder strukturierte *Großgruppensituation*. Jeder intensivere Gruppenprozeß führt verstärkt zu Regressionen auf frühe Entwicklungsstufen. Ohlmeier (1976, 1979) leitet dieses Phänomen aus den Gruppeneigenschaften des psychischen Apparates ab, die er mit der Internalisierung der gesamten Familiengruppe als Objekt begründet. Die verinnerlichten Erfahrungen der Interaktion mit den elterlichen Objekten werden in der Gruppensituation in interpersonalen Arrangements wiederholt.

Auch in dem multipersonalen Beziehungsangebot der Klinik versucht der Patient, nach und nach die internalisierten Objektbeziehungsmuster in interpersonalen Arrangements wiederherzustellen. Das Team läßt solche Versuche des Patienten sich entwikkeln, begleitet sie verbalisierend, ohne jedoch auf die Wiederholungswünsche des Patienten einzugehen. Das Team kann die Re-Inszenierung *infantiler Objektbeziehungsmuster also am Verhalten, den Objektwahlen, den Interaktionen und schließlich an den Verbalisationen* des Patienten erkennen. Diese *interaktionelle Re-Inszenierung* hat in der stationären Psychotherapie eine besondere Bedeutung. In der ambulant psychoanalytischen Therapie sind es vor allem die freien Assoziationen, die als Inszenierungen infantiler Interaktionsmuster (Lorenzer 1970) das therapeutisch zu bearbeitende Material abgeben. In der stationären psychoanalytischen Therapie können im größeren Maße auch beobachtbare Verhaltens- und Interaktionsmuster neben den verbal mitgeteilten Vorstellungsinhalten einbezogen werden. Die Besonderheit der stationären Psychotherapie ist wohl am besten durch die interaktionelle Re-Inszenierung im »Hier und Jetzt«, in Verhalten, Interaktionen und Aktionen charakterisiert (vgl. Wittich 1977, Becker und Lüdeke 1978, Trimborn 1983).

Aus klassisch-psychoanalytischer Sicht ist die handelnde und interaktionelle Re-Inszenierung ein Agieren, also ein Widerstand. Unter Agieren verstand Freud (1914), daß der Patient nicht Erinnerungen produziert, sondern in der Tat wiederholt (Fenichel

1945). Tatsächlich wird in der klinischen Situation weit häufiger agiert als in der ambulanten Therapie. Das »Agieren« innerhalb der stationären Behandlung verstehen wir aber nicht in erster Linie als Widerstand, sondern als »Dramatisierung eines intrapsychischen Problems« (Tarachow 1963). Daher müssen die Therapeuten in der stationären Psychotherapie nicht nur ihr Augenmerk auf die verbalisierten Vorstellungsinhalte der Patienten richten, sondern auch die Interaktions- und Verhaltensmuster der Patienten untersuchen und in ihre therapeutische Arbeit einbeziehen. Das Team muß also genau beobachten, sich in die entwickelten Verhaltens- und Interaktionsszenen empathisch einfühlen, sich seine emotionellen Gegenübertragungsreaktionen auf diese Szenen bewußtmachen und schließlich auf diesem Wege zu einer Interpretation der Szene kommen.

Fallbeispiel 1:

> Der 35jährige Mann wurde stationär behandelt wegen schwerer depressiver Verstimmungen, einem episodischen Alkoholmißbrauch, Magenulcus und zunehmend regressiv-passiven Tendenzen, die Arbeitsunfähigkeit mit sich brachten. Während der stationären Behandlung entwickelte sich ein Beziehungsmuster zum Gruppentherapeuten sowie zum Einzeltherapeuten, das diese als zurückhaltend, höflich, angepaßt, unterwürfig, musterschülerhaft beschrieben. Die Beziehungen waren wie das Verhältnis eines gelehrigen Schülers zu dem fordernden und strengen Vater, den der Patient selbst als gefährlich erlebt hatte. Der Therapeut war verärgert, weil der Patient sowenig zur Mitarbeit bereit war. Andeutungsweise zeigte der Patient Ängste vor seinen aggressiven Impulsen. Die Schwestern erlebten den Patienten als distanziert, bemüht um die Aufrechterhaltung eines bestimmten Raumes zwischen ihm und ihnen. Eine Differenzierung der Objektwahl in der Schwesterngruppe zeigte sich zunächst nicht. In der Bewegungstherapie zeigte er sich deutlich regressiv-passiv, z. B. baute er sich aus Matten ein Sofa und postierte sich darauf wie ein »Diwan-Püppchen«. Wir konnten in der Entwicklung dieser Beziehungsmuster seine Abwehrformation und seine regressiv-passiven Wünsche erkennen. Gegenüber der Stationsärztin klagte er über körperliche

Mißempfindungen. Hierin sahen wir, wie fragil sein Körper-Selbst war. Jedoch verstanden wir die pathogene Psychodynamik erst, als wir die Entwicklung der Beziehung zur Musiktherapeutin betrachteten.

Zunächst war er ihr gegenüber sehr starr und verhalten und signalisierte Ängste. Er äußerte das Gefühl, es könnte ihm etwas passieren und er könne die volle Stunde nicht durchhalten. Wollte er z. B. Klavier spielen, so begann er zwar damit, schimpfte dann aber und knallte den Klavierdeckel wieder zu, so als müsse er sich vor andrängenden Ängsten schützen. Die Therapeutin vermutete, er halte sich aus einer speziellen Angst zurück. Sie überließ ihm seine beherrschende Position in der musikalischen Interaktion in der Hoffnung, daß seine Angst sich auf diese Weise reduzieren würde.

Die Besprechung ergab, daß das Verhalten des Patienten ein unbewußter Ausdruck spezifischer Ängste sein müsse, und die Musiktherapeutin wurde ermutigt, ihn auf die Besonderheit der musiktherapeutischen Situation anzusprechen. In dem darauffolgenden Gespräch erinnerte er sich an seine positive Beziehung zu einer älteren Schwester, mit der er vierhändig Klavier zu spielen pflegte. Die Schwester, die wegen der häufigen Abwesenheit der Mutter deren Position übernommen hatte, war für ihn ein bedeutsames Objekt gewesen. In der Übertragung auf die Musiktherapeutin war also offenbar seine Beziehung zu dieser älteren Schwester reaktiviert worden. Er hatte Angst, innerhalb dieser Beziehung die Kontrolle zu verlieren. Schließlich gab er seiner Angst Ausdruck, er könne die Musiktherapeutin berühren und dann wie früher von seiner Schwester oder auch vom Vater »eins auf die Finger bekommen«.

In der musikalischen Interaktion mit der Musiktherapeutin reduzierten sich seine Ängste vor solchen Impulsen. Nun konnte er der Musiktherapeutin auch von seinen Tagesphantasien über einen »Riesenpenis«, der »töten« oder auch »zustopfen« könnte, berichten. Durch die Freisetzung infantiler Erinnerungen und aktueller Phantasien wurde er in den übrigen Beziehungsfeldern freier und lockerer und konnte sich in der einzeltherapeutischen Beziehung wie auch in der Gruppentherapie mit seiner Angst vor den phallisch-aggressiven Tendenzen und seinen Schuldgefühlen auseinandersetzen.

Mit diesem Beispiel will ich zum einen zeigen, wie Patienten ihre inneren Konflikte re-inszenieren, und zum anderen, daß die zentrale psychoanalytische Behandlungstechnik – das Durcharbeiten der Konflikte in der Übertragung – auch in der stationären psychoanalytischen Therapie möglich ist, wenn der besondere Charakter der Übertragungsprozesse berücksichtigt wird. In ambulanten Behandlungen hat der Psychoanalytiker es meist mit sukzessiv sich entfaltenden Übertragungsmustern zu tun. Entwickeln sich Übertragungen außerhalb der psychoanalytischen Situation, so werden sie als Nebenübertragungen bezeichnet, als solche interpretiert und auf die Übertragung in der psychoanalytischen Situation bezogen. Im Vergleich dazu können sich in der stationären Therapie *verschiedene Formen von Übertragungen gleichzeitig und nebeneinander*, also *simultan*, zeigen.

Bereits die Untersuchungen zu den Behandlungsverläufen (vgl. Kap. 4.4.4) ergaben, daß die *multidimensionale Übertragung* das charakteristische Übertragungsmuster für die stationäre Behandlung ist. Diese Übertragungsform definierte ich als *simultane* Externalisierung der verschiedenen libidinös bzw. aggressiv besetzten familiären, internalisierten Objektbeziehungen, also als regressive Re-Inszenierung der Familienkonstellation in den Interaktionen mit der Therapeutengruppe und auch der Patientengruppe. Bei gelingenden therapeutischen Prozessen waren in den multidimensionalen Übertragungsmustern diese strukturbildenden, internalisierten Objektbeziehungsmuster erkennbar. Dabei konnten die einzelnen, aus unterschiedlichen infantilen Entwicklungsstadien herrührenden Objektbeziehungsmuster auf verschiedene Therapeuten übertragen werden.

Fallbeispiel 1 ist die klinische Demonstration einer solchen multidimensionalen Übertragung. Des weiteren zeigt es, daß nicht festgelegt werden soll, welches Objekt aus dem Team für welchen Übertragungsaspekt genutzt wird. Es gibt zwar im Setting bestimmte Übertragungsauslöser; so kann z. B. die Konstellation Arzt–Schwester in der Gruppentherapie ein Übertragungsauslöser sein für eine ödipale Vaterübertragung und präödipale Mutterübertragung (vgl. Stephanos 1973, 1978a). Der Patient jedoch überträgt in der interaktionellen Re-Inszenierung seiner Konflikte nicht regelhaft nach dem vorgegebenen therapeutischen Angebot: Therapeut = Vater, Schwester = Mutter. In der Übertragung können die Schwestern auch wie Geschwister oder Töchter oder auch Väter und die männlichen Therapeuten auch wie idealisierte Mütter usw. erlebt werden.

Für stark regredierte oder auch psychosomatisch erkrankte Patienten wurde häufig zu Beginn der Behandlung die Institution die oral-spendende Mutter, oder sie entwickelten in allen Beziehungen oral-passive Tendenzen oder symbiotische, idealisierende Übertragungen. Diese und andere primitiven Übertragungsformen sind durch ihre *Unidimensionalität* charakterisiert.

Fallbeispiel 2:

> Der 38jährige Patient kam in einem ausgeprägt oral-passiven Regressionszustand zur stationären Behandlung. Nach einer Entziehungskur wegen Alkoholismus hatten sich Herzangst-Anfälle, Polyphagie und Erbrechen, Magen-Darm-Beschwerden und Schlafstörungen entwickelt. Er war unfähig zu jeglicher Aktivität und konnte das Haus nicht mehr verlassen. Zu Beginn der stationären Aufnahme erzählte er von seinen Phantasien über Tiere, die ausgeweidet wurden, oder riesenhafte weibliche Genitalien, die verschlangen. Dann sprach er nur noch selten. In den ersten Monaten der Behandlung entfaltete er in allen Beziehungsfeldern eine oral-passive Bedürftigkeit. So fühlte er sich gegenüber den Schwestern, dem Einzeltherapeuten und in der Gruppe hilflos, klein, unfähig, sich mit den Mitpatienten in der Gruppe auseinanderzusetzen, wie ein »Würstchen«. In der Musiktherapie gestaltete er – nach vorsichtiger Annäherung an die Musik – den Regressionszustand in homophonen, musikalischen Interaktionen mit der Musiktherapeutin. Solche Stunden brachten ihm Entspannung. Mehrere Monate haben wir seinen Regressionszustand ertragen und seine Ängste und Phantasien angenommen. Interpretationen brachten keinerlei Veränderung in seinem Zustand. Wahrscheinlich über erwachende Liebesgefühle gegenüber einer Schwester entwickelte er vorsichtige erste aktive Interessen. Er begann zu kochen und Gitarre zu spielen, frühere Lieblingsbeschäftigungen von ihm. Die Liebesgefühle gegenüber einer Schwester übertrug er auf eine verführerische und kokettierende Mitpatientin der Gruppe. In dieser Konstellation ge-

wann er an Lebendigkeit und Aktivität. Er konnte sich nun aktiv in der Gruppe beteiligen und den passiv-regressiven Zustand verlassen. Er idealisierte die Klinik und den Gruppentherapeuten und behielt sich damit ein positiv besetztes Objekt. Mit männlichen Mitpatienten setzte er sich aktiv auseinander, kämpfte um sein neues Liebesobjekt. – Auch nach der Entlassung konnte er sich nie ganz von dem idealisierten Objekt »Klinik« trennen, obwohl er in der wiedergewonnenen Aktivität und auch Kreativität stabil blieb und zufriedene Partnerbeziehungen aufrechterhalten konnte.

Für den therapeutischen Prozeß folgt aus diesem Beispiel, daß sog. unidimensionale Übertragungen in regressiven Zuständen sich zu multidimensionalen entwickeln können, wenn die Behandlung fortschreitet. Unidimensionale Übertragungen können wir daher als regressive Widerstände gegen die Entfaltung der familiären Objektbeziehungsmuster in der multidimensionalen Übertragung verstehen. Letztere spiegeln den ödipalen Charakter menschlicher Beziehungen wider.

Dieser ödipale Charakter der multidimensionalen Übertragungen unterscheidet diese auch von der sog. *Übertragungsspaltung*, die auch als die pathognomonische Übertragung in der stationären Psychotherapie bezeichnet wird. Je nach stationärer Behandlungskonzeption wird die Übertragungsspaltung entweder gefördert, um sie später durch eine integrierende therapeutische Bearbeitung im Team aufzuheben (Arfsten und Hoffmann 1978, Möhlen und Heising 1980), oder sie wird generell als negative Auswirkung des multipersonalen Beziehungsangebotes verstanden und durch definitive Festlegung des Therapieraumes zu verhindern versucht (Heigl und Nerenz 1975, König 1974, Beese 1978). Dieser unterschiedlichen Handhabung liegen auch unterschiedliche Auffassungen über das, was Übertragungsspaltung ist, zugrunde. Wir verstehen Übertragungsspaltung nach Kernberg (1975 a) und Volkan (1976) als pathognomonische Übertragung bei Borderline-Persönlichkeitsstrukturen. In Übertragungsspaltungen werden nichtintegrierbare gute und böse Objektrepräsentanzen auf verschiedene Therapeuten projiziert. In ihnen zeigen sich verschiedene Ichzustände, die der Patient aufgrund mangelhaft entwickelter integrativer Ichfunktion als getrennt erfährt.

Übertragungsspaltungen stellen die integrative Kapazität des psychoanalytischen Teams vor erhebliche Anforderungen, wie ich schon an verschiedenen Beispielen zeigen konnte. Patienten mit solchen Pathologien sind gewissermaßen das »Salz« der stationären Psychotherapie. Deswegen möchte ich Art und Weise der Re-Inszenierung im stationären Setting und des therapeutischen Umgangs mit den Prozessen an einem ausführlichen Beispiel demonstrieren.

Fallbeispiel 3:

Der 28jährige Patient war Sozialarbeiter. Er hatte bei den Jugendlichen, die er als Sozialarbeiter betreute, eine angesehene Position und galt als ausgesprochen aktiv und einsatzfreudig. Seine Leiden begannen, als seine Freundin sich von ihm trennte und er sich wegen einer Pilzinfektion am Penis in Behandlung begeben mußte. Er litt unter zahlreichen körperlichen Beschwerden, Brennen am After, Gelenkschmerzen, Rückenschmerzen und Impotenz. Zahlreiche urologische Untersuchungen waren durchgeführt worden. Er fühlte eine permanente innere Unruhe und hatte panikartige Angstanfälle mit Herzsensationen. Er glaubte sich zerstört, fühlte sich unfähig, sich selbst zu steuern, und auch in seiner neuen Partnerschaft reagierte er auf Kränkungen häufig mit Wutanfällen.
Motivierend für die Annahme einer stationären Behandlung war seine »totale Erschöpfung«. Er klammerte sich an den Therapeuten, wie er sich auch an seine Freundin klammerte, und hatte Angst, verlassen zu werden, wieder weggeschickt zu werden. Er hoffte, seine »Überlebenskraft« in der klinischen Behandlung wiederherstellen zu können. Dieses beinhaltete für ihn sowohl den Wunsch nach Wiederherstellung seiner idealen Selbstvorstellung im Sinne eines narzißtischen Reparationswunsches als auch die Hoffnung auf Rettung durch die Aufnahme in unsere Klinik. – Dazu sei angemerkt, daß narzißtisch gestörte Patienten nur unter dem Erleben eines »Zusammenbruchs« in Behandlung kommen, ansonsten eher die stationäre Aufnahme vermeiden, da sie diese als Kränkung erleben.
Die erste Phase der Therapie war gekennzeichnet durch die Entfaltung der narzißtischen Allmacht. Alle therapeutischen

Objekte benutzte er in der Phantasie, in direkten Aktionen und in seinen konkreten Wünschen als Selbst-Objekte. Solche Objekte sollten ihm entsprechend seiner eigenen Raum- und Zeitvorstellungen zur Verfügung stehen: Vom Einzeltherapeuten wünschte er viele Einzelsitzungen. Die Gruppentherapeutin wollte er für sich haben, die Mitpatienten in der Gruppe konnte er nicht ertragen. Die Schwestern sollten außerhalb der Visite mit ihm Kaffee trinken und mit ihm plaudern. Sie sollten auch außerhalb der üblichen Essenszeiten sein Essen bereithalten. Als dies nicht geschah, arrangierte er sich mit einer Küchenfrau, die ihm zu anderen Zeiten als den übrigen Patienten Essen servierte. Der Musiktherapeutin schenkte er eine Schallplatte, sie sollte sich an seinen Wünschen orientieren können. Die Bewegungstherapeutin lud er zu einer Autofahrt ein und wünschte sich eine engere Beziehung zu ihr. – Er war bestimmt von seiner narzißtischen Welt der Wunscherfüllung.
Seine Schwierigkeiten in der Anpassung an die Rahmenbedingungen der Behandlung wurden für das Team bald zu einem Problem. Es kränkte ihn, Patient wie die anderen Patienten zu sein. Die üblichen Essenszeiten galten nicht für ihn, ebensowenig wie die Wochenendbeurlaubungen (von samstags bis sonntags abends). Er verschwand schon am Freitag und kam erst am Montag zurück. Nachts kam er um 24.00 oder 1.00 Uhr auf die Station, die anderen Patienten um 22.00 Uhr. Ihm erschien dieses Verhalten selbstverständlich, da er noch Freunde besucht hatte, bei denen er sich wohl fühlte.
Zeit- und Raumstrukturen und deren personale Vertretung durch das Team mußten ihn über kurz oder lang dazu bringen, daß er in seinem narzißtischen Beziehungsmuster Grenzen erfuhr. Er hatte erreicht, daß er später aufstehen durfte und die Küchenfrau ihm das Frühstück zurückstellte. Eine Schwester sprach dies an: Er habe wohl eine besonders gute Beziehung zu der Küchenbedienung, weil diese ihm außer der Reihe das Frühstück aufhebe. Dieser Versuch einer Beziehungsklärung bedeutete eine Störung in der Entfaltung seiner narzißtischen Bedürftigkeit und führte zu einem heftigen, aggressiven Affekt gegen die »bösen« Schwestern, wobei er im Sinne einer Übertragungsspaltung das verwöhnende Objekt »Küchenfrau« verteidigte. Da aber auch an anderer Stelle seine Aktionen gegen

die Rahmenbedingungen angesprochen wurden, verstärkten sich seine aggressiven und destruktiven Affekte.
Die Klinik war als von ihm getrenntes Objekt in Erscheinung getreten. Damit wurde in der Übertragung das Objekt »versagende Mutter« reaktiviert, verbunden mit heftigen Wutausbrüchen. In der Abwehr dieser aggressiven Impulse somatisierte der Patient nur teilweise, wie wir dies bei anderen Patienten sahen, sondern er entwickelte Aktivitäten auf der Handlungsebene im sozialen Feld der Station, da ihm eine intrapsychische Regulierungsmöglichkeit nicht zur Verfügung stand.
Mit seinem Haß auf das versagende mütterliche Objekt »Klinik« betrieb er in der Kleingruppe und auf der Station die Abgrenzung von den Therapeuten. In der Kleingruppe entzündete er eine Diskussion um die Gruppentherapeutin und verlangte deren Stellungnahme zu den Regelungen und Ordnungen der Station. Er bezeichnete unsere Behandlung als »faschistisches Regime«. Die Mitpatienten verbündeten sich mit ihm auf der Basis negativ erlebter mütterlicher Objekte, wie die Phantasie in der Kleingruppe von der »bösen Mutter Klinik« zeigte. Sie solidarisierten sich mit ihrem neuen »Führer«, um die Klinik umzufunktionieren. In ihren Phantasien waren wir schlechte und versagende Therapeuten, da wir den Patienten nicht helfen konnten. Wir seien willkürlich, destruktiv und würden sie quälen. Diese bösen Therapeuten würden die Schwestern, die freundlich seien, anschließend bestrafen.
Blieben die meisten Patienten auf der Phantasieebene mit ihrem neuen »Führer« in der Projektion negativer Affekte auf die Klinik verbunden, so verbündete er sich mit zwei männlichen Patienten, die ebenfalls erhebliche narzißtische Störungen zeigten, in Aktionen gegen die Station. Durch die Schaffung eines gemeinsamen Feindes entstand zwischen den Patienten eine (homosexuell gefärbte) Nähe, die ihnen gleichzeitig ein gewisses Maß an Sicherheit verschaffte und die der Abwehr von Geschwisterneid diente. Das »Triumvirat« richtete sich eine eigene Kochküche ein und versuchte, das therapeutische Team durch Alkoholgenuß auf der Station, der nicht gestattet ist, zu Reaktionen zu zwingen. Sie versuchten so, in ihrem oralen Bereich unabhängig zu werden von den bösen, verfolgenden Objekten, die sie entwerteten und als unmenschlich beschimpften.

Im Sinne einer Wiederholung der Spaltungsübertragung erhielt sich der Patient in diesem Prozeß in dem multipersonalen Beziehungsgeflecht ein positiv besetztes Objekt im Einzeltherapeuten. Bei ihm beklagte er sich, fand Gehör, fühlte sich sicher.
Der Einzeltherapeut war für ihn das idealisierte mütterliche Objekt. Er forderte mehr Zuwendung, mehr Gehör, z. B. auch vom Stationsarzt, der ihn körperlich untersuchen sollte. Er hatte die Angst, sein Körper könne auseinanderfallen. Da der Stationsarzt schließlich nicht seinen Bedürfnissen nachkommen konnte, ihn häufiger zu untersuchen, suchte er enttäuscht einen Arzt außerhalb der Klinik auf. Andererseits setzte er sich gegenüber den Mitpatienten im Sinne narzißtischer Allmachtsphantasien an die Stelle des Klinikleiters und schilderte, wie er die Klinik organisieren würde, wieviel freundlicher und versöhnlicher er als Therapeut mit ihnen umgehen und alle persönlich in sein Leben integrieren würde.
So sicherte er sich eine einmalige Position bei seinen Mitpatienten und einen Rückhalt in der idealisierten Beziehung zum Einzeltherapeuten. Seinen Haß konnte er auf die verschiedenen Therapeuten des Teams projizieren. Die Spaltungsübertragung hatte sich so in der klinischen Szene hochaffektiv aktualisiert.
Für den therapeutischen Prozeß entscheidend wurden die Reaktionen und das Verhalten des Teams in bezug auf diese Spaltungsübertragung. Die Aktionen des Patienten hatten zunächst im Team zu heftigen, spannungsreichen Diskussionen über seine Behandelbarkeit geführt. Wir konnten seine Aktionen gegen die Rahmenbedingungen, z. B. seine längeren Wochenendabwesenheiten, als Wiederholung der frühkindlichen Szene verstehen. Der Patient hatte im 6. Lebensjahr auf mysteriöse Weise (Selbstmord oder Mord) seinen Vater verloren. Ein Jahr später erhielt er einen von ihm als streng und brutal geschilderten Stiefvater. Die Abwesenheit des hochidealisierten Vaters hatte er als Junge ohnmächtig passiv erlebt, jetzt kehrte er durch seine eigene Abwesenheit diese Erfahrung aktiv gegen uns. In unserer klinischen Realität bedeutete seine Abwesenheit jedoch, daß er in seiner narzißtischen Grandiosität unser gesamtes vollstationäres Behandlungssystem in Frage stellte. Nach unserem Verständnis von den organisatorischen Rahmenbedingungen hatte er durch verlän-

gerte Abwesenheit über das Wochenende seine eigene Entlassung bewirkt.

Nach einem solchen verlängerten Wochenendurlaub kam es zu einer negativen Gegenübertragungsaktion. Eine Schwester teilte ihm nach seiner Rückkehr in die Klinik mit, er habe sich selber entlassen, die Entlassung sei auch der Verwaltung mitgeteilt worden. Ein anderer Patient habe schon sein Bett besetzt. Diese Aktion der Schwester verstanden wir auf dem Hindergrund der vorausgegangenen narzißtischen Kränkungen einiger Teammitglieder durch die Entwertungen und Angriffe seitens des Patienten und aus den dadurch entstandenen Spannungen im Team. Die wachsenden negativen Gegenübertragungsgefühle blieben zunächst unbewußt oder machten sich an behandlungstechnischen Fragen fest und hatten sich jetzt in dieser Entlassungsaktion entladen. Durch diese Form psychosozialer Abwehr konnten einige Teammitglieder sich der nichtakzeptablen eigenen aggressiven Selbst-Aspekte, die in der Interaktion mit dem Patienten reaktiviert worden waren, entledigen und sich damit entlasten. Andere Teammitglieder zeigten sich über diese unintegrierte Aktion betroffen.

In dieser Übertragungs-Gegenübertragungsaktion lag nun die Nahtstelle der Therapie. Die integrative Kompetenz des Teams stand vor einer harten Probe. Der Patient war zunächst überrascht, daß sein Verhalten reale Konsequenzen hatte. Er reagierte mit Unverständnis, heftiger Wut, Enttäuschung und schließlich Verzweiflung. Die therapeutischen Bindungen waren doch so, daß er zurückkommen wollte. Dazu benutzte er die Beziehung zu den beiden Patienten, die sich mit ihm vorher in den Aktionen gegen uns solidarisiert hatten. Sie baten mich als psychoanalytischen Berater um ein Gespräch, um einerseits mich gegen das Team zu gewinnen und andererseits die Wiederaufnahme des Patienten zu bewirken. Ich begegnete dieser narzißtischen Projektion, die mich mit Macht über das Team ausstattete, indem ich den Patienten nach einem ausführlichen Gespräch sagte, grundsätzlich sei eine Wiederaufnahme möglich, wir müßten uns aber vorher im Team einigen. In meiner Besprechung mit dem Team konnten die Wurzeln der negativen und positiven Gegenübertragungsreaktionen verstanden werden. Wesentlich dabei war, daß besonders die negativen Gegenübertragungsaktionen als bedeutsam für den therapeutischen Prozeß verstanden und nicht als anti-therapeutisch verworfen wurden. Erst auf diesem Wege ließ sich für das *gesamte* Team wieder ein Verständnis für den Patienten entwickeln. Er war nicht mehr der unmögliche, unbehandelbare Patient, sondern ein Patient, der aus Angst panikartig weggerannt war und sich den Haß-Objekten entziehen mußte. Es wurde entschieden, ihn wieder aufzunehmen. Viel später verbalisierte der Patient, die Entlassung wie die Wiederaufnahme seien für ihn eine sehr wichtige Erfahrung gewesen.

Wir können festhalten: Die Externalisierung der negativen und positiven Objektbeziehungen in das Team hatte zu regressiven Phänomenen geführt, die sich besonders in den Spaltungen im Team zeigten. Durch den beschriebenen Prozeß der Teamarbeit konnten die Spaltungen überwunden werden. Am Team als Objekt konnte der Patient die Integration böser und guter Aspekte der Objekte nachvollziehen. Es zeigte sich, daß er nach der Wiederaufnahme imstande war, sich als Hilfsbedürftiger und als Zerstörer wahrzunehmen, daß er also die paranoid-schizoide Position im Sinne Melanie Kleins überwunden zu haben schien.

In der Folgezeit ließen seine Aktionen nach, er blieb im Behandlungsarrangement konstanter und konnte schließlich nach einem weiteren therapeutischen Prozeß mit uns einen Entlassungstermin vereinbaren. Auf der Gruppenebene schaffte er es zweimal, eine Gesamtversammlung aller Patienten zu initiieren. Hierin lag eine Wendung von der vorher destruktiven, kollektiven Illusion und Aktion zur konstruktiven, kollektiven Illusion und Aktion. Die Patienten wollten mit dem psychoanalytischen Berater das therapeutische Angebot kritisch diskutieren. Der Wunsch der gesamten Patientengruppe war, die Klinik solle besser versorgen und mehr Entgegenkommen zeigen. Wir konnten diese Gruppenaktion therapeutisch so verstehen: Die Patienten zeigten uns ihre unstillbaren Sehnsüchte nach einem spendenden und versorgenden Objekt. Sie erfuhren, daß sie mit uns über diese Wünsche sprechen konnten. Damit waren sie für eine weitere therapeutische Mitarbeit gewonnen.

Für unseren Patienten waren die Strukturen der Großgruppe ein Ort neuer, persönlicher Erfahrungen geworden. Er konnte die »Glaswand« zwischen uns und ihm durchbrechen und uns als wirkliche Objekte erfahren.

Dieses Beispiel ist charakteristisch für den stationären therapeutisch-analytischen Prozeß bestimmter narzißtisch gestörter Patienten wie auch für Borderline-Persönlichkeitsstrukturen im Sinne Kernbergs (vgl. Ahrens et al. 1983). Sie suchen im multipersonalen stationären Beziehungsfeld Objekte, über die sie omnipotent verfügen wollen, um Allmachtsillusionen wiederzugewinnen. Solche Patienten entfalten im stationären Rahmen ihre narzißtischen Bedürfnisse in einer *aktuellen Wiederherstellung der infantilen Szene* mit Manipulation der therapeutischen Objekte und der Raum- und Zeitstrukturen. Diese Entfaltung narzißtischer Allmachtsvorstellungen wird durch die Großgruppensituation in der Klinik und die dadurch bedingte Regression begünstigt.

Der oben beschriebene narzißtisch gestörte Patient versuchte, einen unbegrenzten passiven, konfliktlosen Befriedigungszustand in *allen* Therapiefeldern herzustellen. Das führte dazu, daß er an den Settingsgrenzen innerhalb der klinischen Situation wie auch an den Realitäten des Zusammenlebens mit den Mitpatienten und dem Behandlerteam desillusionierende Erfahrungen machen mußte. Er reagierte mit zerstörerischen Wutausbrüchen, die sich gegen die grenzensetzenden Rahmenbedingungen wandten, das heißt, in einem malignen regressiven Prozeß wurde das frustrierende, negative müttliche Objekt reaktiviert.

Trimborn (1983) vertritt, aufgrund eigener Erfahrungen in der stationären psychoanalytischen Therapie, die Ansicht, daß Borderline-Patienten durch die Bedingungen stationärer Behandlung zu früh in der Entfaltung ihrer Omnipotenzphantasien gestört würden. Ihnen fehle die Welt der Übergangsobjekte oder subjektiven Objekte, die sie erst in einer psychoanalytischen Situation an dem Medium Analytiker erfahren müßten. Er glaubt nicht, daß sich ein solcher »Zwischenbereich« auf der Station entwickeln könne, sondern hält eine ambulante psychoanalytische Behandlung für geeigneter. Trimborn (1983) berichtet allerdings aus einem streng gruppentherapeutisch orientierten Modell (Arfsten und Hoffmann 1978). Dagegen sollen in unserem sowohl ichpsychologisch als auch objektbeziehungspsychologisch begründeten Setting zwei Aspekte therapeutisch wirksam werden: In der Gruppensituation werden die Kontrollfunktionen des Teams mobilisiert und damit die Ichfunktion des Patienten gefördert; in den extraverbalen therapeutischen Bereichen (Musik- und Maltherapie), in der Beziehung zum Einzeltherapeuten oder in den Beziehungen zu den Schwestern kann der Patient sich als ein potent und ideal phantasiertes Objekt erhalten (vgl. Kap. 5.4.4).

Green (1975) hat bei Borderline-Patienten von vier Grundmechanismen gesprochen, die sich wiederholen: die somatische Erledigung, das Agieren, die Spaltung und die Entziehung der Besetzung, wodurch Leeregefühle auftreten. Diese Phänomene konnten wir ebenfalls bei diesen Patienten beobachten. In dem oben beschriebenen Fall zeigte sich außerdem ein Phänomen, das ich in Anlehnung an Denford (1983) mit »Grouping« bezeichnen möchte. Es entspricht dem, was Hartocollis (1980) mit dem Begriff der Organisierung von »Gangs« beschrieben hat. Solche »Gangs« werden in stationären Behandlungen als Bedrohung der Existenz des Behandlerteams oder der Institution erlebt. Das Grouping-Phänomen zeigt sich zunächst darin, daß sich ähnlich strukturierte Patienten verbünden. Sie grenzen sich gegenüber dem psychoanalytischen Team in besonders rebellischer Weise ab. In solchen Gruppierungen spielen Austausch von Selbst-Aspekten, Finden eines gemeinsamen Haß-Objektes und Verbrüderung eine große Rolle. Aggressionen werden auf die Objekte projiziert. Die Therapeuten, anfangs idealisiert, dann zunehmend versagend und einschränkend erlebt, werden zu jenen Feindbildern stilisiert, gegen die sich die Gruppe in ihren Aktionen richtet. Durch diese projektiven Mechanismen bleiben die Grouping-Konstellationen selber spannungsfrei. Das aggressive Potential solcher Gruppierungen wirkt schließlich in den Klein- und Großgruppenprozeß hinein. Aktionen werden initiiert, wie sie auch bei politischen Gruppenbildungen zu beobachten sind.

Im stationären Setting stellt das Anwachsen der Spaltungsübertragung, die zu negativen Gegenübertragungsreaktionen führt, die größte Herausforderung für die integrative Kapazität des Behandlungsteams dar. Zugleich sind solche Teamkrisen, wie im Beispiel an der Entlassungsaktion beschrieben, die Nahtstelle des therapeutischen Prozesses. Denn erst wenn das Team voll die Spaltung des Patienten annehmen kann und nicht an der Verkörperung von Gegensätzen zerreißt, kann auch der Patient per Identifikation mit der therapeutischen Arbeit die Spaltung überwinden und sich einen Blick in seine chaotische Innenwelt erlauben.

Die Unterscheidung zwischen multidimensionaler bzw. unidimensionaler Übertragungsmanifestation und Übertragungsspaltung ist idealtypisch. Die multidimensionale Übertragungsmanifestation ist ein Prozeß, der sich im Laufe der stationären Behandlung meist bei neurotisch gestörten Patienten entwickelt und der zu befriedigenden Behandlungsergebnissen führt (vgl. Kap. 4.4). Manche Behandlungsprozesse sind jedoch hinsichtlich der Übertragungsmanifestationen zwischen einer multidimensionalen und unidimensionalen Entwicklung angesiedelt. So können z. B. depressive Patienten über lange Zeit, manchmal bis zum Behandlungsabschluß, unter dem Blickwinkel ihres rigiden Überichs depressiv klagsam und anklagend bleiben und in allen Beziehungsfeldern Anforderungen, kritische Haltungen und Entwertungen sehen. Manche Patienten sind auch angepaßt, zurückgezogen, isoliert oder starr-rationalistisch und lassen kaum affektive Beziehungsmuster erkennen. Solche Abwehrformationen sind wegen der labilisierenden, regressionsfördernden Situation in der Klinik kaum lange aufrechtzuerhalten. So sehen wir meist nach ein bis zwei Monaten die Entwicklung bestimmter affektiver Objektbeziehungsmuster. Nur bei ausgeprägt regressiven Zuständen ergibt sich durch die Art und Weise der Objektwahl und des Umgangs mit dem Setting eine von Anfang an eindeutige Übertragungskonstellation.

Multidimensionale und unidimensionale Übertragungen fanden wir meist bei Patienten, die neurotische Störungen hatten, Spaltungsübertragungen in der beschriebenen Form bei Borderline-Patienten. *Spaltungsübertragungen* in einer besonderen Form zeigten sich jedoch auch bei Patienten, die *im engeren Sinne psychosomatisch erkrankt* waren (z. B. an einer Colitis ulcerosa, an einem Hypertonus, Ulcus pepticum), oder bei Perversionen. Bei aller Unterschiedlichkeit hinsichtlich des Verlaufs der einzelnen Krankheitsbilder, aber auch der individuellen Psychodynamik, waren doch Ähnlichkeiten mit der Verlaufsgestalt bei Borderline-Patienten festzustellen.

Fallbeispiel 4:

Als Beispiel sei der Behandlungsverlauf bei einer 39jährigen Patientin herangezogen. Sie war acht Jahre vor der stationären Aufnahme erstmals an einer Colitis ulcerosa erkrankt, die schubweise verlief und mehrmals Krankenhausbehandlungen erforderlich machte. Der erste Schub war nach dem Tod der überidealisierten Mutter aufgetreten, die in ihrer Erinnerung »unbefleckt« war. Diesen Verlust konnte sie nicht trauernd überwinden. Es blieben unbewußte Schuldgefühle darüber, daß sie der Mutter nicht genügend beigestanden und sich vorher von ihr getrennt hatte. Auch den Vater beschuldigte sie, die Mutter nicht genügend untersützt zu haben, und fand ihn »unverschämt«, weil er ein Jahr nach dem Tod der Mutter wieder geheiratet hatte. Sie hatte verschiedene männliche Bekannte, aber jede Beziehung abgebrochen, weil die Männer nicht »gut genug« waren. Auch den Vater ihrer Tochter (sechs Jahre) hatte sie nicht heiraten können. Sie lebte mit diesem Kind in einer symbiotischen Bindung mit der Begründung, sie wolle ihr eine gute Mutter sein. Sie benutzte das Kind als eine Art Ersatzmutter. Trennungen machten sie krank. – Die sehr nüchterne, ordentliche und sachliche Frau (alexithym?) ließ nach dem ersten therapeutischen Kontakt den deutlichen Wunsch erkennen, von einem idealisierten Ersatzobjekt, also vom Therapeuten, angenommen zu werden. Darum konnte sie sich auch von der Tochter, die von Verwandten gut versorgt war, während der Woche trennen. Die Idealisierung der Klinik und der Therapeuten ebenso wie das ideale Bild von ihrer Kindheit und Familie, das sie den Mitpatienten vermittelte, und ihre versorgende Einstellung ihnen gegenüber prägten etwa bis zur sechsten Woche den therapeutischen Prozeß. In der Musiktherapie lebte sie in dieser Zeit in homophonen Spielen ihre Verschmelzungswünsche aus. Mit zwei Mitpatienten der Gruppe verband sie sich in einer Art symbiotischer Dreierkonstellation, sie waren stets zusammen und unternahmen viel außerhalb der Klinik. Von dem Gruppentherapeuten darauf angesprochen, reagierte sie gekränkt, irritiert und angedeutet verärgert. Anders als der oben beschriebene Borderline-Patient konnte sie nun nicht ihre Affekte in Aktionen oder Verbalisationen umsetzen, sondern sie wurde stiller, zurückgezogener und entwickelte colitische Symptome. Der notwendigen medizinischen Behandlung und besorgten Pflege der Schwestern konnte sie sich kaum überlassen. Sie versuchte, sich durch Aktivitäten für Mitpatienten (z. B. Besorgungen machen) zu entziehen, dennoch tat ihr die Besorgtheit der Schwestern, aber auch die der Mitpatienten wohl. Die somatischen Symptome besserten sich, und sie begann, sich für Tanzen und neue Partner zu interessieren. Erst an dieser Stelle des Prozesses konnte sie auch aggressive Affekte in Beziehungen einbringen, z. B. wenn sie sich über Begrenzungen im Setting ärgerte, den Gruppentherapeuten unverständig oder die Schwester bedrängend oder ablehnend fand. Ihre negativen Affekte brauchte sie also nicht mehr zu somatisieren, sondern konnte sie auf uns projizieren. Wir nahmen dies als Zeichen dafür, daß sie sich von den symbiotischen Objekten (den pflegenden Schwestern und den beiden Mitpatienten) zu lösen begann. So konnte sie auch schließlich unter Tränen Abschied nehmen. In der ambulanten Nachbehandlung, die in diesem Fall über ein Jahr dauerte, zeigte sich, daß sie ihre Beziehung zu ihrer Tochter veränderte und beide einen »Dritten«, einen neuen Bekannten von ihr, akzeptieren konnten.

Auch bei Perversionen fanden wir eine besondere Form der Spaltungsübertragung. Obwohl wir bisher nur in einigen wenigen Fällen Erfahrungen mit der stationären Behandlung von Patienten mit devianten Symptomen (Pädophilie, Exhibitionismus, Transsexualismus) sammeln konnten, scheinen doch die vorliegenden Erfahrungen im Hinblick auf die Manifestationen von Übertragungsprozessen wert, mitgeteilt zu werden.

Fallbeispiel 5:

Der 40jährige Patient hatte sich wegen pädophiler homosexueller Tendenzen, wegen Konflikten am Arbeitsplatz und dem Scheitern seiner Ehe sowie wegen starker innerer Unruhe in die stationäre Behandlung begeben. Nach einiger Zeit zeigte sich folgende Beziehungskonstellation: Er unterschied vertraute, positiv erlebte Objekte, denen er alles, insbesondere über seine Devianz, erzählen konnte, von negativ besetzten, bösen, von denen er glaubte, sie verachteten und bestraften ihn. Erstere suchte er immer wieder auf, letztere mied er. Zu ersteren gehörten der Einzeltherapeut und die Musiktherapeutin und schließlich eine Schwester (Dualbeziehungen). Er schien sich ganz sicher, daß sie mit anderen Therapeuten nicht über sein Problem sprechen würden. Wir konnten an seinem Umgang mit Musik und der Interaktion mit der Therapeutin sehen, daß diese Beziehung einen symbiotischen Charakter hatte. Er schuf sich eine einlullende rhythmisch gleichbleibende Musik zur Wiederherstellung seines narzißtischen Gleichgewichtszustandes und nahm die Musiktherapeutin als ein von ihm getrenntes Objekt nicht an. – Nun teilte er doch einem der bisher als »böse« erlebten Patienten sein Problem mit. Die erwartete Ablehnung blieb aus, der Mitpatient zeigte zu seinem »Erschrecken« Verständnis, worauf der Patient mit einer heftigen Beunruhigung reagierte und kollaptisch wurde. Er sagte, von einer Schwester auf seinen Zustand angesprochen, er habe nicht gedacht, daß die Mitteilung seines Problems ihn so leer machen würde, er habe sich total verlassen gefühlt und nichts mehr mit sich anzufangen gewußt. Wir verstanden diesen Vorgang folgendermaßen: Die Aufteilung der Objektwelt entsprechend seiner Projektion in verständnisvolle, gute und in ablehnende, verachtende gab ihm eine innere Sicherheit. Als er die Spaltungsabwehr nicht mehr aufrechterhalten konnte, mußte er sich mit seinen eigenen negativen Affekten, seiner Aggression, die über seine Devianz gebunden war, auseinandersetzen. Das heißt, die Durcharbeitung der Spaltungen, die seinen Strukturdefekt aufrechterhielten, war die Arbeit an den übertragungsbedingten Verkennungen der Objekte: Die einen schützen, verstehen und tolerieren ihn, die andern verachten und verfolgen ihn wegen seiner Devianz.

Ich will nun versuchen, die *therapeutischen Prozesse strukturell ichgestörter Patienten,* insbesondere psychosomatisch erkrankter, modellhaft zu beschreiben. Es handelt sich dabei um eine idealtypische Beschreibung, die in den einzelnen konkreten Fällen individuell akzentuiert werden muß (vgl. Janssen und Quint 1987). Strukturell ichgestörte Patienten sind, wenn sie nicht in einem regressiven Zustand aufgenommen werden, zumeist an die reale Situation in der Klinik angepaßt und affektiv abgekapselt. Psychosomatisch Erkrankte wenden sich an den Stationsarzt, um ihre Meinung von der somatischen Erkrankung bestätigt zu bekommen. Dieser untersucht die Patienten, berät sie, gibt möglicherweise Medikamente oder überweist sie.

Andere Patienten können über Wochen keine affektiven Beziehungen aufnehmen, sondern bleiben isoliert und schildern konkrete Gegebenheiten ohne persönliche, subjektive, emotionale Stellungnahmen. Meist ist aber bald spürbar, daß sie ihre Sehnsucht nach einem idealisierten Objekt auf einen Therapeuten übertragen. Damit ist eine erste Phase des therapeutischen Prozesses erreicht. Solche bedürfnis- und wunschreichen, idealisierten Beziehungskonstellationen fördern die Behandlungsmotivation des Patienten und seine Fähigkeit, sich an die Therapeuten zu binden. Die vorerst ungestörte Entfaltung dieser Konstellation ist für die weitere Entwicklung des Patienten entscheidend.

In einer zweiten Phase kommt es zu der Erfahrung der Begrenzung und der Abwesenheit. Der Patient spürt, daß er nicht eins sein kann mit dem ersehnten, idealisierten Objekt, daß dieses ihm nicht unentwegt zur Verfügung steht, daß er es mit Mitpatienten, insbesondere aber mit anderen Therapeuten, teilen muß. Diese Erfahrungen bedeuten für den strukturell ichgestörten Patienten eine narzißtische Krise mit einer Reaktivierung archaischer Ängste und heftiger Aggressionen. Während der Borderline-Patient in solchen Krisen durch Aktionen seine Enttäuschungen und Wutzustände abreagiert oder durch Projektion auf die Therapeutengruppe abwehrt (siehe Fall 3), reagiert der psychosomatisch erkrankte Patient mit dem Körper (Fall 4). Er versucht, sich der abgespaltenen negativen Affekte über einen »somatischen Ausbruch« (McDougall 1974) zu entledigen. Es kommt zu einer Zunahme der somatischen Beschwerden und manchmal zu einer somatischen Pflege- und Behandlungsbedürftigkeit. Wir meinen, daß der psychosomatisch Erkrankte sich auf diese Weise die existentiell notwendigen Objektbeziehungen, die Dienste einer guten, versorgenden Mutter erhält.

Während bei dem psychosomatischen Patienten am Anfang die Körperreaktionen vorherrschen, kann er im weiteren Verlauf auch Spaltungsübertragungen wie der Borderline-Patient zeigen, die sich jedoch selten in heftigen Aktionen entladen. Es ist eine notwendige Entwicklung für den therapeutischen Prozeß, daß er gute, ihn verwöhnende Objekte von bösen, ihn bedrohenden, störenden Objekten trennt. So kann er zu einem Therapeuten eine symbiotisch-inkorporative Beziehung aufrechterhalten, während er von sich einem anderen Therapeuten massiv bedroht, verletzt und begrenzt fühlt und ihn negativ besetzt. Wesentlich für die Bereitschaft des Patienten, die archaischen Aggressionen über Projektionen auf die Therapeutengruppe zu verlagern, ist, daß die Gruppe auch über den pflegenden, versorgenden, diatrophischen Umgang mit dem Patienten eine tragende Beziehung aufrechterhält. Für den psychosomatischen Patienten ist diese Wende von der »somatischen Erledigung« zur psychischen Aktion der Projektion entscheidend für eine Durcharbeitung der negativen Objekt-Erfahrungen. Die Projektionen können nämlich im Therapeutenteam aufgenommen und umformuliert werden zu verbalen (in der Gruppentherapie) und bildhaften Vorstellungen (in der Maltherapie). Auf diese Weise können die in ihnen enthaltenen Affekte zu reiferen Ausdrucksformen transformiert werden.

Ein weiterer therapeutischer Schritt liegt in der Überwindung der Spaltung. Sie kann zunächst nur dann im Team geschehen, wenn es imstande ist, die aufgrund des Verhaltens, des somatischen Zustandes und der Projektionen des Patienten ausgelösten Ängste, Todesängste, Verlustängste und aggressiven Gegenübertragungsreaktionen bewußt zu erleben und durchzuarbeiten. Für das Team ist die Bearbeitung der ablehnenden, distanzierenden, narzißtisch gekränkten Gegenübertragungsgefühl, die sich gegen das symbiotisch-inkorporative, aggressiv-destruktive Verhalten des Patienten richten, ein besonderes Problem (vgl. Fall S. 151). Signale für solche Gegenübertragungen sind z. B. Verlegungsabsichten des Teams, Nichteinhaltung des Settings sowie Vorschläge, die Behandlung wegen therapeutischer Unerreichbarkeit des Patienten zu beenden. Wenn es dem Team gelingt, seine pflegende Haltung averbal und verbal aufrechtzuerhalten und bisher für unvereinbar gehaltene positive und negative Beziehungsmuster zu ertragen, kann der daraus resultierende Umgang der Therapeuten mit dem Patienten eine Erfahrung vermitteln, die der Patient in seiner frühen Mutterbeziehung nicht machen konnte. Gelingt es ihm, diese Erfahrungen zu introjizieren und als positive mütterliche Imago in sich zu behalten, so bedeutet das eine Überbrückung der primären strukturellen Ichstörung. Auf der Basis dieser Erfahrungen kann der Patient den Prozeß mit anderen Therapeuten oder Mitpatienten in anderen Konstellationen wiederholen.

Die nächste, entscheidende Phase bildet die Loslösung vom Therapeutenteam. Die Trennungsbewegungen reaktivieren erneut Verlustängste; manchmal kommt es zu verstärkten Symptombildungen. Bei günstigem Verlauf können aber Enttäuschungen und Wutzustände nun verbal geäußert werden. Die Erinnerung an frühere Krisen und der Umgang des Behandlerteams mit diesen werden zum Modell für die Bewältigung der Trennung von den Therapeuten. Erlebt der Patient auch Trauer über den Verlust der neuen, positiv besetzten Objekte, so kann er Abschied nehmen, ohne erneut zu dekompensieren oder die Beziehungen abzubrechen. Über den Trauerprozeß wird er Aspekte des Therapeuten in seine Ichstruktur aufnehmen können. Die dadurch erreichte intrapsychische Strukturveränderung gibt ihm eine größere Ichautonomie und breitere Möglichkeiten zur realitätsgerechten Bewältigung seiner Lebensaufgaben und seiner Beziehungen.

Mit diesen zusammenfassenden Überlegungen zum therapeutischen Prozeß strukturell ichgestörter Patienten komme ich zur wichtigen letzten Frage, worin die »heilenden Faktoren« der stationären psychoanalytischen Therapie liegen.

5.4.4 Wirksamkeit und Grenzen stationärer psychoanalytischer Therapie

Ziel der stationären psychoanalytischen Therapie ist es, zunächst die Wiederholung bzw. Wiederherstellung der infantilen Szene im multipersonalen Beziehungsfeld der Station, also im »Hier und Jetzt«, zu ermöglichen. Die Wiederholung alleine ist jedoch noch kein wirksamer Heilfaktor. Sie könnte auch dazu führen, daß der Patient plötzlich mit »offenen Wunden« dasteht und adäquate therapeutische Hilfe nicht verfügbar ist. Manche Psychoanalytiker befürchten genau dies. Insbesondere bei strukturell ichgestörten Patienten sind nach ihrer Auffassung sehr lange Behandlungszeiten erforderlich; die relativ kurzen, wenn auch intensiven Behandlungszeiten der stationären psychoanalytischen Therapie erscheinen ihnen völlig unzulänglich. Diese Auffassung ist zwar meist auf unzureichende Kenntnis der Bedingungen von stationärer Psychotherapie zurückzuführen, oft auch auf Erfahrungen mit extrem ungünstig verlaufenen Fällen, die es aber sicher in jedem Setting gibt; der kritische Einwand sollte jedem stationär tätigen Psychoanalytiker als Mahnung stets gegenwärtig sein.

Worin liegen die therapeutisch wirksamen Faktoren der stationären psychoanalytischen Therapie? Diese Frage ist nicht leicht zu beantworten – übrigens im Hinblick auf jede Form der psychoanalytischen Therapie –, auch wenn jeder Psychoanalytiker und mit ihm zahlreiche Patienten von der therapeutischen Wirkung der Psychoanalyse überzeugt sind. Die Psychoanalyse hat als Therapie begonnen, und sie ist u. a. auch heute eine Form der Psychotherapie, aber sie hat zu der Grundfrage, worin die heilenden Faktoren liegen, bisher selbst nur selten Stellung bezogen (vgl. Kächele 1981). Die Schwierigkeit, die heilenden Faktoren der Psychoanalyse zu bestimmen, liegt auch darin begründet, daß es zur Frage, welche Ziele mit welchen Mitteln erreicht werden sollen, unterschiedliche Positionen gibt. Freud und seine Nachfolger z. B. gehen von dem Konzept eines intakten Ichs aus (vgl. Kap. 2). Neurotisch gestört ist dieses Ich, wenn bestimmte unbewußte Trieb-Abwehr-Konflikte nicht bewältigt werden können. Aus diesem pathogenetischen Konzept entwickelt sich die Zielsetzung der Therapie: die Einsichtsfähigkeit des Ichs zu fördern, das Überich in seinen bestrafenden Aspekten zu mildern und auf diese Weise eine Strukturveränderung herbeizuführen. Das wesentliche Instrument einer möglichen Veränderung ist die Deutung (Sandler u. a. 1973).

Aus Melanie Kleins Verständnis der Objektbeziehungen, wie sie im Kleinkindalter aufgebaut werden, und insbesondere aus ihrer Überzeugung von der Wirksamkeit der projektiven Identifikation für den Ichaufbau ergeben sich andere psychoanalytische Therapieansätze. Ihnen zufolge soll das psychoanalytische Setting einen Raum bieten, der die Ichentwicklung fördert. Melanie Klein und ihre Schüler gehen nicht mehr von einem strukturell intakten Ich und tragfähigen, ganzheitlichen Objektbeziehungen aus, sondern von einem strukturell gestörten Ich und präödipalen Objektbeziehungen. Die daraus entwickelten Behandlungskonzepte sind vor allem mit den Namen Balint und Winnicott eng verbunden (vgl. Kap. 2.2). Nicht die Deutung ist wichtigstes Instrument der Psychoanalyse, sondern die »emotionelle Erfahrung« (Cremerius 1979 b). Schon Spitz (1956/57) weist darauf hin, daß der Analytiker fähig sein muß, dem Patienten eine mütterliche, diatrophische Haltung anzubieten. Loch (1974) bezeichnet diese Haltung als »Tendenz zur Übernahme der Pflegerolle«. Fürstenau (1977a, b) wiederum betrachtet Erfahrung und Einsicht als die zwei Ebenen im psychoanalytischen Prozeß, auf die es ankommt und die miteinander in einem dynamischen Zusammenhang stehen. Nach meiner Auffassung liegen die heilenden Faktoren der stationären psychoanalytischen Therapie gerade darin, daß dem Patienten hier Erfahrungsmöglichkeiten pflegender Mütterlichkeit eröffnet werden, die er bisher nicht ausreichend gehabt hat, und daß auf der anderen Seite seine Einsichten in sein Verhalten, in seine inneren Konflikte usw. gefördert werden.

In unserem Modell stellen die Organisations- und die Teamstruktur dem Patienten einen therapeutischen Raum zur Verfügung, der eine »bewahrende Umwelt« (Modell 1968), ein fördernder und verläßlich-haltender Raum ist (Balint 1978, Winnicott 1965). In diesem Raum kann er von den therapeutischen Objekten Gebrauch machen. Sie nehmen seine abgespaltenen Selbstanteile auf und lassen sie auf diese Weise für ihn erst erfahrbar werden. Dadurch, daß der Patient erfährt, daß abgelehnte und abgespaltene Aspekte des Selbst angenommen werden können, daß er also die Tragfähigkeit des Teams (vgl. Fallbeispiel 3) erlebt, wird es ihm überhaupt erst ermöglicht, die negativen Erfahrungen aus den infantilen Objektbeziehungen zumindest partiell zu bewältigen.

Das bewahrende, fördernde und diatrophische Umfeld des stationären Behandlungsraums fördert auch die Entwicklung symbiotischer Beziehungsmuster, z. B. zu dem Einzeltherapeuten, zu den Schwestern, zu Mitpatienten. In besonderer Weise werden diese symbiotischen Beziehungen im homophonen Spiel in der interaktionellen Musiktherapie gestaltet. Die Aufnahme und Annahme regressiver Wünsche der Patienten führt jedoch noch nicht zu einer Veränderung. Eine Veränderung kommt erst dann zustande, wenn sich neben symbiotischen Konstellationen auch reifere Objektbeziehungsformen entwickeln und die Ödipalisierung von Beziehungen nicht deutend verhindert wird (Blanck und Blanck 1974). Am Fallbeispiel 2 konnte ich zeigen, wie dadurch Aktivität und Liebesfähigkeit wiederbelebt wurden.

Symbiotische und idealisierende Beziehungskonstellationen erfahren aber auch »Störungen«, z. B. durch die Erfahrung der Begrenzung des Kontakts bzw. der Abwesenheit der betreffenden Person. Solche Erfahrungen führen zur Reaktivierung aggressiver Affekte, die entweder somatisiert oder agiert werden. Sie können aber auch den Prozeß der Loslösung von den mütterlichen Objekten, die Verselbständigung und Autonomie fördern (Blanck und Blanck 1974). Durch die Infragestellung des Settings und der darin eingebetteten Beziehungen erfährt der Patient die wichtige Bedeutung des Wortes »Nein« (Spitz 1957). Nicht die Verhinderung der Regression, wie manche meinen, führt also zu einer autonomiefördernden Erfahrung, sondern die Unterstützung der aggressiven Verselbständigungstendenzen, die sich aus den regressiven Zuständen ergeben und die schließlich zur Trennung von den Therapeuten und der Klinik führen.

Den »vollziehenden tätigen Aspekt« im therapeutischen Handeln des Psychoanalytikers (Fürstenau 1977 a, b) erlebt der Patient im Rahmen der stationären Behandlung in dem sorgenden, pflegenden, aber auch verstehenden und verbalisierenden Verhalten der Therapeutengruppe. Für den süchtig agierenden Borderline-Patienten wird es vor allem auf die Strukturierung der Lebenssituation und die Aufrechterhaltung der Rahmenbedingungen ankommen. Erst wenn dies gewährleistet ist, kann er seine narzißtischen Kränkungen, Wutzustände und Leeregefühle auch verbalisieren (Beispiel Seite 148). Der psychosomatische Patient dagegen erlebt den vollziehenden tätigen Aspekt vor allem in der pflegenden ärztlichen Haltung.

Der zweite Komplex von heilenden Faktoren, der gleichwertig und verschränkt mit dem Faktor »Erfahrung« zum Tragen kommt, ist die einsichtfördernde Wirkung der Verbalisation von Re-Inszenierungen, der Vergegenständlichung innerer Bilder im Malen und der verbalisierten Körpererfahrung. Verbalisieren ist insbesondere bei agierenden Patienten notwendig, damit die in den Aktionen und Interaktionen manifesten infantilen Verzerrungen der Objektwahrnehmung bewußt werden können (vgl. Rosenfeld 1978). Verbalisieren ist die Aufgabe eines jeden Therapeuten in jedem therapeutischen Feld. Er stellt dem Patienten seine Wahrnehmungen und Beobachtungen, aber auch seine aus der Gegenübertragung gewonnenen Einsichten zur Verfügung. Für die Patienten kann dies zu einer Neuinterpretation ihres Verhaltens, ihres Selbsterlebens führen. Die Übersetzung der Gefühle, Affekte, besonders der negativen Affekte, und Aktionen in Wort und Bild fördert die Symbolisierungsfähigkeit des Ichs (Green 1975). So kann der Patient Schritt für Schritt vorwärtsgehen in der für ihn schwierigen Unterscheidung von phantasierten, infantilen, primitiven und realen Objekten. Die Einsicht in die Übertragungsszene im »Hier und Jetzt« bewirkt eine Verbesserung der Selbstwahrnehmung und damit auch eine Verbesserung der Ichleistungen, eigene Bedürfnisse zu erkennen und sich an Realitätsanforderungen zu orientieren. Gelingt es dem Patienten in einem weiteren Schritt, die infantilen Aspekte seiner Beziehungen, seines Verhaltens und seiner Aktionen wahrzunehmen, so kann er die Vergangenheit in der Gegenwart verstehen lernen. Eine Rekonstruktion der individuellen infantilen Szene, wie sie in einer ambulanten psychoanalytischen Therapie gelingen kann, ist in der stationären Behandlung nach unseren Erfahrungen nur begrenzt erreichbar. Aber die Erinnerungsleistungen können aktiviert werden, was den Patienten für eine ambulante psychoanalytische Therapie motivieren kann.

Bei den Erfahrungs- wie bei den Einsichtsprozessen bedient sich das Behandlerteam der Kompetenz des psychoanalytischen Beraters, sowohl in seiner haltenden Funktion als auch in seiner Fähigkeit, das Beobachtete in Sprache zu übersetzen. Er ist der »Beobachter« (Devereux 1967) der Interaktionen, Aktionen und Verbalisationen im Verlauf der Therapie und sorgt im Sinne der Analyse der Gegenübertragung dafür, daß die heilenden Faktoren der therapeutischen Beziehungen auch genutzt werden können.

Die integrierende, aber auch kontrollierende Funktion des Beraters ist insbesondere bei den agierenden Borderline-Patienten erforderlich (Fallbeispiel 3), denn die hier auftretenden Spaltungsprozesse können nur allzu leicht zu einer tatsächlichen Spaltung des Teams führen. Der Einzeltherapeut kann die hier geforderte integrative Leistung, wie sie Kernberg (1976b) konzeptualisiert hat, meines Erachtens nicht allein übernehmen, sondern das Team als Ganzes sollte, unterstützt durch den Berater, diese kontrollierende und integrative Funktion innehaben. Auf diese Weise können die strukturellen Ichstörungen, die durch die Regression und die damit verbundene Externalisierung von Objektbeziehungen in der Übertragungsspaltung verstärkt werden, ein Stück weit überbrückt werden.

Der Patient kann seine eigene Kapazität, Widersprüchliches, Sprengendes, Unvereinbares zu integrieren, verbessern, wenn er sich mit der integrierenden Haltung des Teams oder eines positiv besetzten Therapeuten im Team identifizieren kann. So konnte der oben erwähnte Patient (Fallbeispiel S. 162) die positiv besetzte Beziehung zu der Einzeltherapeutin, die bei allem Chaos und trotz der projektiven Verzerrungen in den übrigen therapeutischen Feldern konstant blieb, auch über die Trennung von der Klinik hinaus aufrechterhalten. Die introjizierten Erfahrungen hatten, wie eine Untersuchung nach drei Jahren zeigte, offensichtlich ausgereicht, seine Ichgrenzen zu stabilisieren. Sein gutes, verläßliches Objekt (die Einzeltherapeutin) lebte jetzt in seiner Phantasie fort, auch ohne ihre reale Gegenwart, der er während der stationären Behandlung so sehr bedurft hatte. Er konnte andere jetzt besser einschätzen und verstehen und reagierte nicht mehr mit Wutzuständen und psychotischen Übertragungen (Kernberg 1975 a).

Die positiven Erfahrungen mit anderen, die integrative Kompetenz des Teams und die Einsicht in die infantile Welt können also zumindest zu partiellen Veränderungen führen, die dem Patienten ein befriedigenderes Leben ermöglichen. Die Grenzen der Therapie liegen zum einen beim Patienten selber, denn nicht jeder ist therapeutisch überhaupt erreichbar. Sie liegen auch, aber nicht ausschließlich, in den durch mannigfache Begrenzungen gekennzeichneten Rahmenbedingungen der stationären Psychotherapie selbst. Die Grenzen der Therapie werden vor allem durch das Maß der Zusammenarbeit bestimmt, das zwischen Team und Patient möglich ist; ich habe das an vielen Stellen beschrieben. Die entscheidende Frage ist, ob der Patient zu Beginn der stationären Behandlung einen Zugang zur Therapie finden kann bzw. ob es dem Team gelingt, einen therapeutischen Zugang zum Patienten zu finden. Ein solcher Zugang von beiden Seiten bedeutet, daß dem Patienten nun eine libidinös besetzte Beziehung zu dem Behandlerteam möglich ist, die es ihm erlaubt, im Rahmen der Therapie seine infantilen Objektbeziehungen wiederzubeleben. Gelingt dieser Prozeß der wechselseitigen Annäherung – bei unseren Untersuchungen waren es immerhin mehr als 50 % der Patienten, die gute bzw. befriedigende Therapieerfolge hatten (Kap. 4.4) –, dann findet der Patient auch für das Leben außerhalb der Klinik neue Handlungs- und Beziehungsmöglichkeiten.

Anhang

Tabelle 1: Übersicht über Therapieresultate (N = 87)

Nr.	Alter	Geschlecht	Zivilstand	Beruf	Symptomatik u. Symptomdauer	Diagnose	Therapiedauer	Therapieresultate 2–6 Mon. nach Therapieende	bei Katamnesen in Monaten nach Therapieende
1	37	m	verh.	Beamter	Herzbeschwerden, leichte Zwänge, Unruhe, Angst, Schweißneigungen 9 Jahre	Herzneurose, zwangsneurotische Persönlichkeitsstörung	3 Mon. stat.	0	16 Mon. 0
2	20	w	ledig	Krankenschwesternschülerin	Freßsucht, Magersucht, willkürl. Erbrechen, Abführmittelabusus, Dys- u. Oligomenorrhoe, Schlafstörungen, Unruhe, leichte Zwänge, aggressive Durchbrüche, Selbstmordversuche 4 Jahre	Anorexia nervosa, überwiegend hysterische Neurose	3 Mon. stat.	2	15 Mon. 1
3	42	w	verh.	Hausfrau	Agoraphobie, Zwangsvorstellungen, Kopfschmerzen, Schlafstörungen, Nervosität, Erythrophobie, Ohnmachtsanfälle, depressive Verstimmung, Frigidität 25/16 Jahre	hysterische Neurose	3 Mon. stat.	1	15 Mon. 1

Nr.	Alter	Geschlecht	Zivilstand	Beruf	Symptomatik u. Symptomdauer	Diagnose	Therapiedauer	Therapieresultate 2–6 Mon. nach Therapieende	bei Katamnesen in Monaten nach Therapieende
4	27	w	2× gesch.	Büroangestellte	schwere Depression, 3 Suizidversuche, Frigidität 10 Jahre	depressive Neurose	3 Mon. stat.	0	–
5	27	w	ledig	Sekretärin	Agoraphobie, depr. Verstimmungen, Schlafstörungen, Erbrechen, Durchfälle 4 Jahre	Neurose mit depressiven, angstneurotischen, hysterischen Zügen	3 Mon. stat.	1	16 Mon. 0
6	26	w	ledig	Kindergärtnerin	Kontrollzwänge, depressive Verstimmungen, Kontaktstörungen, Kopfschmerzen, Übelkeit, Erbrechen 2 Jahre	zwanghafte/contradepressive Neurose	3 Mon. stat.	2	19 Mon. 2
7	36	w	verh.	Hausfrau	depressive Verstimmung, zwanghaftes Grübeln nach Eheproblemen 1 Jahr	hysterische Neurose	3 Mon. stat.	1	14 Mon. 1
8	42	m	verh.	Elektriker	Herzbeschwerden, Schwindel, Übelkeit, Erbrechen, Magenbeschwerden, Todesängste, Agoraphobie, depressive Verstimmungen 5 Jahre	Herzneurose, Persönlichkeitsstörung	3 Mon. stat.	0	14 Mon. 0

9	26	w	ledig	Studentin	massive Prüfungsangst, Arbeitsstörungen 2 Monate	hysterische Neurose	3 Mon. stat.	2	18 Mon. 2
10	20	w	ledig	Apotheken-helferin	Angstanfälle, paroxysmale Tachycardien, Schweiß-ausbrüche 1,5 Jahre	Angstneurose	3 Mon. stat.	3	13 Mon. 3
11	29	m	verh.	Personalsach-bearbeiter	Herzschmerzen, Atemnot, Gesichtsschmerzen, Kopf-schmerzen, Sehstörungen, Im-potenz, Agoraphobie, Angstan-fälle 3 Jahre	hysterische Neurose, angst-neurotische Züge	3 Mon. stat.	2	14 Mon. 2
12	22	w	ledig	Fern-schreiberin	Selbstmordversuche, Frigidität 2 Jahre	hysterische Neurose	3 Mon. stat.	2	9 Mon. 2
13	21	w	ledig	techn. Zeichnerin	depr. Verstimmung, Angst-zustände, Selbstmordversuch, zeitweise Drogenabusus, Herz-beschwerden, Schweißausbrü-che, Übelkeit, Kopfschmerzen, Frigidität 3 Jahre	depressive Neurose	3 Mon. stat.	1	8 Mon. 1
14	33	m	verh.	Lehrer	anfallsweise Herzschmerzen, Todesängste, Arbeitsstörungen 7 Jahre	Herzneurose, Persönlichkeits-störung	3 Mon. stat.	1	15 Mon. 2

Nr.	Alter	Geschlecht	Zivilstand	Beruf	Symptomatik u. Symptomdauer	Diagnose	Therapiedauer	Therapieresultate 2–6 Mon. nach Therapieende	Therapieresultate bei Katamnesen in Monaten nach Therapieende
15	23	m	ledig	Student	depressive Verstimmung, Kontaktstörungen, Impotenz 5 Jahre	hysterische Neurose	3 Mon. stat.	1	15 Mon. 1
16	24	m	verh.	Verwaltungsangestellter	Magenschmerzen, Kopfschmerzen, muskuläre Verspannungen, Schwindelanfälle, Obstipation/ Diarrhoe, Impotenz, depr. Verstimmungen, Suizidgedanken 9 Jahre	narzißtische Persönlichkeitsstörung	3 Mon. stat.	1	36 Mon. 1
17	24	m	ledig	Student	Angstzustände, Schlafstörungen, Kontaktstörungen, Magenbeschwerden, Potenzstörungen, zeitweise Drogenabusus und Verwahrlosungstendenzen seit Jahren	Borderline-Persönlichkeit	4,5 Mon. stat. 1 Jahr ambulant	0	14 Mon. 0
18	22	m	verh.	techn. Zeichner	Herzschmerzen, paroxysmale Tachycardien, Luftnot, Schwindel, Übelkeit, Kopfschmerzen, Magenkrämpfe, Diarrhoe, Todesängste, Agoraphobie 2 Jahre	Herzneurose, angstneurot. u. hysterische Züge	4,5 Mon. stat. 1 Jahr ambulant	1	24 Mon. 0

19	21	w	verh.	Erzieherin	Colitis ulcerosa, Erbrechen, Frigidität, depr. Verstimmungen 6 Jahre	narzißtische Persönlichkeitsstörung	4,5 Mon. stat. 1 Jahr ambulant	2	24 Mon. 2
20	31	w	ledig	Verwaltungsangestellte	Migräne, Frigidität, Agoraphobie, schwere depressive Verstimmungen, Selbstmordversuch 6 Jahre	depressiv-hysterische Neurose	4,5 Mon. stat. 1 Jahr ambulant	2	12 Mon. 2
21	22	m	ledig	Student	Kontaktstörungen, Arbeitsstörungen, depressive Verstimmungen 3 Jahre	narzißtische Persönlichkeitsstörungen	4,5 Mon. stat.	1	23 Mon. 2
22	31	m	verh.	Techniker	Juckreiz, Magenbeschwerden, depr. Verstimmungen, Hyperaktivität, Medikamenten-Alkoholabusus 5 Jahre	depressiv-narzißtische Persönlichkeitsstörung	2,5 Mon. stat.	0	–
23	20	w	ledig	Arzthelferin	Kontrollzwänge, Zwangsvorstellungen, depr. Verstimmungen, Frigidität 4 Jahre	Zwangsneurose	4,5 Mon. stat. 1 Jahr ambulant	2	24 Mon. 3
24	22	w	ledig	Versicherungssachbearbeiterin	Magersucht, Amenorrhoe, Erbrechen 5 Jahre	hysterisch-depressive Neurose	4 Mon. stat.	0	24 Mon. 1

Nr.	Alter	Geschlecht	Zivilstand	Beruf	Symptomatik u. Symptomdauer	Diagnose	Therapiedauer	Therapieresultate 2–6 Mon. nach Therapieende	Therapieresultate bei Katamnesen in Monaten nach Therapieende
25	23	m	ledig	Student	ziehende Schmerzen in Gesicht und Nacken, Konzentrationsstörungen, Gedächtnisstörung, depr. Verstimmungen 3 Jahre	hysterische Neurose	4 Mon. stat. 1 Jahr ambulant	3	30 Mon. 3
26	20	w	ledig	techn. Zeichnerin	Agoraphobie, Erythrophobie, Angst vor Ohnmächtigwerden, Kontaktängste, Kopfschmerzen 8 Jahre	phobische Neurose	4 Mon. stat. 1 Jahr ambulant	0	36 Mon. 0
27	35	w	verh.	Hausfrau	panikartige Angstanfälle, Zwangsvorstellungen, depr. Verstimmungen, Selbstmordversuche, psychogene Anfälle, Derealisationsphänomene, Anorgasmie, aggressive Triebdurchbrüche, Verwahrlosungstendenzen 19 Jahre	Borderline-Persönlichkeit	4 Mon. stat. 1 Jahr ambulant	1	24 Mon. 1
28	19	m	ledig	Verwaltungslehrling	depressive Verstimmungen, Selbstmordversuche, Kontaktstörungen, Erythrophobie, Stottern, Impotenz, zeitweise Alkoholabusus 10 Jahre	depressive Neurose	4 Mon. stat. 1 Jahr ambulant	1	30 Mon. 2

29	22	m	ledig	Student	Lern-Konzentrationsstörungen, Kontaktstörungen, depr. Verstimmungen, Magenbeschwerden 2 Jahre	zwangsneurot. Persönlichkeitsstörung	4 Mon. stat. 1 Jahr ambulant	1	18 Mon. 1
30	22	m	ledig	Student	Herzbeschwerden, paroxysmale Tachycardien, Schweißneigung, Konzentrationsstörung, Impotenz, Angst 1 Jahr	Herzneurose, zwangsneurot. Persönlichkeitsstörung	4 Mon. stat. 1 Jahr ambulant	1	15 Mon. 1
31	24	w	ledig	Studentin	starke depr. Verstimmungen, mehrere Suizidversuche, Stottern 8 Jahre	depressiv-hysterische Neurose, starke narzißtische Züge	4 Mon. stat. 1 Jahr ambulant	2	30 Mon. 2
32	46	w	verh.	Hausfrau	depressive Verstimmungen, Suizidalität 26 Jahre	depressive Neurose	3,5 Mon. stat.	2	
33	38	m	verh.	Beamter	Herzbeschwerden, Angstanfälle, Erbrechen, Magenbeschwerden, Polyphagie, Zittern, zeitweise Alkoholabusus 3 Jahre	Herzneurose, Persönlichkeitsstörungen	8 Mon. stat.	2	

Nr.	Alter	Geschlecht	Zivil-stand	Beruf	Symptomatik u. Symptomdauer	Diagnose	Therapie-dauer	Therapieresultate 2–6 Mon. nach Thera-pieende	Therapieresultate bei Katamnesen in Monaten nach Therapieende
34	42	w	verh.	Weberin, Kranführerin, päd. Hilfskraft	Rückenschmerzen (4 Wirbel-säulenoperationen), Kopf-schmerzen, Unterleibs-beschwerden, aggressive und paranoide Reaktionen, allg. innere Unruhe, depr. Verstimmungen, Konzentra-tions-, Gedächtnisstörungen 9 Jahre	Borderline-Persönlichkeit	4 Mon. stat.	2	
35	40	w	verh.	Hausfrau	depr. Verstimmungen, Grübelzwänge, Dysmenorrhoe Seit unbestimmter Zeit	depressive Neurose	3 Mon. stat.	1	
36	29	m	verh.	Chemie-facharbeiter	Kontrollzwänge, Versagens-ängste, Magenschmerzen, Durchfälle 7 Jahre	Zwangsneurose	8 Mon.	0	
37	21	w	verh.	Hausfrau	Kopfschmerzen 1 Jahr	depressiv-hysterische Neurose 2 Mon.	2 Mon.	2	
38	31	m	gesch.	Stahlbau-schlosser	Stottern s. 17 J., Erythro-phobie, Arbeitsstörungen, Schweißausbrüche 2 Jahre	zwangsneurot. Persönlichkeits-störung	6 Mon. stat.	0	

39	40	m	verh.	Maschinen-baurevisor	depr. Verstimmungen, Schlafstörungen, Grübelzwänge, Magenbeschwerden, Impotenz, Herzschmerzen, innere Unruhe, paranoide Reaktionen 1,5 Jahre	Borderline-Persönlichkeit	1,5 Mon. stat.	1
40	23	w	verh.	Zahnarzt-helferin	Migräne, Vaginismus, Schmerzmittelabusus, Selbstmordversuche 9 Jahre	hysterische Neurose Grundstörung	8 Mon. stat.	1
41	25	m	ledig	Student	Ulcus duodeni, Kontaktstörungen, depr. Verstimmungen, 2 Monate	narzißt. Persönlichkeits-störung	7 Mon. stat.	3
42	23	w	verh.	Hausfrau	Herzbeschwerden, Schwindel, Frigidität, Magenbeschwerden, Angstanfälle, Agoraphobie 4 Jahre	depressiv-hysterische Neurose Grundstörung	4 Mon. stat.	2
43	22	w	ledig	Haus-pflegerin	Polyphagie, Magersucht, Erbrechen, Amenorrhoe, Alkohol-, Laxantien-, Appetitzügler-abusus, zeitweise Drogen-abusus, Verwahrlosungs-tendenzen 7 Jahre	Borderline-Persönlichkeit	9,5 Mon. stat.	2

Nr.	Alter	Geschlecht	Zivilstand	Beruf	Symptomatik u. Symptomdauer	Diagnose	Therapiedauer	Therapieresultate 2–6 Mon. nach Therapieende	Therapieresultate bei Katamnesen in Monaten nach Therapieende
44	24	m	ledig	Bankkaufmann	Schluckstörungen, Kopfschmerzen, Ejaculatio praecox, Sexualphobie, Konzentrationsstörungen 1 Jahr	zwangsneurot. Persönlichkeitsstörung	8,5 Mon. stat.	2	
45	31	w	verh.	kaufm. Angest.	rezidivierende Colitis ulcerosa 5 Jahre	Borderline-Persönlichkeit, vorwiegend narzißtisch gestört	4 Mon. stat.	1	
46	23	w	ledig	Verwaltungsangestellte	zwanghafte Selbstmordgedanken, erhebliche motorische Unruhe, Haarereißen, Kontaktstörungen 10 Jahre	Borderline-Persönlichkeit	7 Mon. stat.	2	
47	39	w	ledig	kaufm. Angest.	rezidivierende Colitis ulcerosa 8 Jahre	depressive Persönlichkeitsstörung	3 Mon. stat.	2	
48	22	m	ledig	Student	Herzbeschwerden, Kopfschmerzen, muskuläre Verspannungen, Leistungsversagen 2 Jahre	narzißtische Persönlichkeitsstörung	9 Mon. stat.	1	

49	33	w	ledig	Friseuse	Colitis ulcerosa, bis 20 Durchfälle pro Tag, Alkoholabusus, depressive Verstimmungen, Kontaktarmut 12 Jahre	infantil-hysterische Persönlichkeitsstörungen	5,5 Mon. stat.	2
50	23	m	ledig	Krankenpfleger	Schluckstörungen, Reizhusten, Erstickungsanfälle, Durchfälle, Angstzustände, homosexuelle Tendenzen 3 Jahre	narzißt. Persönlichkeitsstörung	2 Mon. stat.	0
51	25	w	ledig	Studentin	Magersucht, Erbrechen, Amenorrhoe, 4 Jahre	hyster. u. narzißt. Persönlichkeitsstörung	9 Mon. stat.	1
52	30	w	gesch.	Angestellte	Angstanfälle, Herzbeschwerden, Atemnot 1 Jahr	Angstneurose	3 Mon. stat.	2
53	38	w	verh.	Hausfrau	paroxysmale Tachycardien, Schlafstörungen, innere Unruhe, Zittern 1 Jahr	hysterisch-depressive Neurose	3 Mon. stat.	2
54	25	m	verh.	Maschinenarbeiter	anfallsartige Herzbeschwerden, Todesängste, Atemnot, Schweißausbrüche, Eßstörungen 1 Jahr	Borderline-Persönlichkeit	8,5 Mon. stat.	1

Nr.	Alter	Geschlecht	Zivilstand	Beruf	Symptomatik u. Symptomdauer	Diagnose	Therapiedauer	Therapieresultate 2–6 Mon. nach Therapieende	Therapieresultate bei Katamnesen in Monaten nach Therapieende
55	39	w	verh.	Hausfrau	depressive Verstimmungen, Suizidalität 7 Jahre	depressiv-hysterische Neurose narzißt. Züge	5 Mon. stat.	1	
56	25	m	led.	Taxifahrer	Enuresis nocturna 20 Jahre	triebhafte Persönlichkeitsstörung	2 Mon. stat.	0	
57	21	w	ledig	Studentin	Magersucht, willkürl. Erbrechen, Amenorrhoe, Obstipation, Laxantienabusus, depressive Verstimmungen, Selbstmordversuche, kleptomane Impulshandlungen 4 Jahre	Narzißtische Persönlichkeitsstörung	8,5 Mon. stat. (3,5+5,0)	2	
58	36	w	verh.	Hausfrau	Unterleibsbeschwerden, Magenschmerzen, Brechreiz, Kopfschmerzen, Anorgasmie, Karzinophobie, depressive Verstimmungen Seit Jugend, verstärkt seit 2 Jahren	depressive Neurose	6 Mon. stat.	3	

59	30	m	verh.	kfm. Angestellter	akute Zusammenbrüche, Zwangsvorstellungen, pädophile Tendenzen (?), Selbstmordversuch ca. 16 Jahre	Borderline-Persönlichkeit	7,5 Mon. stat.	0
60	34	w	gesch.	Sekretärin	Herzbeschwerden, Todesängste, Atemnot, paroxysmale Tachycardien, Agoraphobie, Adipositas 20 Jahre	Herzneurose, Persönlichkeitsstörung	1,5 Mon. stat.	0
61	39	w	verh.	Hausfrau	Migräne (18 J.), Oberbauchbeschwerden, vielfältige hypochondr. Beschwerden 4 Jahre	Borderline-Persönlichkeit	3 Mon. stat.	0
62	31	m	verh.	Ingenieur	depressive Verstimmungen, Selbstmordgedanken, Versagensängste, Herzschmerzen, verstärkter Alkoholkonsum 3 Mon.	zwangsneurotische Persönlichkeitsstörung depressive Züge	1 Mon. stat.	1
63	20	m	ledig	Student	depressive Verstimmungen, Versagensängste, Antriebsverlust, Lernstörungen, Suizidgedanken, Kopfschmerzen 2 Jahre	depressive Neurose	7,5 Mon. stat.	3

Nr.	Alter	Geschlecht	Zivilstand	Beruf	Symptomatik u. Symptomdauer	Diagnose	Therapiedauer	Therapieresultate 2–6 Mon. nach Therapieende	Therapieresultate bei Katamnesen in Monaten nach Therapieende
64	19	w	ledig	Angestellte	Homosexualität, depressive Verstimmungen, Selbstmordversuche, Erbrechen, Übelkeit, Kopfschmerzen, Adipositas, zeitweise Alkohol- u. Medikamentenabusus Seit ca. 4 Jahren	Borderline-Persönlichkeit	7 Mon. stat.	2	
65	40	w	verh.	Hausfrau	Migräne, Dyspareunie, Anorgasmie, depressive Verstimmungen, Suizidgedanken 16 Jahre	depressiv-hysterische Neurose	2 Mon. stat.	0	
66	23	w	ledig	Studentin	Schluckbeschwerden, Appetitlosigkeit, Gewichtsverlust, allergisches Asthma (Pollenallergie), Schlafstörungen, Herzbeschwerden 1,5 Jahre	zwangsneurot.-contradepressive Neurose	8,5 Mon. stat.	3	
67	43	m	verh.	Facharbeiter	nächtliche Jaktation, erhebl. Schlafstörungen, Impotenz, Prostatitis, paranoide Reaktionen 36 Jahre	Borderline-Persönlichkeit	3 Mon. stat.	0	

68	35	m	verh.	Polizist	agitiert depressiv, Weinkrämpfe, diffuse Angst- und Panikzustände, aggressive und paranoide Reaktionen, Selbstmordgedanken, Magenschmerzen, Herzbeschwerden, Schlafstörungen Homosexualität 2 Jahre	Borderline-Persönlichkeit	7 Mon. stat.	1
69	27	m	verh.	Facharbeiter	Schluckstörungen, Erbrechen, Magenschmerzen, Kopfschmerzen, Abmagerung, Hautekzem, depressive Verstimmungen 7 Jahre	zwangsneurot., narzißt. Persönlichkeitsstörung	8 Mon. stat.	1
70	33	w	verh.	Hausfrau	multiple hypochondrische Beschwerden, depressive Verstimmungen, ängstlich agitiert 8 Jahre	depressiv-hysterische Neurose, zwanghafte Züge	8 Mon. stat.	2
71	25	m	ledig	Maschinenschlosser	Kontrollzwänge, Versagensängste, Prüfungsängste, Klaustrophobie, Schweißneigungen 15 Jahre	Zwangsneurose	9 Mon. stat.	2
72	22	w	ledig	Verwaltungsangestellte	Eßstörungen, Kopfschmerzen, Schwindel, Rückenschmerzen, Libidoverlust, depressive Verstimmungen 2 Jahre	Borderline-Persönlichkeit	4,5 Mon. stat.	1

Nr.	Alter	Geschlecht	Zivilstand	Beruf	Symptomatik u. Symptomdauer	Diagnose	Therapiedauer	Therapieresultate 2–6 Mon. nach Therapieende	Therapieresultate bei Katamnesen in Monaten nach Therapieende
73	20	w	verh.	Verwaltungsangestellte	Colitis ulcerosa, Anorgasmie, depr. Verstimmungen 4 Jahre	narzißtische Persönlichkeitsstörung	5 Mon. stat.	3	
74	45	w	verh.	Hausfrau	Schwankschwindel, Kopfschmerzen 9 Jahre	hysterische Neurose	7 Mon. stat.	2	
75	27	w	gesch.	Sekretärin	Polyphagie, willkürliches Erbrechen, Amenorrhoe, zeitweise Alkoholmißbrauch 1,5 Jahre	infantil-hysterische Persönlichkeitsstörung, narzißtische Züge	9 Mon. stat.	1	
76	26	w	verh.	Hausfrau	Angstanfälle, Atemnot, Derealisationsphänomene, Selbstmordversuche, Kopfschmerzen, psychogene Armlähmung, zeitweise Alkohol-, Medikamentenabusus, Verwahrlosungstendenzen 14 Jahre	Borderline-Persönlichkeit	6 Mon. stat.	0	
77	42	w	verh.	Hausfrau	Herzschmerzen, depr. Verstimmungen, Angstzustände, innere Unruhe 15 Jahre	depressiv-hyster. Neurose	5 Mon. stat.	2	

78	26	w	ledig	kaufm. Angestellte	Unterleibsbeschw. (chronisch), 8 gynäkolog. Eingriffe wegen Endometriose, Übelkeit, Rückenschmerzen, Kopfschmerzen 2 Jahre	depressive, vorwiegend masochistische Persönlichkeitsstörung	6,5 Mon. stat.	1
79	25	w	verh.	Hausfrau	Klaustrophobie, Agoraphobie, Arbeitsstörungen, Eßekel, Gewichtsverlust 0,5 Jahre	narzißtische Persönlichkeitsstörung	9,5 Mon. stat.	2
80	31	m	verh.	Beamter	rezidivierende Duodenal ulcera (8 Jahre), Angstanfälle, Agoraphobie, Impotenz, Herzbeschwerden, Zittern 2 Jahre	zwangsneurot. Persönlichkeitsstörung	3 Mon. stat.	1
81	49	m	verh.	Maler u. Anstreicher	Herzbeschwerden, Kopfschmerzen, Schweißausbrüche, Schwindel, Atemnot, Angstanfälle, Agoraphobie, Leistungsversagen 6 Jahre	Herzneurose narzißt. Persönlichkeitsstörung	4,5 Mon. stat.	1
82	19	m	ledig	Facharbeiter	Zwangsvorstellungen, Zwangshandlungen, paranoide Reaktionen, Händezittern (seit 1 Jahr), seit Kindheit: Enuresis nocturna, Stottern	Borderline-Persönlichk., mit zwanghaften Zügen	12,5 Mon. u. 7,5 Mon. stat.	2

Nr.	Alter	Geschlecht	Zivilstand	Beruf	Symptomatik u. Symptomdauer	Diagnose	Therapiedauer	Therapieresultate 2–6 Mon. nach Therapieende	Therapieresultate bei Katamnesen in Monaten nach Therapieende
83	32	m	verh.	Facharbeiter	Herzbeschwerden, Sehstörungen, Muskelschmerzen, Angstanfälle 4 Jahre	Angstneurose	5 Mon. stat.	2	
84	19	w	ledig	Schülerin	Kontrollzwänge, Angstanfälle, Selbstdestruktionen, Suizidversuche, Schrei- u. Weinanfälle, Derealisationsphänomene 5 Jahre	Zwangsneurose Borderline-Züge	8,5 Mon. stat.	2	
85	31	w	verh.	Hausfrau	Kontrollzwänge, Zwangsvorstellungen 4 Jahre	zwanghafte contradepress. Neurose	8,5 Mon. stat.	2	
86	22	w	ledig	kaufm. Lehrling	Waschzwänge, Berührungsängste, Beschmutzungsängste (seit ca. 10 Jahren) Magersucht, Amenorrhoe 1 Jahr	wahrscheinl. psychotische Persönlichkeitsstruktur, zwangsneurot. Kompensation	6 Mon. stat.	0	
87	31	m	gesch.	Arbeiter	Herzbeschwerden, Angst vor Herzinfarkt, Cancerophobie, Kopfschmerzen, Stottern, Kontaktstörungen 5 Jahre	Herzneurose narzißt. Persönlichkeitsstörung	6 Mon. stat.	2	

Tabelle 1 a

Untersuchungen zu Behandlungsergebnissen stationärer Psychotherapie

Lfd. Nr.	Autoren	Patient N	Diagnosen	Geschlecht ♀ %	Geschlecht ♂ %	Alter/ Jahre	Therapieform	Dauer	Evaluationsmethode	Ergebnisse
1	Arnds et al. (1967)	289	Neurosen, funktionelle Organstörungen	61,2	38,8	~32	bipolares Modell (Enke et al. 1964, Hau 1968)	~69,5 Tage	Beurteilung durch Therapeutenteam	48,7 % Besserung der Beschwerden, des sozialen Verhaltens
2	Baerwolff (1958)	82	Organneurosen	–	–	–	stationäre Psychotherapie	67,8 Tage	Beurteilung durch Behandler und Fremdbeurteilung, auch durch Vertrauensarzt	79 % Therapieerfolge, auch Strukturänderung
3	Balzer et al. (1980)	41	Psychoneurosen, Psychosomatosen	–	–	–	bipolares stationär/ambulantes Gruppentherapie-Modell (Bräutigam 1974)	3 Monate stationär, 2 Jahre ambulant	Bales-Interaktionsprofile, Interviews, Rorschach-Test	44 % gut oder sehr gut gebessert
4	Beckmann et al. (1976/77)	13	Psychosomatosen, Psychoneurosen	–	–	–	integratives Modell (Stephanos 1973)	4 Monate stationär, bis zu 4 Jahre ambulant	Gießen-Test	gute Ergebnisse hinsichtlich angestrebtem Therapieziel (Internalisierung des libidinösen Objektes), über 4 Jahre stabil
5	Degler et al. (1967)	107	Neurosen, funktionelle Organstörungen	66	41	~32	bipolares Modell (Enke et al. 1964, Hau 1968)	59,7 Tage	Untersuchung durch fremde Therapeuten und Kliniktherapeuten, Fragebogen	nach 5 Jahren noch 45,2 % gebessert

Lfd. Nr.	Autoren	Patient N	Diagnosen	Geschlecht ♀ %	♂ %	Alter/ Jahre	Therapieform	Dauer	Evaluationsmethode	Ergebnisse
6	Denford et al. (1983)	28	schwere Persönlichkeitsstörungen, Borderline-Syndrom, Alkoholismus,	18	10	~27	therapeutische Gemeinschaft und analytische Einzeltherapie	6 Monate bis 2 Jahre	eigene klinische Rating-Skalen	gute und befriedigende Ergebnisse bei Neurosen, florider Depression, hoher Intelligenz und vorher keine Behandlung
7	Deter (1981)	31	Anorexia nervosa	–	–	–	internistisch-psychosomatisches Behandlungsmodell (Hahn et al. 1974, Petzold 1979)	3 Monate stationär	30 somatische, psychische und soziale Daten	Besserung, z. B. Gewichtsanstieg
8	Ermann (1974)	50	Neurosen, funktionelle Organstörungen	31	19	18–47	bipolares Modell, stat. Einzel- u. Gruppentherapie (Beese 1977)	100–200 Tage	Gießener Beschwerde-Liste	Abnahme der Beschwerden während der Behandlung in Abhängigkeit von Behandlungsdauer
9	Göllner et al. (1978)	94	Neurosen, Persönlichkeitsstörungen, Psychosomatosen	67	33	18–38	bipolares Modell, stat. Einzel- u. Gruppentherapie (Beese 1977)	durchschnittl. 4 Monate stationär	FPI, Beschwerdeliste, Methode Malan 1963	45,6 % eindeutig gebessert, d. h. vorformuliertes Behandlungsziel erreicht, 59 % Symptombesserung

10	Heigl-Evers (1969)	443	Neurosen, Organneurosen, Psychosomatosen	214	229	21–55	bipolares Modell, limitierte stationäre Gruppentherapie (24–30 Doppelstunden)	8–10 Wochen	Fragebogenerhebung	76 % ♂, 72 % ♀ Beschwerdefreiheit oder deutliche Besserung; 15 % ♂, 13 % ♀ völlig beschwerdefrei; 57 % ♂, 47 % ♀ beruflicher Aufstieg; 63 % ♂, 64 % ♀ bessere soziale Kontakte
11	Kind und Rotach-Fuchs (1968)	100	Neurosen	–	–	–	⅓ der Patienten Psychotherapie, ⅔ Psychopharmaka u. a. m.	–	ärztliche Exploration als Nachuntersuchung	bei Entlassung 70 % wesentlich gebessert. 10 Jahre später 65 % gebessert oder geheilt (30 %). Bei Psychotherapie Besserung stabiler
12	Köndgen und Überla (1962)	150	Neurosen, Psychopathien, funktionelle Organstörungen	100	50	15–61 ~31	bipolares gruppentherapeutisches Modell (Enke et al. 1964)	~61,2 Tage	Beurteilung durch Therapeutengruppe (Nicht-Behandler)	60 % gebessert, 23 % leicht gebessert, 17 % nicht gebessert
13	Kordy et al. (1983)	98	Psychoneurosen, Psychosomatosen	–	–	–	bipolares stationär/ambulantes Gruppentherapie-Modell (Bräutigam 1974, v. Rad u. Rüppell 1975)	3 Monate stationär, 2 Jahre ambulant	Therapeutenbeurteilung, Experten-Rating, Selbstbeurteilung	~50 % Besserungen bei Experten, 53 % bei Selbstbeurteilung, 80 % bei Therapeutenbeurteilung

18	von Rad und Werner (1981)	52	Neurosen, psychosomatische Erkrankungen	26	26	30	bipolares stationär/ambulantes Gruppentherapie-Modell (v. Rad u. Rüppell 1975)	3 Monate stationär, 2 Jahre ambulant	Gießen-Test	Abnahme der Depressivität und Zunahme stabiler Partnerbeziehungen (Neurotiker). Gestärktes Selbstwertgefühl und größere Unabhängigkeit (Psychosomatiker)
19	Rüger (1981)	24	schwere Neurosen, Borderline-Syndrome, nicht floride Psychosen	12	12	~28	stationär/ambulante Gruppentherapie (Rüger 1981)	3 Monate stationär, 2 Jahre ambulant	psychometrische Verfahren, Interview	Rückgang der Depressivität, psychosomatischen Störungen und Beschwerden. Stärkere Selbstsicherheit. Verbesserung im sozial-kommunikativen Bereich
20	Schwarz (1979)	32	depressive Neurosen (N 20), Zwangsneurosen (N 12)	19	13	~31	integratives Modell, stat. Gruppentherapie u. ambulante Psychotherapie (Pohlen 1972)	4 Monate stationär	Interview, 16 PF-Test, Beschwerdebogen	72 % Symptombesserung, 43 % Strukturänderung (Selbstwertgefühl, Kontaktfähigkeit), 80 % Besserung zwischenmenschlicher Bereiche
21	Sellschopp. Rüppell (1977)	45	Neurosen, psychosomatische Erkrankungen	–	–	–	bipolares stationär/ambulantes Gruppentherapie-Modell (v. Rad u. Rüppell 1965)	3 Monate stationär	Fragebogen und klinische Einstufung	gute Behandlungsergebnisse, auch für psychosomatische Patienten

Lfd. Nr.	Autoren	Patient N	Diagnosen	Geschlecht ♀ %	♂ %	Alter/ Jahre	Therapieform	Dauer	Evaluationsmethode	Ergebnisse
14	Langen (1956)	66	Neurosen, Psychopathien	–	–	–	mehrdimensionale stationäre Psychotherapie (Langen 1956)	durchschnittl. 7,5 Wochen	Beurteilung durch Therapeuten der Klinik	55,5 % gebessert, 26 % befriedigend gebessert, 23 % ungebessert
15	Mentzel (1977)	247	Neurosen, funktionelle Organstörungen, teilweise chronifiziert	–	–	–	Psychosomatische Kurklinik mit Gruppentherapie	6–8 Wochen	Fragebogenerhebung	zunächst Symptombesserung, nach 1 Jahr wieder Symptome. Stabilere Besserung bei Gruppentherapie, geringere Krankschreiberate, seltener Medikamente, seltener Arztbesuche
16	Pohlen und Bautz (1974)	54	Schizophrenien, Hysterien, Depressionen, Zwangsneurosen u. a.	28	26	~30	integratives Modell, stat. geschlossene und offene Gruppen (Pohlen 1972)	4 Monate stat.	Gießen-Test, 16 PF-Test, Beschwerdebogen	kein Unterschied zwischen geschlossenen und offenen Gruppen
17	Pohlen und Bautz (1978)	40	Schizophrenien, Hysterien, Depressionen, Zwangsneurosen u. a.	–	–	–	integratives Modell (Pohlen 1972)	4 Monate stationär	Gießen-Test, 16 PF-Test, Beschwerdebogen	unterschiedliche Therapeuten im gleichen Setting gleiche Ergebnisse

Lfd. Nr.	Autoren	Patient N	Diagnosen	Geschlecht ♀ %	♂ %	Alter/ Jahre	Therapieform	Dauer	Evaluationsmethode	Ergebnisse
22	Wiegmann (1955)	459	Organneurosen	–	–	–	stationäre Psychotherapie (Wiegmann 1968)	~42 Tage	Einschätzung durch Kliniktherapeuten	nur 17 % ungebessert
23	Zauner (1969)	473	Neurosen, funktionelle Organstörungen, teilweise berentet, sozial eingeengt	224	249	21–55 35 J.	stationäre Kurztherapie in bipolarem Modell	mindestens 4 Wochen	Fragebogenerhebung	bei Entlassung 384 (81 %) beschwerdefrei bzw. gebessert, nach 5 Jahren 308 (65 %) Besserung bzw. Beschwerdefreiheit, berufliche Verbesserungen

Tabelle 2: Daten der 87 untersuchten Patienten

	bipolares Modell	integratives Modell	insgesamt
Alter:	19–42 ~ 26,2	19–49 ~ 30	
Geschlecht:			
weiblich	17	34	51
männlich	14	22	36
Stand:			
verheiratet	11	31	42
ledig	19	19	38
geschieden	1	6	7
Beruf:			
in Ausbildung (z. B. Student)	10	8	18
ungelernter Arbeiter/ Angestellter	–	3	3
Facharbeiter	5	13	18
nicht-akadem. Angestellter/Beamter	12	16	28
akademischer Angestellter/Beamter	1	1	2
selbständig	–	–	–
Hausfrau	3	15	18

Tabelle 3: Therapieresultate

	nach 2–6 Monaten poststationär (N=87)				bei katamnestischen Untersuchungen			
	bipolares Modell (Patient Nr. 1–31) N=31		integrat. Modell (Patient Nr. 32–87) N=56		bipolares Modell (Patient Nr. 1–31) N=29		integrat. Modell (Vorläuf. Ergebn.) N=20	
	Anzahl	Prozent	Anzahl	Prozent	Anzahl	Prozent	Anzahl	Prozent
Wertung 3 guter Therapieerfolg, erhebliche Symptomreduktion und wesentliche strukturelle Änderungen	2	6,5	5	8,9	3	10,3	4	20
Wertung 2 befriedigender Therapieerfolg, Symptombesserung, merkliche strukturelle Veränderung	9	29,0	24	42,9	10	34,5	8	40
Wertung 1 mäßiges Therapieergebnis, Scheinlösung, Symptomfreiheit oder -besserung, leichte Besserung, kaum veränderte zwischenmenschliche Beziehungen	13	42,0	16	28,6	10	34,5	6	30
Wertung 0 Versager, Symptome gleich oder verschlechtert, keine Strukturänderung	7	22,6	11	19,6	6	20,7	2	10

Tabelle 4: Verteilung einiger spezieller psychodynamischer Charakteristika

	Modell 1 (N=31)			Modell 2 (N=56)		
	insgesamt	Wertung 3+2	Wertung 1+0	insgesamt	Wertung 3+2	Wertung 1+0
ödipale Objektbeziehungsmuster	16	9	7	18	13	4
präödipale Objektbeziehungsmuster	15	2	13	38	16	22
neurotische Ich-Störungen	24	9	15	37	23	14
strukturelle Ich-Störungen	7	2	5	19	6	13
Angstniveau:						
Kastration/Über-Ich	13	6	7	14	9	5
Objektverlust/Liebesverlust	16	5	11	32	17	15
Vernichtung	2	0	2	10	3	7
Abwehrniveau:						
hysterisch	4	2	2	3	2	1
zwanghaft-phobisch	21	7	14	20	12	8
depressiv	4	2	2	16	9	7
Borderline/narzißtisch	2	0	2	17	6	11

Bibliographie

Ahlbrecht, W. (1969): Großgruppen in einer psychosomatischen Kuranstalt. Gruppenpsychoth. Gruppendynamik 3, 109–111.

Ahlbrecht, W., M. Ermann, G. Mentzel (1972): Patienten-Mitverwaltung in einer psychosomatischen Kurklinik. Z. Psychother. med. Psychol. 22, 54–65.

Ahrens, St., M. Freiwald, H. Rath (1983): Psychoanalytische stationäre Gruppentherapie bei narzißtisch gestörten Patienten. Gruppenpsychoth. Gruppendynamik 18, 341–349.

Arfsten, A. J., Th. Auchter, S. O. Hoffmann, H. Kindt, T. Stemmer (1975): Zur stationären Behandlung psychotherapeutischer Problempatienten oder: Noch ein Modell stationärer Psychotherapie. Gruppenpsychother. Gruppendynamik 9, 212–220.

Arfsten, A.-J., S. O. Hoffmann (1978): Stationäre psychoanalytische Psychotherapie als eigenständige Behandlungsform. Prax. Psychother. 23, 233–245.

Argelander, H. (1963/64): Die Analyse psychischer Prozesse in der Gruppe. Psyche 17, 450–470, 481–515.

Argelander, H. (1968): Gruppenanalyse unter Anwendung des Strukturmodells. Psyche 22, 913–933.

Argelander, H. (1972): Gruppenprozesse, Wege zur Anwendung der Psychoanalyse in Behandlung, Lehre und Forschung. Reinbek (Rowohlt).

Arnds, H. G., D. Hillenbrand, H. H. Studt (1967): Stationäre psychotherapeutische Behandlungen. Münch. med. Wschr. 109, 467–471.

Arnds, H. G., H. H. Studt (1973): Zur Durchführung stationärer Psychotherapie. In: T. F. Hau (Hg.): Psychosomatische Medizin in ihren Grundzügen. Stuttgart (Hippokrates), 137–146.

Baerwolff, H. (1958): Katamnestische Ergebnisse stationärer analytischer Psychotherapie. Z. psychosom. Med. 5, 80–91.

Balint, M. (1968): Therapeutische Aspekte der Regression. Die Theorie der Grundstörung. Stuttgart (Klett) 1970.

Balint, E., J. S. Norell (Hg.) (1975): Fünf Minuten pro Patient. Eine Studie über die Interaktionen in der ärztlichen Allgemeinpraxis. Frankfurt (Suhrkamp).

Balint, M., P. H. Ornstein, E. Balint (1972): Fokaltherapie. Ein Beispiel angewandter Psychoanalyse. Frankfurt (Suhrkamp) 1973.

Balzer, W., B. Kuchenhoff, H. Ranch, A. Sellschopp-Rüppell (1980): Kurzzeitergebnisse und prognostische Gesichtspunkte bei stationären analytischen Psychotherapiegruppen. Gruppenpsychoth. Gruppendynamik 16, 268–286.

Bartemeier, L. H. (1978): An historical note on the psychoanalytic hospitals. The Psychiatric J. of the Univ. of Ottawa 3, 77–79.

Battegay, R. (1971): Gruppenpsychotherapie als Behandlungsmethode im psychiatrischen Spital. In: de Schill (Hg.): Psychoanalytische Therapie in Gruppen. Stuttgart (Klett), 200–258.

Beck, D. (1974): Die Kurzpsychotherapie. Bern-Stuttgart-Wien (Huber).

Beck, D., L. Lambelet (1972): Resultate der psychoanalytisch orientierten Kurztherapie bei 30 psychosomatisch Kranken. Psyche 26, 265–285.

Becker, H. (1981): Konzentrative Bewegungstherapie. Stuttgart-New York (Thieme).

Becker, H., H. Lüdeke (1978): Erfahrung mit der stationären Anwendung psychoanalytischer Therapie. Psyche 32, 1–20.

Beckmann, D., F. Berger, G. Leister, S. A. Stephanos (1976/77): 4 year follow-up study of inpatient psychosomatic patients. Psychother. Psychosom. 27, 168–178.

Beese, F. (1971a): Indikation zur klinischen Psychotherapie. Fortschr. Med. 89, 208–210, 234–238.

Beese, F. (1971b): Das Modell der therapeutischen Gemeinschaft und seine Anwendung auf psychotherapeutische Kliniken. Gruppenpsychother. Gruppendynamik 4, 282–294.

Beese, F. (1977): Klinische Psychotherapie. In: Die Psychologie des XX. Jahrhunderts. Zürich (Kindler), Bd. III, 1144–1160.

Beese, F. (Hg.) (1978): Stationäre Psychotherapie. Göttingen-Zürich (Vandenhoeck & Ruprecht).

Bellak, L., L. Small (1965): Kurzpsychotherapie und Notfallpsychotherapie. Frankfurt (Suhrkamp) 1972.

Benedetti, G. (1964): Klinische Psychotherapie. Bern (Huber).

Bepperling, W. (1974): Modell einer psychosomatischen Krankenhausabteilung. Dtsch. Ärzteblatt 71, 3496–3502.

Bepperling, W. (1981): Integration psychosomatischer Versorgung in das Allgemeinkrankenhaus. In: Th. v. Uexküll (Hg.): Integrierte Psychosomatische Medizin. Stuttgart-New York (Schattauer), 119–151.

Bergin. A. E. (1971): The evaluation of therapeutic outcomes. In: Bergin, A. E. und Garfield, S. L. (Hg.): Handbook of psychotherapy and behavior change. New York (Wiley).

Bericht zur Lage der Psychiatrie in der Bundesrepublik Deutschland (1975). – Zur psychiatrischen und psychotherapeutischen/psychosomatischen Versorgung der Bevölkerung = Enquête. Deutscher Bundestag 7, Wahlperiode, Drucksache 7/4200/4201.

Biermann, Ch. (1975): Probleme der Beendigung stationärer Psychotherapie. Psychoth. med. Psychol. 25, 149–159.

Bion, W. R. (1961): Erfahrungen in Gruppen. Stuttgart (Klett) 1971.

Bister, W. (1977): Psychodynamisch orientierte psychiatrische Gruppenarbeit – Möglichkeit und Grenzen. Gruppenpsychoth. Gruppendynamik 11, 244–255.

Blanck, G. und R. (1974): Angewandte Ich-Psychologie. Stuttgart (Klett) 1978.

Blanck, G. und R. (1979): Ich-Psychologie II. Stuttgart (Klett-Cotta) 1980.

Board, R. de (1978): The Psychoanalysis of Organisations. London (Tavistock Publications).

Borens, R., G. Wittich (1976): Klinische Rehabilitation von psychosomatischen Patienten – eine Rehabilitation zu Verhaltensgestörten. Therapiewoche 26, 950–954.

Bräutigam, W. (1974): Pathogenetische Theorien und Wege der Behandlung in der Psychosomatik. Nervenarzt 45, 354–363.

Bräutigam, W. (1978 a): Verbale und präverbale Methoden in der stationären Therapie. Z. Psychosom. Med. Psychoanal. 24, 146–155.
Bräutigam, W. (1978 b): Die stationäre Psychotherapie in der Versorgung psychisch Kranker. In: F. Beese (Hg.): Stationäre Psychotherapie. Göttingen-Zürich (Vandenhoeck & Ruprecht), 23–30.
Bräutigam W., M. von Rad, K. Engel (1980): Erfolgs- und Therapieforschung bei psychoanalyt. Behandlungen. Z. Psychosom. Med. Psychoanal. 26, 101–118.
Brenner, Ch. (1968): Psychoanalysis and Science. J. Am. psychoanal. Ass. 16, 675.
Brenner, Ch. (1976): Praxis der Psychoanalyse. Psychischer Konflikt und Behandlungstechnik. Frankfurt (Fischer) 1979.
Brown, D., J. Pedder (1979): Introduction to Psychotherapy. London (Tavistock Publications).
Chapman, G. E. (1984): A Therapeutic Community. Psychosocial Nursing and the Nursing Process. Int. J. Therap. Comm. 5, 68–76.
Christie, G. (1984): Persönliche Mitteilung. London.
Cohn, R. C. (1975): Von der Psychoanalyse zur themenzentrierten Interaktion. Stuttgart (Klett).
Cremerius, J. (1962): Die Beurteilung des Behandlungserfolgs in der Psychotherapie. Monographie aus dem Gesamtgebiet der Neurologie u. Psychiatrie, Heft 99, Berlin (Springer).
Cremerius, J. (1968): Die Prognose funktioneller Syndrome. Stuttgart (Enke).
Cremerius, J. (1977 a): Über-Ich-Störung und ihre Therapie. Psyche 31, 593–636.
Cremerius, J. (1977 b): Kritik des Konzepts der psychosomatischen Struktur. Psyche 31, 293–317.
Cremerius, J. (1979 a): Die Entwicklung der psychoanalytischen Technik. In: Theorie und Praxis der Psychoanalyse. Fellbach (Bonz), 39–55.
Cremerius, J. (1979 b): Gibt es zwei psychoanalytische Techniken? Psyche 33, 577–596.
Cumming, J. und E. (1979): Ich und Milieu. Theorie und Praxis der Milieutherapie. Göttingen (Vandenhoeck & Ruprecht).
Danckwardt, J. F. (1976): Stationäre Behandlung. Katamnese und sekundäre Prävention neurotischer Störungen. Nervenarzt 47, 225–231.
Danckwardt, J. F. (1978): Zur Interaktion von Psychotherapie und Psychopharmakotherapie. Psyche 32, 111–154.
Danckwardt, J. F. (1979): Psychotherapie und Psychopharmakotherapie in Kombination. Psyche 33, 528–550.
De Boor, C., E. Künzler (1963): Die psychosomatische Klinik und ihre Patienten. Stuttgart (Klett).
De Schwaan, A. (1978): Zur Soziogenese des psychoanalytischen »Settings«. Psyche 32, 793–826.
Degler, R., R. Diedrich, H. Enke, H. H. Studt (1967): 5-Jahres-Katamnesen stationär psychotherapeutisch behandelter Patienten. Dok. III. Münch. med. Wschr. 109, 925–934.
Dehe, W., J. Kontos, F. Markert, S. Mentzos, H. J. Rothe (1979): Abgebrochene psychotherapeutische Behandlungen. Prax. Psychother. Psychosom. 24, 165–183.

Denford, J. (1983): Some In-Patient Groupings and their effects. (Unpublished Reprint Cassel-Hospital)

Denford, J., J. Schachter, N. Temple, P. Kind, R. Rosser (1983): Selection and outcome in in-patient psychotherapy. Brit. J. Med. Psychol. 56, 225–243.

Deter, H. C. (1981): Zur Methodik von katamnestischen Untersuchungen bei psychosomatischen Patienten am Beispiel einer Gruppe von 31 Anorexiepatienten. Psychother. med. Psychol. 31, 48–52.

Deter, H. C., A. Reindell (1981): Gruppenbehandlung in der klinischen Psychosomatik. Gruppenpsychoth. Gruppendyn. 17, 193–204.

Deter, H. C., G. Allert (1983): Group Therapy of Asthma Patients: A Concept for the Psychosomatic Treatment of Patients in a medical Clinic – A Controlled Study. Psychother. Psychosom. 40, 95–105.

Deter, H. C., St. Leukeit, P. Becker-von Rose, W. Rapp (1979): Die Bedeutung des psychosozialen Hintergrunds für Diagnose und Therapie von Patienten einer allgemein-internistischen Station. Prax. Psychother. Psychosom. 24, 213–230.

Devereux, G. (1967): Angst und Methode in den Verhaltenswissenschaften. München (Hanser) 1973.

Drees, A. (1981): Alexithymie auf einer psychosomatischen Station. In: F. Heigl, H. Neun (Hg.): Psychotherapie im Krankenhaus. Göttingen-Zürich (Vandenhoeck & Ruprecht), 82–89.

Drees, A., H.-W. Künsebeck, H. Otte, J. Ritter (1978): Die Psychosomatische Station der Medizinischen Hochschule Hannover. Krankenhausarzt 51, 628–634.

Dührssen, A. (1962): Katamnestische Ergebnisse bei 1004 Patienten nach analytischer Psychotherapie. Z. Psychosom. Med. 2, 94–113.

Dührssen, A. (1972): Analytische Psychotherapie in Theorie, Praxis und Ergebnisse. Göttingen (Vandenhoeck & Ruprecht).

Dührssen, A., E. Jorswieck (1965): Eine empirisch-statistische Untersuchung zur Leistungsfähigkeit psychoanalytischer Behandlungen. Nervenarzt 36, 166–169.

Eck, van L. A. J. M. (1972): Transference Relation to the Hospital. Psychother. Psychosom. 20, 135–138.

Engel, K., M. v. Rad, H. Becker, W. Bräutigam (1979 a): Das Heidelberger Katamneseprojekt. Med. Psychol. 5, 124–137.

Engel, K., E. Haas, M. v. Rad, W. Senf, H. Becker (1979 b): Zur Einschätzung von Behandlungen mit Hilfe psychoanalytischer Konzepte (»Heidelberger Rating«). Med. Psychol. 5, 253–268.

Enke, H. (1965 a): Bipolare Gruppenpsychotherapie als Möglichkeit psychoanalytischer Arbeit in der stationären Psychotherapie. Z. Psychother. med. Psychol. 15, 116–121.

Enke, H. (1968): Analytisch orientierte stationäre Gruppenpsychotherapie und das psychoanalytische Abstinenzprinzip. Gruppenpsychother. Gruppendynamik 1, 28–40.

Enke, H., G. H. Wittich (1965): Moderne Formen aktiver Bewegungstherapie in der psychosomatischen Medizin. Therapiewoche 15, 688.

Enke, H., A. Houben, E. Ferchland, G. Maass, P. Rotas, G. H. Wittich (1964): Gruppenpsychotherapie – Ihre Bedeutung für die stationäre Psychotherapie in der inneren Klinik. In: W. Keiderling (Hg.): Beiträge zur Inneren Medizin. Stuttgart.

Erikson. E. H. (1956/57): Das Problem der Identität. Psyche 10, 114–176.

Ermann, M. (1974): Verlaufsbeobachtung zur körperlichen Symptomatik bei stationär behandelten Neurotikern. Z. Psychosom. Med. Psychoanal. 20, 378–383.

Ermann, M. (1979): Gemeinsame Funktionen therapeutischer Beziehungen bei stationärer Anwendung der Psychoanalyse. Z. Psychosom. Med. Psychoanal. 25, 333–341.

Ermann, M. (1982): Regression in der stationär-analytischen Psychotherapie. Z. Psychosom. Med. Psychoanal. 28, 176–188.

Ermann, M. (1983): Psychovegetative Störungen und stationäre Psychotherapie. Prax. Psychother. Psychosom. 28, 131–138.

Ermann, M. (1985): Die stationäre Langzeitpsychotherapie als psychoanalytischer Prozeß. Vortrag am 2. 11. 1985 in Mannheim.

Ermann, M., U. Gaitzsch, H. Schepank (1981): Erfahrungen mit einem mehrstufigen stationären Psychotherapiekonzept. In: F. Heigl, H. Neun (Hg.): Psychotherapie im Krankenhaus. Göttingen-Zürich (Vandenhoeck & Ruprecht) 75–81.

Feiereis, H. (1982): Integrierte psychosomatische Diagnostik und Therapie. Schleswig-Holsteinisches Ärzteblatt, 823–838.

Fenichel, O. (1941): Problems of psychoanalytic Technique. New York (The Psychoanalytic Quarterly Inc.) 1969.

Fenichel, O. (1945): The psychoanalytic Theory of Neurosis. New York (Norton).

Filter, P. M., H. G. Wesemann, M. Kahley, P. Bayerl, M. Demmering, J. Franz, W. Kettner, H. Korenberg, W. Reim, S. Schmidt (1981): Patientenzentrierte Medizin an einer internistischen Fachklinik. In: Th. v. Uexküll (Hg.): Integrierte psychosomatische Medizin. Stuttgart (Schattauer), 153–163.

Foulkes, S. H. (1964): Gruppenanalytische Psychotherapie. München (Kindler) 1974.

Foulkes, S. H. (1975): Praxis der gruppenanalytischen Psychotherapie. München-Basel (Reinhardt) 1978.

Freud, S. (1911): Die zukünftigen Chancen der psychoanalytischen Therapie. GW Bd. VIII, 104–115.

Freud, S. (1913): Zur Einleitung der Behandlung. GW Bd. VIII, 454–478.

Freud, S. (1914): Erinnern, Wiederholen und Durcharbeiten. GW Bd. X, 126–136.

Freud, S. (1921): Massenpsychologie und Ich-Analyse. GW Bd. XIII, 73–161.

Freud, S. (1923): Psychoanalyse und Libidotheorie. GW Bd. XIII, 211–233.

Freud, S. (1937): Konstruktion in der Analyse. GW Bd. XVI, 43–56.

Freyberger, H. (1977): Psychosomatik der erwachsenen Patienten. In: H. Freyberger (Hg.): Psychosomatik des Kindesalters und des erwachsenen Patienten. Klinik der Gegenwart, Bd. XI. München-Wien-Baltimore (Urban & Schwarzenberg), 527–731.

Freyberger, H. (1978): Klinisch-psychosomatische Praxis: Grundlagen und Effektivitätskriterien. Krankenhausarzt 51, 645–658.

Fromm-Reichmann, F. (1947): Probleme der Durchführung der Behandlung in einer psychoanalytischen Klinik. In: Psychoanalyse und Psychotherapie. Stuttgart (Klett) 1978.

Fromm-Reichmann, F. (1950): Intensive Psychotherapie. Stuttgart (Hippokrates) 1959.

Fürstenau, P. (1974): Zur Problematik von Psychotherapiekombinationen aus der Sicht der vergleichenden Psychotherapieforschung und der Organisationssoziologie. Gruppenpsychother. Gruppendynamik 8, 131–140.

Fürstenau, P. (1977 a): Die beiden Dimensionen des psychoanalytischen Umgangs mit strukturell Ich-gestörten Patienten. Psyche 31, 197–207.

Fürstenau, P. (1977 b): Praxeologische Grundlagen der Psychoanalyse. In: L. J. Pongratz (Hg.): Handbuch der Psychologie. Bd. 8: Klinische Psychologie. Göttingen (Verl. f. Psychologie), 847–888.

Fürstenau, P. (1977 c): Über die politische Relevanz psychoanalytischer Praxis. Gruppendynamik 8, 49–65.

Fürstenau, P., S. F. Stephanos, H. Zenz (1970): Erfahrungen mit einer gruppentherapeutisch geführten Neurotikerstation. Psychoth. med. Psychol. 20, 95–104.

Göllner, R., H. C. Deter (1979): Bemerkungen zu Verlaufs- und Erfolgskontrollen. In: P. Hahn (Hg.): Psychologie des 20. Jahrhunderts. Bd. IX. Zürich (Kindler), 1003–1022.

Göllner, R., W. Volk, M. Ermann (1978): Analyse von Behandlungsergebnissen eines zehnjährigen Katamneseprogrammes. In: F. Beese (Hg.): Stationäre Psychotherapie. Göttingen-Zürich (Vandenhoeck & Ruprecht),, 288–301.

Göllner, R., D. Langen, U. Streeck (1981): Psychotherapeutische Kliniken im überregionalen Vergleich. Psychother. med. Psychol. 31, 42–47.

Goffman, E. (1967): Stigma. Über Techniken der Bewältigung beschädigter Identität. Frankfurt (Suhrkamp).

Graupe, S.-R. (1975): Ergebnisse und Probleme der quantitativen Erforschung traditioneller Psychotherapie-Verfahren. In: H. Strotzka (Hg.): Psychotherapie: Grundlagen, Verfahren, Indikation. München-Berlin-Wien (Urban &. Schwarzenberg), 32–84.

Green, A. (1975): Analytiker, Symbolisierung und Abwesenheit im Rahmen der psychoanalytischen Situation. Psyche 29, 503–541.

Greenacre, Ph. (1976): Rekonstruktionen. Psyche 30, 703–722.

Greenson, R. R. (1967): Technik und Praxis der Psychoanalyse. Bd. 1. Stuttgart (Klett) 1973.

Häfner, H. (1975): Sondervotum. In: Bericht zur Lage der Psychiatrie in der Bundesrepublik Deutschland. Deutscher Bundestag, 7. Wahlperiode, Drucksache 7/4200/4201.

Hahn, P., P. Vollrath, E. Petzold (1974): Aus der Arbeit einer klinisch-psychosomatischen Station. Prax. Psychother. 2, 66.

Harrach, A., R. Hausser, K. Lössberg, H. Nadler (1981): Gruppentherapie kombiniert mit nonverbalen Therapiemethoden. In: G. Mentzel (Hg.): Die psychosomatische Kurklinik. Göttingen-Zürich (Vandenhoeck & Ruprecht), 34–45.

Hartocollis, P. (1980): Long-term hospital treatment for adult patients with borderline and narcissistic disorders. Bull. Menn. Clinic 44, 212–226.

Hau, T. F. (1968): Stationäre Psychotherapie: Ihre Indiaktion und ihre Anforderungen an die psychoanalytische Technik. Z. Psychosom. Med. Psychoanal. 14, 25.

Hau, T. F. (1970): Die Abhängigkeit der Psychotherapieform von Struktur und Gruppendynamik der Klinik. Gruppenpsychother. Gruppendynamik 3, 199–206.

Hau, T. F. (1973 b): Prinzipien stationärer Psychotherapie. In: T. F. Hau (Hg.): Psychosomatische Medizin in ihren Grundzügen. Stuttgart (Hippokrates), 125–137.

Hau, T. F. (Hg.) (1975): Klinische Psychotherapie in ihren Grundzügen. Stuttgart (Hippokrates).

Heigl, F. (1972): Indikation und Prognose in Psychoanalyse und Psychotherapie. Göttingen (Verl. f. Med. Psychologie).

Heigl, F., K. Nerenz (1975): Gruppenarbeit in der Neurosenklinik. Gruppenpsychother. Gruppendynamik 9, 96–117.

Heigl-Evers, A. (1969): Zum sozialen Effekt klinischer analytischer Gruppenpsychotherapie. Psychother. Psychosom. 17, 50–62.

Heigl-Evers, A., F. Heigl (1973 a): Die themenzentrierte interaktionelle Gruppenmethode (R. C. Cohn): Erfahrungen, Überlegungen, Modifikationen. Gruppenpsychother. Gruppendynamik 7, 237–255.

Heigl-Evers, A., F. Heigl (1973 b): Gruppentherapie: interaktionell - tiefenpsychologisch fundiert (analytisch orientiert) – psychoanalytisch. Gruppenpsychother. Gruppendynamik 7, 132–157.

Heigl-Evers, A., F. Heigl (1975): Zur tiefenpsychologisch fundierten oder analytisch orientierten Gruppenpsychotherapie des Göttinger Modells. Gruppenpsychother. Gruppendynamik 9, 237–266.

Heigl-Evers, A., F. Heigl (1976): Zum Konzept der unbewußten Phantasie in der psychoanalytischen Gruppentherapie des Göttinger Modells. Gruppenpsychother. Gruppendynamik 11, 6–22.

Heigl-Evers, A., F. Heigl, J. Münch (1976): Die therapeutische Kleingruppe in der Institution Klinik. Gruppenpsychother. Gruppendynamik 10, 50–63.

Heim, E. (Hg.) (1978): Milieu-Therapie. Erlernen sozialer Verhaltensmuster in der psychiatrischen Klinik. Bern-Stuttgart-Wien (Huber).

Heimann, P. (1960): Bemerkungen zur Gegenübertragung. Psyche 18, 483–493.

Heising, G., K. Möhlen (1980): Die »Spaltungsübertragung« in der klinischen Psychotherapie. Psychother. med. Psychol. 30, 70–76.

Heising, G., M. Brieskorn, W.-D. Rost (1982): Sozialschicht und Gruppenpsychotherapie. Göttingen (Vandenhoeck & Ruprecht).

Hilpert, H. R. (1979): Therapeutische Gemeinschaft in einer psychotherapeutischen Klinik. Zum Behandlungskonzept des Cassel-Hospitals in London. Psychother. med. Psychol. 29, 46–53.

Hilpert, H. (1983:) Über den Beitrag der therapeutischen Gemeinschaft zur stationären Psychotherapie. Z. Psychosom. Med. Psychoanal. 29, 28–36.

Hilpert, H., R. Schwarz (1981): Entwicklung und Kritik des Konzeptes der therapeutischen Gemeinschaft. In: Hilpert, R. Schwarz, F. Beese (Hg.): Psychotherapie in der Klinik. Berlin-Heidelberg-New York (Springer), 9–39.

Hilpert, H., R. Schwarz, F. Beese (Hg.) (1981): Psychotherapie in der Klinik. Von der therapeutischen Gemeinschaft zur stationären Psychotherapie. Berlin-Heidelberg-New York (Springer).

Hinshelwood, R. D., N. Manning (Hg.) (1979): Therapeutic Communities. Reflection and Progress. London, Boston and Henley (Routledge & Kegan Paul).

Hoffmann, S. O., H. Brodthage, W. Trimborn, Th. Stemmer (1981): Stationäre psychoanalytische Psychotherapie als eigenständige Behandlungsform. In: F. Heigl, H. Neun (Hg.): Psychotherapie im Krankenhaus. Göttingen-Zürich (Vandenhoeck & Ruprecht), 35–40.

Jakab, J. (1968): Coordination of Verbal Psychotherapy and Art Therapy. Psychiatry and Art 1, 92–101.

James, O. (1984): The Role of the Nurse-Therapist relationship in the therapeutic communities. Int. Rev. Psycho. Anal. 11, 151–159.

Janssen, P. L. (1978): Zu einigen psychotherapeutischen Aspekten der Beschäftigungstherapie in einer psychiatrischen Klinik. Psychother. med. Psychol. 28, 183–193.

Janssen, P. L. (1979): Zur Identität verschiedener Berufsgruppen in einer stationären psychoanalytischen Therapie. In: Theorie und Praxis der Psychoanalyse. Fellbach (Bonz), 249–266.

Janssen, P. L. (1980): Stationäre Psychotherapie als angewandte Psychoanalyse. Habilitationsschrift Universität Essen.

Janssen, P. L. (1981 a): Zur Vermittlung von Erfahrung und Einsicht in der stationären psychoanalytischen Therapie. In: F. Heigl, H. Neun (Hg.): Methoden stationärer Psychotherapie. Göttingen-Zürich (Vandenhoeck & Ruprecht), 48–62.

Janssen, P. L. (1981 b): Sind psychosomatische Kliniken überflüssig? Dtsch. Ärzteblatt 78, 2353–2358.

Janssen, P. L. (1982): Psychoanalytisch orientierte Mal- und Musiktherapie im Rahmen stationärer Psychotherapie. Psyche 36, 541–570.

Janssen, P. L. (1983): Behandlungsmodelle der stationären Psychosomatik und Psychotherapie. Prax. Psychoth. Psychosom. 28, 1–8.

Janssen, P. L. (1985): Auf dem Wege zu einer integrativen analytisch-psychotherapeutischen Krankenhausbehandlung. Forum Psychoanal. 1, 293–307.

Janssen, P. L. (1986): On Integrative Analytic-Psychotherapeutic Hospital Treatment. Int. J. therap. Communities, 225–241.

Janssen, P. L. (1987): Zum Verstehen psycho-somatischer und somato-psychischer Vorgänge. Z. Med. Psychol. Psychopath. Psychother. Im Druck.

Janssen, P. L., H. Quint (1977): Stationäre analytische Gruppenpsychotherapie im Rahmen einer neuropsychiatrischen Klinik. Gruppenpsychother. Gruppendynamik 11, 221–243.

Janssen, P. L., H. Quint (1987): Zur stationären analytischen Psychotherapie psychosomatisch erkrankter Patienten. In: Psychotherapie in der Psychosomatischen Medizin (Hrsg. H. Quint u. P. L. Janssen). Springer, Heidelberg-Berlin-New York-Tokio, 48–48.

Janssen, P. L., R. Schwennbeck (1983): Wirksamkeit stationärer psychotherapeutisch-psychosomatischer Behandlungen aus psychoanalytischer Sicht. Vortrag. Kongreß des Deutschen Kollegiums für Psychosomatische Medizin. Bad Neustadt, 3.–5. 3. 1983.

Janssen, P. L., G. Wienen (1985): Narzißmus und Aggression in stationären Behandlungen. In: Narzißmus und Aggression. Kongreß-Band der Deutschen Psychoanalytischen Vereinigung. Wiesbaden, S. 85–109.

Janssen, P. L., W. Hekele (1986): Die therapeutische Bedeutung des Malens im Gruppenprozeß stationärer psychoanalytischer Behandlungen. Gruppenpsychot. Gruppendyn. 22, 151–165.

Jonasch, K. (1978): Stationäre Psychotherapie als Einstieg in den psychotherapeutischen Prozeß. In: F. Beese (Hg.): Stationäre Psychotherapie. Göttingen-Zürich (Vandenhoeck & Ruprecht), 31–41.

Jones, M. (1953): The Therapeutic Community: A new treatment method in Psychiatry. New York (Basic Books).

Kächele H., unter Mitarbeit v. R. Schors (1981): Ansätze und Ergebnisse psychoanalytischer Therapieforschung. In: U. Baumann, H. Berbalk, G. Seidenstücker (Hg.): Klinische Psychologie: Trends in der Forschung und Praxis. Band 4. Bern-Stuttgart-Wien (Huber), 209–257.

Kauss, E. L. (1981): Das Prinzip der Re-Formierbarkeit im therapeutischen Raum. Ein Beitrag zur Indikation für stationäre Psychotherapie. In: F. Heigl, H. Neun (Hg.): Psychotherapie im Krankenhaus. Göttingen-Zürich (Vandenhoeck & Ruprecht), 63–74.

Kayser, H. (1974): Die verschiedenen Formen der therapeutischen Gemeinschaft und ihre Indikation für die Praxis. Psychother. med. Psychol. 24, 80–94.

Kayser, H., H. Krüger, W. Mävers, P. Petersen, M. Rohde, H. K. Rose, A. Veltin, V. Zumpe (1973): Gruppenarbeit in der Psychiatrie. Erfahrungen mit der therapeutischen Gemeinschaft. Stuttgart (Thieme).

Kemper, W. W. (1958): Psychoanalytische Gruppenpsychotherapie. Z. psychosom. Med. 4, 221–223.

Kemper, W. W. (1969): Übertragung und Gegenübertragung als funktionelle Einheit. Jahrb. d. Psychoanalyse VI, 35–68.

Kernberg, O. F. (1975 a): Borderline-Störungen und pathologischer Narzißmus. Frankfurt (Suhrkamp), 3. Aufl. 1979.

Kernberg, O. F. (1975 b): Zur Behandlung narzißtischer Persönlichkeitsstörungen. Psyche 29, 890–905.

Kernberg, O. F. (1976 a): Objektbeziehungen und Praxis der Psychoanalyse. Stuttgart (Klett-Cotta) 1981.

Kernberg, O. F. (1976 b): Für eine integrative Theorie der Klinikbehandlung. In: Objektbeziehungen und Praxis der Psychoanalyse. Stuttgart (Klett-Cotta) 1981, 256–297.

Kernberg, O. F. (1981): Zur Theorie der psychoanalytischen Psychotherapie. Psyche 35, 673–704.

Kernberg, O. F., E. D. Bierstein, L. Coyne, A. Appelbaum, L. Horwitz, H. Voth (1972): Psychotherapy and Psychoanalysis. Final Report of the Menninger Foundation's Psychotherapy Research Project. Bull. Menninger Clinic 36, Nr. 1/2.

Kind, H. (1972): Die »Allgemeine« Psychotherapie des Nervenarztes. In: K. P. Kinsker, J. E. Meyer, M. Müller, E. Stromgren (Hg.): Psychiatrie der Gegenwart, Bd. II/1. Berlin-Heidelberg-New York (Springer), 2. Aufl., 727–764.

Kind, H., M. Rotach-Fuchs (1968): Die Bedeutung der psychotherapeutischen und medikamentösen stationären Behandlung im langen Verlauf neurotischer Syndrome. In: K. Ernst, H. Kind, M. Rotach-Fuchs (Hg.): Ergebnisse der Verlaufsbeobachtung bei Neurosen. Berlin-Heidelberg-New York (Springer), 137–164.

Klausmeier, K. (1976): Musik-Erleben in der Pubertät. Psyche 30, 1113–1136.

Koch, B.: Die Schwester als Bezugsperson in der stationären Psychotherapie. Die Schwester/Der Pfleger 21 (1982), 578–581.

Köhle, K. (1979): Klinisch-Psychosomatische Krankenstation. In: Th. v. Uexküll (Hg.): Lehrbuch der Psychosomatischen Medizin. München-Wien-Baltimore (Urban & Schwarzenberg), 299-326.

Köhle, K., B. Kubanek (1981): Zur Zusammenarbeit von Psychosomatikern und Internisten. Erfahrung aus zwölf Jahren. In: Th. v. Uexküll (Hg.): Integrierte Psychosomatische Medizin. Stuttgart-New York (Schattauer), 17–54.

Köhle, K., D. Böck, A. Grauhan (1977): Die internistisch-psychosomatische Krankenstation. Ein Werkstattbericht. Basel (Rocom).

Köhle, K., H. Bosch, E. Gaus, P. Joraschky, M. Gingelmaier, B. Kubanek, C. Simons, G. Paar, M. Rassek, Ch. Scheytt, K. H. Schultheis, H. Urban, J. Zens (1976): Klinische Psychosomatik. In: H. Begemann (Hg.): Patient und Krankenhaus. München-Wien-Baltimore (Urban & Schwarzenberg), 91–135.

Kohut, H. (1957): Betrachtung über die psychologischen Funktionen der Musik. In: Introspektion, Empathie und Psychoanalyse. Frankfurt (Suhrkamp) 1977, 218–238.

Kohut, H., S. Levarie (1950): Über Musikgenuß. In: Introspektion, Empathie und Psychoanalyse. Frankfurt (Suhrkamp) 1977, 195–217.

Köndgen, R., K. Überla (1962): Einjahreskatamnesen von 150 stationären psychotherapeutisch behandelten Patienten. Psychother. med. Psychol. 12, 246–252.

König, K. (1974): Analytische Gruppenpsychotherapie in der Klinik. Gruppenpsychother. Gruppendynamik 8, 260–279.

König, K. (1975): Der Einfluß des klinisch-therapeutischen Settings auf die konfliktorientierte Behandlungsmotivation der Patienten. Psychother. med. Psychol. 25, 103–108.

König, K., H. Neun (1979): Psychotherapeutische Heilverfahren. In: P. Hahn (Hg.): Die Psychologie des 20. Jahrhunderts. Bd. IX. Zürich (Kindler), 978–999.

König, K., U. Sachsse (1981): Die zeitliche Limitierung in der klinischen Psychotherapie. In: F. Heigl, H. Neun (Hg.): Psychotherapie im Krankenhaus. Göttingen-Zürich (Vandenhoeck & Ruprecht), 168–172.

Kordy, H., M. von Rad, W. Senf (1983): Success and Failure in Psychotherapy: Hypotheses and Results from the Heidelberg Follow-Up Project. Psychother. Psychosom. 40, 211–227.

Kramer, E. (1971): Kunst als Therapie mit Kindern. München-Basel (E. Reinhardt) 1975.

Krappmann, L. (1969): Soziologische Dimensionen der Identität. Stuttgart (Klett), 4. Aufl. 1975.

Kreeger, L. (Hg.) (1975): Die Großgruppe, Stuttgart (Klett) 1977.

Krüger, H. (1979): Therapeutische Gemeinschaft, ein sozialpsychiatrisches Prinzip. Stuttgart (Enke).

Künsebeck, H. W., H. Otte, J. Ritter, J. Liebicher-Rawohl, A. Drees (1978): Erste

Arbeitserfahrungen der psychosomatisch-psychotherapeutischen Station der Medizinischen Hochschule Hannover. Therapiewoche 28, 8079–8094.
Kuiper, P. C. (1969): Zur Metapsychologie von Übertragung und Gegenübertragung. Psyche 23, 95–120.
Kutter, P. (1976): Elemente der Gruppentherapie. Göttingen (Vandenhoeck & Ruprecht).
Kutter, P. (1977): Konzentrierte Psychotherapie auf psychoanalytischer Grundlage. Psyche 31, 957–974.
Kutter, P. (1978): Modelle psychoanalytischer Gruppenpsychotherapie und das Verhältnis von Individuum und Gruppe. Gruppenpsychother. Gruppendynamik 13, 134–151.
Lampl-De Groot, J. (1967): Die Zusammenarbeit von Patient und Analytiker in der psychoanalytischen Behandlung. Psyche 21, 73–83.
Langen, D. (1956): Methodische Probleme der klinischen Psychotherapie. Stuttgart (Thieme).
Langen, D. (1978): Mehrdimensionale stationäre Psychotherapie. In: F. Beese (Hg.): Stationäre Psychotherapie. Göttingen-Zürich (Vandenhoeck & Ruprecht), 140–149.
Langer, S. K. (1965): Philosophie auf neuem Wege. Das Symbol im Denken, im Ritus und in der Kunst. Frankfurt (Suhrkamp).
Lehrmann, C., W. Lempa, H. Freyberger (1987): Supportive Psychotherapie – eigenständig und als Vorstufe konfliktbearbeitender Therapie (einschließlich familientherapeutischer Maßnahmen) – mit besonderer Berücksichtigung des studentischen Hilfstherapeuten. In: H. Quint, P. L. Janssen (Hg.): Psychotherapie in der Psychosomatischen Medizin. Berlin–Heidelberg–New York (Springer), 69–74.
Levita, J. D. de (1971): Der Begriff der Identität. Frankfurt (Suhrkamp).
Loch, W. (1965 a): Voraussetzungen, Mechanismen und Grenzen des psychoanalytischen Prozesses. Bern-Stuttgart (Huber).
Loch, W. (1965 b): Übertragung – Gegenübertragung. Psyche 19, 1–23.
Loch, W. (1974): Der Analytiker als Gesetzgeber und Lehrer. Psyche 28, 432–460.
Loch, W. (1975): Ärztliche Psychotherapie auf psychoanalytischer Grundlage. Psyche 29, 383–398.
Lorenzer, A. (1970): Sprachzerstörung und Rekonstruktion. Frankfurt (Suhrkamp).
Mahler, M., F. Pine, A. Bergmann (1975): Die psychische Geburt des Menschen. Frankfurt (S. Fischer) 1978.
Main, T. F. (1946): The Hospital as a Therapeutic Institution. Bull. Menninger Clinic 10, 66.
Main, T. F. (1957): The Ailment. Brit. J. Med. Psychol. 30, 129.
Main, T. F. (1977): Das Konzept der therapeutischen Gemeinschaft: Wandlungen und Wechselfälle. In: H. Hilpert, R. Schwarz, F. Beese (Hg.): Psychotherapie in der Klinik. Berlin-Heidelberg-New York (Springer) 1981, 46–65.
Malan, D. H. (1963): Psychoanalytische Kurztherapie. Stuttgart (Klett) 1965.
Malan, D. H. (1973): The outcome problem in psychotherapy research. A historical review. Arch. Gen. Psychiat. 29, 719–729.

Malan, D. H. (1976): Towards the Validation of Psychotherapy. New York-London (Plenum Press).

McDougall, J. (1974): The psychosoma and the psychoanalytic process. Int. Rev. Psycho Anal. 1, 437–459.

Menninger, W. (1936): Psychoanalytic principles applied to the treatment of hospitalized patients. Bull. Menninger Clinic 1, 35.

Mentzel, G. (1969): Zur gezielten Kurztherapie bei funktionellen Erkrankungen. Z. Psychosom. Med. Psychoanal. 1, 37.

Mentzel, G. (1976): Die Gruppenvisite. Gruppenpsychother. Gruppendynamik 10, 233–248.

Mentzel, G. (1981): Das therapeutische Netz der psychosomatischen Kurklinik. In: G. Mentzel (Hg.): Die psychosomatische Kurklinik. Göttingen-Zürich (Vandenhoeck & Ruprecht), 17–33.

Mentzel, G. und Ch. (1977): Die Patienten der Psychosomatischen Kurklinik. Z. Psychosom. Med. Psychoanal. 23, 56-72.

Mentzos, St. (1976): Interpersonale und institutionalisierte Abwehr. Frankfurt (Suhrkamp).

Meyer, R. (1978): Der psychosomatisch Kranke in der analytischen Kurzpsychotherapie. Psyche 32, 881–928.

Mitscherlich, A. (1969): Krankheit als Konflikt. Studien zur psychosomatischen Medizin. Frankfurt (Suhrkamp), Bd. II, 42–54.

Modell, A. H. (1976): Die »bewahrende Umwelt« und die therapeutische Funktion der Psychoanalyse. Psyche 35 (1981), 788–808.

Möhlen, K., G. Heising (1980): Integrative stationäre Psychotherapie. Gruppenpsychother. Gruppendynamik 15, 16–31.

Möller, M. L. (1977): Zur Theorie der Gegenübertragung. Psyche 31, 142–166.

Morgenthaler, F. (1978): Technik. Zur Dialektik der psychoanalytischen Praxis. Frankfurt (Syndikat Autoren- u. Verlagsgesellschaft).

Morrice, J. K. W. (1972): Mythos und demokratischer Prozeß. In: H. Hilpert, R. Schwarz, F. Beese (Hg.): Psychotherapie in der Klinik. Berlin-Heidelberg-New York (Springer) 1981, 67–74.

Müller-Braunschweig, H. (1974): Psychopathologie und Kreativität. Psyche 28, 600–634.

Müller-Braunschweig, H. (1977): Aspekte einer psychoanalytischen Kreativitätstheorie. Psyche 31, 821–843.

Müller-Braunschweig, H., K. Möhlen (1980): Averbale Therapieformen bei Anfallsleiden. Psyche 34, 1073–1091.

Muir, B.J. (1980): Is In-Patient Psychotherapy a Valid Concept? Lecture Cassel Hospital Diamond Jubilee Conference. Unpublished.

Naumburg, M. (1966): Dynamically oriented art therapy: It's principles and practices. New York-London (Grune & Stratton).

Nemiah, J. C., P. E. Sifneos (1970): Affect and fantasy in patients with psychosomatic Disorders. In: O. W. Hill (Hg.): Modern trends in Psychosomatic Medicine. London (Butterworth).

Nerenz, K. (1977): Die Bedeutung der äußeren Realität für die psychoanalytische Situation. Z. Psychosom. Med. Psychoanal. 23, 152–169.

Neun, H., u. Arbeitskreis Klinischer Psychosomatik in dem DKPM (1981): Stationäre Behandlungsmöglichkeiten für psychosomatisch Kranke in der BRD. Ref. DKPM Tagung März 1981.

Neun, H. (Hg.) (1987): Psychosomatische Einrichtungen. Göttingen–Zürich (Vandenhoeck & Ruprecht).

Novotny, P. C. (1973): The pseudopsychoanalytic hospital. Bull. Menn. Clinic 37, 193–210.

Ohlmeier, D. (1976): Gruppeneigenschaften des psychischen Apparates. In: D. Eicke (Hg.): Psychologie des 20. Jahrhunderts, Bd. II. Zürich (Kindler), 1133–1144.

Ohlmeier, D. (1979): Bemerkungen zur gruppentherapeutischen Anwendung der Psychoanalyse. In: Theorie und Praxis der Psychoanalyse. Fellbach (Bonz), 148–160.

Petzold, E. (1979): Aktiv-Klinische Verfahren. In: P. Hahn (Hg.): Psychologie des 20. Jahrhunderts, Bd. IX. Zürich (Kindler), 947–960.

Pines, M. (1975): Überblick. In: L. Kreeger (Hg.): Die Großgruppe. Stuttgart (Klett) 1977, 281–300.

Ploeger, A. (1972): Die therapeutische Gemeinschaft in der Psychotherapie und Sozialpsychiatrie. Stuttgart (Thieme).

Plojé P. M. (1977): Über einige Schwierigkeiten bei der psychoanalytisch orientierten Einzeltherapie von Klinikpatienten. In: H. Hilpert, R. Schwarz, F. Beese (Hg.): Psychotherapie in der Klinik. Berlin-Heidelberg-New York (Springer) 1981, 183–204.

Pohlen, M. (1972): Gruppenanalyse. Eine methodenkritische Studie und empirische Untersuchung im klinischen Feld. Göttingen (Vandenhoeck & Ruprecht).

Pohlen, M. (1973): Das Münchener Kooperationsmodell. Gruppentherapie in einem neuen klinischen Organisationsmodell. Der Nervenarzt 44, 476–483.

Pohlen, M., M. Bautz (1972): Eine empirische Untersuchung über die therapeutische Funktion des Schwesternpersonals in einem neuen klinischen Organisationsmodell. Psychother. med. Psychol. 22, 161–176.

Pohlen, M., M. Bautz (1974): Gruppenanalyse als Kurzpsychotherapie. Nervenarzt 45, 514–533.

Pohlen, M., M. Bautz (1978): Die Rolle des Therapeuten im Münchener Kooperationsmodell. Gruppenpsychother. Gruppendynamik 13, 1–24.

Pohlen, M., E. Kauß, L. Wittmann (1979): Der therapeutische Raum als psychotherapeutisches Behandlungsprinzip im klinischen Feld. In: A. Heigl-Evers (Hg.): Die Psychologie des 20. Jahrhunderts, Bd. VIII. Zürich (Kindler), 919–927.

Quint, H. (1969): Über analytische Psychotherapie im Rahmen der Klinik. Med. Welt 20, 2722–2727.

Quint, H. (1972): Psychoanalytische Aspekte klinischer Gruppenpsychotherapie. In: Sozialpsychiatrie und Psychopharmakologie in ihrer Verflechtung. Janssen-Symposion, Bd. 10, 71–82.

Rad, M. von (1983): Alexithymie. Berlin-Heidelberg-New York-Tokio (Springer).

Rad, M. von, A. Rüppell (1975): Combined Inpatient and Outpatient Group Psychotherapy: A Therapeutic Model of Psychosomatics. Psychother. Psychosom. 26, 237–243.

Rad, M. von, K. H. Werner (1981): Kombinierte analytische Gruppentherapie bei psychosomatischen und psychoneurotischen Patienten. Eine Nachuntersuchung. Gruppenpsychother. Gruppendynamik 16, 321–334.

Rapaport, R. N. (1960): Community as doctor. London (Tavistock Publications).

Reimer, Ch., J. Gross (1981): Verteilung von Neurosen und Behandlungsinstitutionen. In: H. Mester, R. Tölle (Hg.): Neurosen. Berlin-Heidelberg-New-York (Springer), 13–23.

Reimer, F., D. Lorenzen (1979): Verzeichnis von Behandlungseinrichtungen für psychisch Kranke. Stuttgart (Enke).

Reindell, A., E. Petzold (1976): Formen und Kriterien für eine Behandlung auf einer klinisch-psychosomatischen Station. Z. Psychoth. med. Psychol. 26, 191–199.

Reindell, A., E. Petzold, C. Deter, E. Stindl, P. Hahn (1977): Simultandiagnostik und Simultantherapie auf einer klinisch-psychosomatischen Station. Z. Psychosom. Med. Psychoanal. 23, 387–396.

Remplein, S. (1977): Therapieforschung in der Psychoanalyse. München-Basel (Reinhardt).

Rice, A. K. (1965): Führung und Gruppe. Stuttgart (Klett) 1971.

Rice, A. K. (1969): Individual, Group and Inter-Group Processes. Human Relations 22, 565–584.

Richter, H.-E. (1967): Eltern, Kind und Neurose. Reinbek (Rowohlt).

Richter, H.-E. (1970): Patient Familie. Entstehung, Struktur und Therapie von Konflikten in Ehe und Familie. Reinbek (Rowohlt).

Rosenfeld, H.: Some Therapeutic Factors in Psychoanalysis. Int. J. Psychoanal. Psychoth. 7 (1978), 152–164.

Rotmann, M.: Über die Bedeutung des Vaters in der »Wiederannäherungs-Phase«. Psyche 32 (1978), 1105–1147.

Rüger, U. (1980): Various Regressive Processes and their Prognostic Value in Inpatient Group Psychotherapy. Int. J. Group Psychotherapy 30, 95–105.

Rüger, U. (1981): Stationär-ambulante Gruppenpsychotherapie. Berlin-Heidelberg-New York (Springer).

Rüger, U. (1982): Die stationär-ambulante Gruppenpsychotherapie – Ergebnisse im Hinblick auf Änderung im Bereich von Symptomatik und Persönlichkeitsstruktur. Zschr. psychosom. Med. Psychoanal. 28, 189–199.

Sandler, J., C. Dare, A. Holder (1973): Die Grundbegriffe der psychoanalytischen Therapie. Stuttgart (Klett).

Sandner, D. (1978): Psychodynamik in Kleingruppen. München-Basel (Reinhardt).

Schepank, H., H. H. Studt (1976): Die psychosomatische Klinik am Zentralinstitut für seelische Gesundheit. Med. Mannheim 1, 30–34.

Schmölz, A. (1976): Motivation und Methode aktiver Musiktherapie. Musik u. Medizin 7, 43–46.

Schultz, U., L. M. Hermanns (1987): Das Sanatorium Schloß Tegel Ernst Simmels – Zur Geschichte und Konzeption der ersten Psychoanalytischen Klinik. Psychother. med. Psychol. 37, 58–67.

Schwarz, F. (1979): Ergebnisse nach stationärer Gruppenpsychotherapie neurotisch depressiver und zwangsneurotischer Patienten. Nervenarzt 50, 379–386.

Schwennbeck, R.: Katamnestische Untersuchung zur stationären analytischen Psychotherapie. Diss. Universität Essen. In Vorbereitung.
Sellschopp, A., P. Vollrath (1979): Psychoanalytisch-klinische Therapie. In: P. Hahn (Hg.): Psychologie des 20. Jahrhunderts, Bd. IX, 961–977.
Sellschopp-Rüppell, A. (1977): Behavioural Characteristics in In-Patient Group Psychotherapy with Psychosomatic Patients. In: W. Bräutigam, M. von Rad (Hg.): Toward a Theory of Psychosomatics Disorders, Alexithymia, Pensée opératoire, Psychosomatische Phänomene. Basel (Karger).
Siebecke-Giese, E. (Hg.) (1980): Gesamtverzeichnis des Deutschen Vereins für öffentliche und private Fürsorge. Eigenverlag 2. Aufl., Ergänzungslieferung 1983.
Simmel, E. (1928): Die psychoanalytische Behandlung in der Klinik. Int. Z. Psychoanal. 14, 352–370.
Spitz, R. A. (1954): Die Entstehung der ersten Objektbeziehungen. Stuttgart (Klett) 3. Aufl. 1973.
Spitz, R. A. (1956/57): Übertragung und Gegenübertragung. Psyche 10, 63–81.
Spitz. R. A. (1957): Nein und Ja. Die Ursprünge der menschlichen Kommunikation. Stuttgart (Klett) 3. Aufl. 1978.
Stanton, A. H., M. S. Schwartz (1954): The mental hospital (A study of Institutional Participation in Psychiatric Illness and Treatment.) New York (Basic Books).
Stephanos, S. (1973): Analytisch-psychosomatische Therapie. Jahrb. d. Psychoanal. (Beiheft 1), Bern-Stuttgart-Wien (Huber).
Stephanos, S. (1978 a): Therapiebezogene Forschung in der psychosomatischen Medizin. Z. Psychosom. Med. Psychoanal. 24, 180–186.
Stephanos, S. (1978 b): Sexualobjekt, libidinöses Objekt und Übertragungsprozeß. Jahrb. d. Psychoanal. X, 111–134.
Stephanos, S. (1979): Theorie und Praxis der analytisch-psychosomatischen Therapie. In: Th. v. Uexküll (Hg.): Lehrbuch der Psychosomatischen Medizin. München-Wien-Baltimore (Urban &. Schwarzenberg), 368–388.
Stephanos, S., J. Zens (1974): Die Krankenschwester als therapeutische Bezugsperson und das Nachbehandlungsarrangement im Stationsmodell der Psychosomatischen Klinik Gießen. Z. Psychother. med. Psychool. 24, 117–131.
Stierlin, H. (1975): Von der Psychoanalyse zur Familientherapie. Stuttgart (Klett).
Strobel, W., G. Huppmann (1978): Musiktherapie. Grundlagen – Formen – Möglichkeiten. Göttingen-Toronto-Zürich (Verl. f. Psychologie Hogrefe).
Strotzka, H. (1975): Stationäre Psychotherapie. In: H. Strotzka (Hg.): Psychotherapie: Grundlagen, Verfahren, Indikation. München-Berlin-Wien (Urban & Schwarzenberg), 336–338.
Strotzka, H. (Hg.) (1975): Psychotherapie: Grundlagen, Verfahren, Indikationen. München-Berlin-Wien (Urban & Schwarzenberg).
Tarachow, S. (1963): Einführung in die Psychotherapie. Stuttgart (Klett-Cotta) 1979.
Thomä, H., A. Houben (1967): Über die Validierung psychoanalytischer Theorie durch die Untersuchung von Deutungsaktionen. Psyche 21, 664–692.
Thomä, H. (1977): Identität und Selbstverständnis des Psychoanalytikers. Psyche 31, 1–42.

Trimborn, W. (1983): Die Zerstörung des therapeutischen Raumes. Das Dilemma stationärer Psychotherapie bei Borderline-Patienten. Psyche 37, 204–236.

Trimborn, W., H. Brodthage, S. O. Hoffmann, Th. Stemmer (1981): Die Bearbeitung von Trennung und Entlassung im Rahmen der stationären Psychotherapie. In: F. Heigl, H. Neun (Hg.): Psychotherapie im Krankenhaus. Göttingen-Zürich (Vandenhoeck & Ruprecht), 157–167.

Tyson, R. L., J. Sandler (1974): Probleme der Auswahl von Patienten für eine Psychoanalyse. Psyche 28, 530–559.

Uexküll, Th. von (1973): Psychosomatic Medicine. Subspeciality or an integrated discipline? Psychother. Psychosom. 22, 185–188.

Uexküll, Th. von (1979): Lehrbuch der psychosomatischen Medizin. München (Urban & Schwarzenberg)

Uexküll, Th. von (1981 a): Psychosomatische Medizin gestern, heute und morgen. Therapiewoche 31, 838–852.

Uexküll, Th. von (Hg.) (1981 b): Integrierte Psychosomatische Medizin. Stuttgart (Schattauer).

Volkan, V. D. (1976): Psychoanalyse der frühen Objektbeziehungen. Stuttgart (Klett-Cotta) 1978.

Wälder, R. (1930): Das Prinzip der mehrfachen Funktion. Int. Z. Psa. 16, 285–300.

Weiner, H. (1977): Psychobiology and Human Disease. New York (Elsevier).

Weizsäcker, V. von (1948): Grundfragen medizinischer Anthropologie. Tübingen (Furche).

Whiteley, J. S. (1978): Die heikle Position des Leiters in therapeutischer Gemeinschaft und Großgruppe. In: H. Hilpert, R. Schwarz, F. Beese (Hg.): Psychotherapie in der Klinik. Berlin-Heidelberg-New York (Springer) 1981, 145–153.

Widok, W. (1981): Institutionalisierte psychoanalytisch begründete Psychotherapie. In: F. Heigl, H. Neun (Hg.): Psychotherapie im Krankenhaus. Göttingen-Zürich (Vandenhoeck & Ruprecht), 41–47.

Widok, W. (1983): Stationäre psychosomatische Psychotherapie auf der Basis eines psychoanalytischen Konzeptes. Prax. Psychother. Psychosom. 28, 103–106.

Wiegmann, H. (1955): Med. Wschr. 2, 14 u. 91, zitiert nach Köndgen und Überla 1962.

Wiegmann, H. (1968): Der Neurotiker in der Klinik. Einführung in die Theorie und Praxis stationärer Psychotherapie. Göttingen (Vandenhoeck & Ruprecht).

Willi, J. (1975): Die Zweierbeziehung. Reinbek (Rowohlt).

Willi, J. (1978): Therapie der Zweierbeziehung. Reinbek (Rowohlt).

Willms, H. (1975): Musiktherapie bei psychotischen Erkrankungen. Stuttgart (Fischer).

Wilson, G. (1984): Persönliche Mitteilung. London.

Winnicott, D. W. (1953): Übergangsobjekte und Übergangsphänomene. In: Von der Kinderheilkunde zur Psychoanalyse. München (Kindler) 1976, 293–312.

Winnicott, D. W. (1960 a): Die Theorie von der Beziehung zwischen Mutter und Kind. In: Reifungsprozesse und fördernde Umwelt. München (Kindler) 1974, 47–71.

Winnicott, D. W. (1960 b): Gegenübertragung. In: Reifungsprozesse und fördernde Umwelt. München (Kindler) 1974, 207–216.

Winnicott, D. W. (1962): Ich-Integration in der Entwicklung des Kindes. In: Reifungsprozesse und fördernde Umwelt. München (Kindler) 1974, 72–81.
Winnicott, D. W. (1965): Reifungsprozesse und fördernde Umwelt. München (Kindler) 1974.
Winnicott, D. W. (1971): Vom Spiel zur Kreativität. Stuttgart (Klett) 1973.
Wittich, G. H. (1967): Psychosomatische Rehabilitation. Arbeitsmed. Sozialmed. Arbeitshyg. 2, 73–75.
Wittich, G. H. (1975): Therapy in psychosomatic hospitals. Strategy and management. In: F. Antonelli (Hg.): Therapy in Psychosomatic Medicine. 3. Kongreß des International College of Psychosomatic Medicine. Roma (Pozzi), 210–216.
Wittich, G. H. (1977): The integrated psychosomatic hospital – its contribution to theory and treatment of psychosomatic disorders. Vortragsmanuskript Int. Kongr. f. Psychoth. Forschung, Heidelberg.
Wittich, G., E. Enke-Ferchland (1968): Mehrdimensionale integrierte Gruppentherapie in der psychosomatischen Rehabilitation. Psychother. Psychosom. 16, 261–270.
Wittich, G. H., J. Buchmüller (1981): The psychosomatic hospital as a facilitating setting for the psychotherapeutic and psychoanalytic process. Vortrag ICPM-Kongreß in Montreal, Kanada.
Zauner, J. (1969): Berufliche Wiedereingliederung durch klinische Psychotherapie. Psychother. Psychosom. 17, 63–72.
Zauner, J. (1972): Analytische Psychotherapie und soziales Lernen in Klinik und Heim. Prax. Kinderpsychol. und Kinderpsychiatr. 21, 166–170.
Zauner, J. (1974): Psychopharmaka und klinische Psychotherapie. Z. Psychosom. Med. Psychoanal. 20, 138–147.
Zauner, J. (1978): Das Problem der Regression und die Rolle des Durcharbeitens im Realitätsraum der psychotherapeutischen Klinik. In: F. Beese (Hg.): Stationäre Psychotherapie. Göttingen-Zürich (Vandenhoeck & Ruprecht), 42–51.
Ziese, P. (1978): Steuerungsinstrumente in dem komplexen Mechanismus der stationären analytisch orientierten Psychotherapie. Prax. Psychother. 23, 133–140.

Register

D.W. Winnicott
Piggle
Eine Kinderanalyse.

D.W. Winnicott
Vom Spiel zur Kreativität

D.W. Winnicott
Aggression
Versagen der Umwelt und antisoziale Tendenz.

Elizabeth R. Zetzel
Die Fähigkeit zu emotionalem Wachstum

Michel Zlotowicz
Warum haben Kinder Angst?

Psychoanalyse

Michael Balint, Enid Balint
Psychotherapeutische Techniken in der Medizin

Gertrude und Rubin Blanck
Angewandte Ich-Psychologie

Gertrude und Rubin Blanck
Ich-Psychologie II

Rubin und Gertrude Blanck
Ehe und seelische Entwicklung

Luc Ciompi
Affektlogik
Über die Struktur der Psyche und ihre Entwicklung. Ein Beitrag zur Schizophrenieforschung.

Peter Fürstenau
Zur Theorie psychoanalytischer Praxis

Heinz Hartmann
Psychoanalyse und moralische Werte

James Masterson
Psychotherapie bei Borderline-Patienten

Michael Lukas Moeller
Anders helfen
Selbsthilfegruppen und Fachleute arbeiten zusammen.

Wolf-Detlef Rost
Psychoanalyse des Alkoholismus
Theorie, Diagnostik, Behandlung.

Joseph Sandler, Christopher Dare, Alex Holder
Die Grundbegriffe der psychoanalytischen Therapie

Elaine V. Siegel
Tanztherapie
Ein psychoanalytisches Konzept.

Paul L. Wachtel
Psychoanalyse und Verhaltenstherapie
Ein Plädoyer für ihre Integration.

D.W. Winnicott
Bruchstück einer Psychoanalyse

Neue Therapien/ Humanistische Psychologie/ Transpersonale Psychologie

Anthony Barton
Freud, Jung, Rogers. Drei Systeme der Psychotherapie

Ruth C. Cohn
Von der Psychoanalyse zur themenzentrierten Interaktion
Von der Behandlung einzelner zu einer Pädagogik für alle.

Rudolf Dreikurs
Grundbegriffe der Individualpsychologie

Gerald Epstein
Wachtraumtherapie

Meine Stimme begleitet Sie überallhin
Ein Lehrseminar mit Milton H. Erickson, hrsg. von Jeffrey K. Zeig.

Mary McClure Goulding und Robert L. Goulding
Neuentscheidung
Ein Modell der Psychotherapie.

John Grinder, Richard Bandler
Therapie in Trance
Hypnose: Kommunikation mit dem Unbewußten. Neurolinguistische Programme.

Stanislav Grof
Topographie des Unbewußten
LSD im Dienst der tiefenpsychologischen Forschung.

Stanislav Grof, Joan Halifax
Die Begegnung mit dem Tod

Stanislav Grof
LSD-Psychotherapie

Diana Sullivan Everstine,
Louis Everstine
Krisentherapie

Hildegard Katschnig/
Esther Wanschura
Familientherapie in den Ferien

Frederick S. Perls
Gestalt-Therapie in Aktion

Frederick S. Perls
Das Ich, der Hunger und die Aggression
Die Anfänge der Gestalt-Therapie.

Frederick S. Perls,
Ralph F. Hefferline, Paul Goodman
Gestalt-Therapie. Lebensfreude und Persönlichkeitsentfaltung

Frederick S. Perls,
Ralph F. Hefferline, Paul Goodman
Gestalt-Therapie. Wiederbelebung des Selbst

Diane und Albert Pesso
Dramaturgie des Unbewußten
Eine Einführung in die psychomotorische Therapie.

Mary Priestley
Analytische Musiktherapie
Vorlesungen am Gemeinschaftskrankenhaus Herdecke.

Carl R. Rogers
Entwicklung der Persönlichkeit
Psychotherapie aus der Sicht eines Therapeuten.

Carl R. Rogers, Rachel L. Rosenberg
Die Person als Mittelpunkt der Wirklichkeit

Carl R. Rogers
Der neue Mensch

Ruth Ronall, Bud Feder
Gestaltgruppen

Anne Schützenberger
Einführung in das Rollenspiel
Anwendungen in Sozialarbeit, Wirtschaft, Erziehung und Psychotherapie.

Charles T. Tart
Das Übersinnliche
Forschungen über einen Grenzbereich psychischen Erlebens.

Lewis Yablonsky
Psychodrama

Lewis Yablonsky
Synanon
Selbsthilfe der Süchtigen und Kriminellen.

Texte zur Familiendynamik

Maurizio Andolfi, u. a.
Das Spiel in der Maske
Therapeutischer Wandel in rigiden Familiensystemen.

Ivan Boszormenyi-Nagy,
Geraldine M. Spark
Unsichtbare Bindungen

Josef Duss-von Werdt,
Rosemarie Welter-Enderlin (Hrsg.)
Der Familienmensch
Systemisches Denken und Handeln.

Theodore Lidz, Stephen Fleck
Die Familienumwelt der Schizophrenen

Salvador Minuchin, u. a.
Psychosomatische Krankheiten in der Familie

M. Selvini Palazzoli, u. a.
Paradoxon und Gegenparadoxon
Ein neues Therapiemodell für die Familie mit schizophrener Störung.

Mara Selvini Palazzoli
Magersucht

Helm Stierlin
Von der Psychoanalyse zur Familientherapie

Helm Stierlin, u. a.
Das erste Familiengespräch

Michael Wirsching, Helm Stierlin
Krankheit und Familie

Sozialarbeit

Martin Bonhoeffer,
Peter Widemann (Hrsg.)
Kinder in Ersatzfamilien

Arthur W. Combs, u. a.
Die helfenden Berufe

Helga Kaminski, Walter Kast,
Anne Dore Spellenberg
Das Leben Geistigbehinderter im Heim

Helmut Ortner, Reinhard Wetter
Sozialarbeit ohne Mauern
Anstöße zu einer „befreienden“ Gefangenenarbeit.

Isca Salzberger-Wittenberg
Die Psychoanalyse in der Sozialarbeit

Harald Hottelet, u. a.
Offensive Jugendhilfe

Angewandte Sozialwissenschaften

Mihaly Csikszentmihalyi
Das flow-Erlebnis
Jenseits von Angst und Langeweile: im Tun aufgehen.

Adolf M. Däumling, u. a.
Angewandte Gruppendynamik

Gerhard Kaminski (Hrsg.)
Umweltpsychologie

Lisl Klein
Sozialwissenschaftliche Beratung in der Wirtschaft
Eine Einzelfallstudie.

Lothar Krappmann
Soziologische Dimensionen der Identität

Joseph Luft
Einführung in die Gruppendynamik

Max Pagès
Das affektive Leben der Gruppen
Eine Theorie der menschlichen Beziehungen.

Albert E. Scheflen
Körpersprache und soziale Ordnung

Hugo Schmale
Psychologie der Arbeit

Mara Selvini Palazzoli u. a.
Hinter den Kulissen der Organisation

Mara Selvini Palazzoli u. a.
Der entzauberte Magier
Zur paradoxen Situation des Schulpsychologen.

Burkhard Sievers (Hrsg.)
Organisationsentwicklung als Problem

Manès Sperber
Individuum und Gemeinschaft
Versuch einer sozialen Charakterologie.

Rolf Verres, Ingrid Sobez
Ärger, Aggression und soziale Kompetenz
Zur konstruktiven Veränderung destruktiven Verhaltens.

Gunnar Westerlund, Sven-Erik Sjöstrand
Organisationsmythen

Pädagogik/Sonderpädagogik/Pädagogische Modelle

Christoph Ertle, Andreas Möckel (Hrsg.)
Fälle und Unfälle der Erziehung

Kurt Guss
Psychologie als Erziehungswissenschaft
Eine theorienkritische Untersuchung des Themas Lohn und Strafe.

Gerhild Heuer
Selbstmord bei Kindern und Jugendlichen

Erhard Meueler
Erwachsene lernen

Reinhilt Plinke, Inga und Herbert Sell
Erziehung in der Pflegefamilie

Paul Scheid, Herbert Weidlich (Hrsg.)
Beiträge zur Montessori-Pädagogik 1977

Peter Schneider
Einführung in die Waldorfpädagogik

Myrna B. Shure, George Spivack
Probleme lösen im Gespräch
Erziehung als Hilfe zur Selbsthilfe.

Willem ter Horst
Einführung in die Orthopädagogik

Reinhard Voß
Anpassung auf Rezept
Die fortschreitende Medizinisierung auffälligen Verhaltens von Kindern und Jugendlichen.